Wittlage · Unternehmensorganisation

NWB
STUDIENBÜCHER WIRTSCHAFTSWISSENSCHAFTEN

# Unternehmensorganisation

Einführung und Grundlegung
mit Fallstudien

Von Professor Dr. Helmut Wittlage

3., überarbeitete und erweiterte Auflage

Verlag Neue Wirtschafts-Briefe · Herne/Berlin

*CIP-Kurztitelaufnahme der Deutschen Bibliothek*

*Wittlage, Helmut:*
Unternehmensorganisation: Einf. u. Grundlegung mit Fallstudien / von Helmut Wittlage.
3., überarb. u. erw. Aufl. — Herne; Berlin: Verlag Neue Wirtschafts-Briefe, 1984.
(NWB-Studienbücher Wirtschaftswissenschaften)
ISBN 3-482-71893-8

Verlag Neue Wirtschafts-Briefe GmbH, Herne/Berlin
**ISBN 3-482-71893-8** — 3., überarbeitete und erweiterte Auflage 1984

Gesamtherstellung: wico grafik, St. Augustin/Bonn

## Vorwort zur ersten Auflage

In diesem Buch, das in der Reihe „NWB-Studienbücher Wirtschaftswissenschaften" erscheint, wird der Versuch unternommen, eine Einführung und Grundlegung für den Bereich „Allgemeines Organisationswissen" vorzulegen. Das „Allgemeine Organisationswissen" umfaßt die Kenntnisse über Grundbegriffe und Grundsätze der Organisation, Organisationstypen und -strukturen, Regelungen materieller und informationeller Arbeitsprozesse. In einem weiteren Band dieser Reihe wird das verfahrenstechnische Wissen – Methoden und Techniken der praktischen Organisationsarbeit – dargelegt.

Stoffauswahl, Gliederung und Darstellung basieren auf Erfahrungen, die in mehrjähriger Lehrtätigkeit und aufgrund praktischer Organisationsarbeit gesammelt wurden. Daher wird weitgehend darauf verzichtet, die in der Literatur kontroversen Darlegungen zu einzelnen Problemen, insbesondere unterschiedliche Begriffsbestimmungen, zu erörtern, da dies für die Arbeit eines Organisators z. T. nur von geringer oder keiner Bedeutung ist.

Um dem Leser den Zugang zu den Grundfragen des „Allgemeinen Organisationswissens" zu erleichtern und ihm eine praxisnahe Erarbeitung des Stoffes zu ermöglichen, sind den dargelegten Sachgebieten Fallstudien zugeordnet. Außerdem sollen die Literaturangaben am Ende eines jeden Hauptabschnittes die Vertiefung des jeweils behandelten Problemkreises ermöglichen.

Zielgruppe dieses Buches sind in erster Linie Studenten, die sich im Grundstudium mit den Problemen der Organisation auseinanderzusetzen haben. Aber auch dem, der Organisationsaufgaben im Betrieb oder in der Verwaltung zu lösen hat, wird ein Einstieg in das „Allgemeine Organisationswissen" geboten.

Münster, im Januar 1976

Helmut Wittlage

## Vorwort zur zweiten Auflage

Die zweite Auflage weist gegenüber der ersten Auflage zwei wesentliche Veränderungen auf. Zum einen wurde im Anschluß an Punkt 3, Gestaltung der Ablauforganisation, ein neuer Abschnitt eingefügt, der sich mit den Grundtatbeständen der „informalen Organisation" beschäftigt. Diese Erweiterung ist erforderlich, da auch in der praktischen Organisationsarbeit den „informalen Erscheinungen“ zunehmend ein größeres Gewicht beigemessen wird.

Zum anderen wurden die Ausführungen zu den Grundfragen des betrieblichen Informationssystems erweitert, da aufgrund inzwischen gesammelter weiterer Erfahrungen in Lehre und Praxis die Vermittlung entsprechender Kenntnisse auch in einer Einführung und Grundlegung erforderlich zu sein scheint.

Das Literaturverzeichnis wurde im Hinblick auf wichtige, bisher nicht aufgeführte Veröffentlichungen überarbeitet und um die neueren wesentlichen Buchveröffentlichungen im deutschen Sprachraum ergänzt.

Münster, im Juni 1978

Helmut Wittlage

**Vorwort zur dritten Auflage**

Die dritte Auflage weist gegenüber der zweiten Auflage zwei wesentliche Ergänzungen auf. Zum einen wurden die Ausführungen über die teamorientierten Organisationsstrukturen (Punkt 2232) wesentlich erweitert. Zum anderen wurde im Anschluß an die Ausführungen über Organisationsstrukturen (Punkt 22) der Abschnitt 23 eingefügt, dessen Ausführungen sich mit der Effizienz der unterschiedlichen Organisationsstrukturen beschäftigen. Diese Ergänzung wurde erforderlich, da sich immer häufiger die Frage stellt, wie man sich aufgrund von Bewertungskriterien in einer konkreten Situation für die eine oder andere mögliche Organisationstruktur entscheiden kann bzw., ob die bestehende Organisationsstruktur eine „optimale“ Strukturierung darstellt. Weiterhin wurden Veränderungen und Ergänzungen der Ausführungen vorgenommen, sofern sie sich aufgrund von Diskussionen mit Studenten als notwendig erwiesen.

Das Literaturverzeichnis sowie die Literaturhinweise am Ende der einzelnen Abschnitte wurden im Hinblick auf wichtige, bisher nicht aufgeführte Veröffentlichungen überarbeitet und um die neueren wesentlichen Veröffentlichungen im deutschen Sprachraum ergänzt.

Münster, im Dezember 1983

Helmut Wittlage

# Inhaltsverzeichnis

## Literaturverzeichnis

Verzeichnis der Abkürzungen

BTA: Bürotechnik und Automation
HWO: Handwörterbuch der Organisation
ZfB: Zeitschrift für Betriebswirtschaft
ZfO: Zeitschrift für Organisation

Acker, H.B.; Organisationsstruktur, in Organisation, Bd. 1 der TFB-Handbuchreihe, hrsg. von Schnaufer, E., Agthe, K., Berlin. Baden-Baden 1961, S. 199 ff.

ders., Organisationsanalyse, Verfahren und Techniken praktischer Organisationsarbeit, 7. Aufl., Baden—Baden und Bad Homburg vor der Höhe, 1973

ders., Stellenbeschreibung, in: HWO, hrsg. von Grochla, E., Stuttgart 1973, Sp. 1583 ff.

Akademie für Organisation (Hrsg.) Handlexikon der Organisation, Frankfurt a. Main, 1971

Arbeitskreis W. Krähe, Aufgaben- und Abteilungsgliederung in der industriellen Unternehmung, Köln-Opladen 1950

Bahsi, G., Ringle, G., Die Bestimmung der optimalen Organisationsform mit Hilfe der Scoring-Methode, in: ZfO, 50. Jg. 1981, S. 208 ff.

Beer, St., Kybernetik und Management, Frankfurt a. Main 1959

Behlert, K., Vom Organisieren, Grundlagen der praktischen Organisationsarbeit, Stuttgart 1960

Bendixen, P., Teamorientierte Organisationsformen, in: HWO, 2. Aufl., Stuttgart 1980, Sp. 2227 ff.

Blau, H., Projekt-Management, in: BTA Nr. 2, 1967, S. 41 ff.

Bleicher, K., Aufgabengliederung und Abteilungsbildung, in: Organisation, Bd. 1 der TFB-Handbuchreihe, hrsg, von Schnaufer, E., Agthe, K., Berlin. Baden-Baden 1961, S. 197 ff.

ders., Führungsstile, Führungsformen und Organisationsformen, in: ZfO, 38. Jg. 1969, S. 31 ff.

ders., Perspektiven für Organisation und Führung von Unternehmen, Baden-Baden und Bad Homburg vor der Höhe, 1971

ders., Grundsätze der Organisation, in: Organisation, Bd. 1 der TFB-Handbuchreihe, hrsg. von Schnaufer, E., Agthe, K., Berlin. Baden-Baden 1961, S. 149 ff.

ders., Organisation — Formen und Modelle, Gießen 1981

Blohm, H., Organisation, Information und Überwachung, 3. Aufl., Wiesbaden 1977

Bornemann, E., Betriebspsychologie. Wiesbaden 1967

Bundesminister für Forschung und Technologie (Hrsg.), Neue Technologien und Beschäftigung, Düsseldorf-Wien 1980

Dahrendorf, R., Homo-Soziologicus, 13. Aufl., Opladen 1974

ders., Sozialstruktur des Betriebes, Wiesbaden 1972

ders., Industrie und Betriebssoziologie, 2. Aufl., Berlin 1962

Damkowski, W., Managementkonzepte und Managementtechniken, Ihre Anwendung und Eignung in der öffentlichen Verwaltung, in: ZfO, 44 Jg. 1975, S. 153 ff.
Dreger, W., Management-Informationssysteme, Systemanalyse und Führungsprozeß, Wiesbaden 1973
ders., Projekt-Management, Planung und Abwicklung von Projekten, Wiesbaden-Berlin 1975
Dworatschek, S., Management-Informations-Systeme, Berlin-New York 1971
Dworatschek, S., Donike, H., Wirtschaftlichkeitsanalyse von Informationssystemen, Berlin-New York 1972
Frese, E., Aufbauorganisation, Gießen 1976
ders., Grundlagen der Organisation. Die Organisationsstruktur der Unternehmung, Wiesbaden 1980
ders., Projektorganisation, in: HWO, 2. Aufl., Stuttgart 1980, Sp. 1960 ff.
Friedmann, G., Grenzen der Arbeitsteilung, Frankfurt a. M. 1959
Fuchs-Wegner, G., Organisationsprinzipien, in: HWO, 2. Aufl., Stuttgart 1980, Sp. 1740 ff.
Fuchs-Wegner, G., Welge, M.K., Kriterien für die Beurteilung und Auswahl von Organisationskonzeptionen, in: ZfO, 43 Jg. 1974, S. 71 ff., 163 ff.
Gasser, Ch., Hax, K. (Hrsg.), Der Mensch im Betrieb, Köln-Opladen 1957
Gaugler, E., Instanzenbildung als Problem der betrieblichen Führungsorganisation, Berlin 1966
Golembiewski, R. T., A New „Staff"-Model: A Synthesis from Behavioral Research; in: Managerial Behavior and Organization Demand, Chicago 1967, S. 296 ff.
Goossens, F., Innerbetrieblicher Arbeitsplatzwechsel, in: Handwörterbuch des Personalwesens, Stuttgart 1975, Sp. 306 ff.
Grabetin, G., Effizienz von Organisationsstrukturen, Berlin-New York 1981
Grochla, E., Unternehmensorganisation, Reinbeck bei Hamburg 1972
ders., Erkenntnisstand und Entwicklungstendenzen der Organisationstheorie, in: ZfB, 39. Jg., Wiesbaden 1969, S. 1 ff.
ders., Organisationstheorie, 1. u. 2. Teilband, Stuttgart 1975/1976
Grochla, E., Welge, M.K., Zur Problematik der Effizienzbestimmung von Organisationsstrukturen, in: ZfbF, 27. Jg. 1975, S. 273 ff.
Grochla, E., Thom, N., Auswahl von Organisationsformen, in: HWO, 2. Aufl., Stuttgart 1980, Sp. 1494 ff.
Grün, O., Informale Organisation, in: HWO, 2. Aufl., Stuttgart 1980, Sp. 881 ff.
ders., Informale Erscheinungen in der Betriebsorganisation, Berlin 1966
Guserl, R., Hoffmann, M., Das Harzburger Modell — Idee und Wirklichkeit und Alternative zum Harzburger Modell, 2. Auflage, Wiesbaden 1976
Gutenberg, E., Grundlagen der Betriebswirtschaftslehre, 1. Bd., Die Produktion, 4. Aufl., Berlin-Göttingen-Heidelberg 1958
Harrmann, A., Divisionale oder funktionale Organisation, in: Der Betrieb, 24. Jg. 1972, S. 537 ff.
Heinen, E., Grundlagen der betriebswirtschaftlichen Entscheidungen. Das Zielsystem der Unternehmung, 2. Aufl., Wiesbaden 1971

Herzberg, F., Work and the Nature of Man, Cleveland 1966
Hill, W., Fehlbaum, R., Ulrich, P., Organisationslehre, 2 Bde., 3. Aufl., Bern 1981
Hoffmann, F., Entwicklung der Organisationsforschung, 2. Aufl., Wiesbaden 1976
ders., Betriebswirtschaftliche Organisationslehre, Wiesbaden 1976
Homans, G. C., Theorie der sozialen Gruppe (The human Group.), 5. Aufl., Köln-Opladen 1970
Jordt, A., Gescheidle, K., Fernkurs für Organisation, Wiesbaden o. J.
Kehren, H., Organisation von Projektgruppen, in: ZfO, 40. Jg. 1971, S. 386 ff.
Keßler, A., Die Entscheidung zwischen Funktional- und Divisional-Organisation-Darstellung und Bewertung betrieblicher Gesamtstrukturen, Berlin 1976
Kieser, H., Zur Flexibilität verschiedener Organisationsstrukturen, in: ZfO 38. Jg. 1969, S. 273 ff.
Kieser, A., Zur wissenschaftlichen Begründung von Organisationstrukturen, in: ZfO, 40 Jg. 1971, S. 239 ff.
Kieser, A., Kubicek, H., Organisation, 2. Aufl., Berlin-New York 1983
Klaus, G. (Hrsg.), Wörterbuch der Kybernetik, 2 Bde., Frankfurt a. Main-Homburg 1969
Köhler, R., Organisation des Produkt-Management, in: HWO, 2. Aufl., Stuttgart 1980, Sp. 1923 ff.
König, R., Die informellen Gruppen im Industriebetrieb, in: Organisation, TFB-Handbuchreihe, Bd. 1, hrsg. von Schnaufer, G., Agthe, K., Berlin und Baden-Baden 1961, S. 55 ff.
Koreimann, D.S., Systemanalyse, Berlin-New York 1972
ders., Methoden und Organisation von Management-Informations-Systemen, Berlin-New York 1971
Kosiol, E., Organisation der Untersuchung, 2. Aufl., Wiesbaden 1976
Krasemann, B. J., Aktuelle Daten zur Stellenbeschreibung in der Bundesrepublik, in: ZfO 42. Jg. 1973, S. 74 ff.
Krüsselberg, H.-L., Organisationstheorie, Theorie der Unternehmung und Oligopol, Berlin 1965
Kubicek, H., Empirische Organisationsforschung, Stuttgart 1975
ders., Dimensionen der Humanisierung des Arbeitslebens, in: Die Betriebswirtschaft, 39. Jg. 1979, S. 663 ff.
ders., Unternehmungsziele, Zielkonflikte und Zielbildungsprozesse, Kontroversen und offene Fragen in einem Kernbereich betriebswirtschaftlicher Theorienbildung, in: WiSt, 10. Jg. 1981, S. 458 ff.
Lepsius, R. M., Strukturen und Wandlungen im Industriebetrieb — Industriesoziologische Forschung in Deutschland, München 1960
Likert, R., Die integrierte Führungs- und Organisationsstruktur, Frankfurt 1975
ders., New Patterns of Management, New York-Toronto 1961
Maher, J.R., (Hrsg.), Job-Enrichement, Motivierung durch Arbeitsgestaltung, Zürich 1976
Mand, J., Betriebsorganisation, 4. Aufl., Wiesbaden 1973
Maslow, A. H., Motivation and Personality, New York 1954

Mayntz, R., Die soziale Organisation des Betriebes, Stuttgart 1969
Mayntz, R., (Hrsg.), Bürokratische Organisation, Köln-Berlin 1968
Mellerowicz, K., Allgemeine Betriebswirtschaftslehre, Bd. 1, 14. Aufl. Berlin-New York 1972
Meffert, H., Informationssysteme, Grundbegriffe der EDV und Systemanalyse, Tübingen-Düsseldorf 1975
Müller, H., Schreyögg, G., Das Stab-Linie-Konzept, in: WiST., 11. Jg. 1982, S. 205 ff.
Müller, W., Leitungsspanne, in: HWO, 2. Aufl., Stuttgart 1980, Sp. 1199 ff.
Müller-Pleuss, H. H., Organisationsmethoden, 3. Aufl., Heidelberg 1972
Nordsiek, F., Betriebsorganisation, 4. Aufl., Stuttgart 1962
Picot, A., Experimentelle Organisationsforschung, Wiesbaden 1975
Rahmert, W., Weg, F.J., Organisation teilautonomer Gruppenarbeit, Betriebliche Projekte-Leitregeln zur Gestaltung, München-Wien 1976
Reber, G., Die minimale personale Arbeitsaufgabe: Überlegungen zur Bestimmung einer Untergrenze der Arbeitsteilung, in: WiSt, 3. Jg. 1974, S. 217 ff.
Refa, Das Refa-Buch Bd. 1: Arbeitsgestaltung, 9. Aufl., München 1960
Reif, K., Projekt-Management als Führungsmittel, in: Plus, Zeitschrift für Unternehmungsführung, Düsseldorf 4/1968, S. 18 ff.
Rosenstiel von, L., Molt, W., Rüttinger, B., Organisationspsychologe, 2. Aufl., Stuttgart 1975
Rosenstiel von, L., Organisationspsychologie, in: HWO, 2. Aufl., Stuttgart 1980, Sp. 1758 ff.
Schanz, G., Organisationsgestaltung. Struktur und Verhalten, München 1982
Scharmann, Th., Teamarbeit in der Unternehmung. Theorie und Praxis der Gruppenarbeit, Bern-Stuttgart 1972
Schleiermacher, K., Teamorientierte Organisation, in ZfO, 43. Jg. 1974, S. 144 ff.
Schmidt, G., Organisation. Methode und Technik, 4. Aufl., Gießen 1981
Schnelle, W., Entscheidungen im Management. Wege zur Lösung komplexer Aufgaben in großen Organisationen, Quickborn 1966
Schröder, H.J., Projekt-Management, Wiesbaden 1970
Schwarz, H., Betriebsorganisation als Führungsaufgabe, 9. Aufl., München 1983
ders., Stelle, in: HWO, 2. Aufl., Stuttgart 1980, Sp. 2113 ff.
Seiwert, L., Moderne Formen der Arbeitsorganisation, in: WiSt, 8. Jg., 1979, S. 129 ff., 185 ff.
Siegert, W., Die Arbeit selbst ist der beste Anreiz, in: Handelsblatt vom 18. 11. 1974
Sicgwart, H., Aufbau eines Projekt Managements in der Forschung und Entwicklung, St. Gallen 1970
Simon, H.A., Models of Man, New York 1957
Staehle, H. W., Organisation und Führung sozio-technischer Systeme, Grundlagen einer Situationstheorie, Stuttgart 1973
Staerkle, R., Stabstellen, in: HWO, 2. Aufl. Stuttgart 1980, Sp. 2097 ff.
Timmermann, M., Matrix-Management, in: Industrielle Organisation, Zeitschrift für Betriebswissenschaft, Management, Produktionstechnik und Organisation, 40. Jg. 1971, S. 317 ff.

Ulich, E., Arbeitswechsel und Aufgabenerweiterung in: REFA Nachrichten, 25. Jg. 1972, S. 265 ff.

Ulrich, H., Betriebswirtschaftliche Organisation, Bern 1949

Warschkow, U., Zum Konkretisierungsgrad der Aufgabenanalyse, in: ZfO, 36. Jg. 1967, S. 24 ff.

Wegner, G., Sachmittel in der Organisation, in: HWO, Hrsg. von Grochla, E., Stuttgart 1969, Sp. 1471 ff.

Welge, M.K., Profit-Center-Organisation. Organisatorische Analyse von Strukturbewertungsproblemen in funktionalen und profit-center orientierten Organisationen, Wiesbaden 1975

Welge, M.K., Fessmann, K.-D., Organisatorische Effizienz, in: HWO, 2. Aufl., Stuttgart 1980, Sp. 577 ff.

Wild, J., Grundlagen und Probleme der betriebswirtschaftlichen Organisationslehre, Berlin 1966

ders., Neuere Organisationsforschung in betriebswirtschaftlicher Sicht, Berlin 1967

ders., Zur praktischen Bedeutung der Organisationstheorie, in: ZfB, 37. Jg. 1967, S. 572 ff., 588 ff.

Wittlage, H., Informale Erscheinungen in der Betriebsorganisation, in: Der graduierte Betriebswirt, 9. Jg. 1976, S. 289 ff.

ders., Quantitative Personalbedarfsrechnung im Verwaltungsbereich, in: Der graduierte Betriebswirt, 10. Jg. 1977, S. 5 ff.

ders., Optimierung der quantitativen Personalbedarfsrechnung im Verwaltungsbereich, in: Der graduierte Betriebswirt, 10. Jg. 1977, S. 351 ff.

ders., Methoden und Techniken praktischer Organisationsarbeit, Herne-Berlin 1980

Wittmann, W., Information, in: HWO, 2. Aufl., Stuttgart 1980, Sp. 894 ff.

Wollnik, M., Einflußgrößen der Organisation, in: HWO, 2. Aufl., Stuttgart 1980, Sp. 592 ff.

Zimmermann, K., Die Projektgruppe als Organisationsform zur Lösung komplexer Aufgaben, in: ZfO, 39. Jg. 1970, S. 45 ff.

— Die Zeit der Gruppenentscheidungen neigt sich ihrem Ende, in: Industriemagazin Nr. 4, 1974, S. 48 ff.

— Profit Center, in: Industriemagazin Nr. 10, 1974, S. 70

# 1 Einleitung: Objektbereich der Unternehmensorganisation, organisationstheoretische Ansätze, Methodik der Organisationsarbeit

Um dem Leser eine Einordnung der in den folgenden Abschnitten erörterten Problemkreise in den Objektbereich der Organisation zu ermöglichen, ist es notwendig, einen allgemeinen Bezugsrahmen zu erarbeiten. In der Einleitung werden deshalb der Objektbereich der Organisation, die organisationstheoretischen Ansätze zur Erforschung dieses Bereiches und die Methodik der praktischen Organisationsarbeit skizziert[1].

## 10 Objektbereich der Unternehmensorganisation

Instrumental gesehen ist die Organisation die Gesamtheit der zielgerichteten menschlichen Handlungen (bzw. deren Ergebnis), durch die

- ein soziales System strukturiert wird,
- die Aktivitäten der zum System gehörenden Elemente (Menschen, Sachmittel) geordnet, der Einsatz dieser sowie das Informationshandling geregelt werden[2].

Im Gegensatz zu technischen oder biologischen Systemen ist in einem sozialen System der Mensch das wesentliche Element. Daher sind die Interaktionsbeziehungen zwischen den Systemmitgliedern, deren Leistungsvermögen, Wertvorstellungen und Bedürfnisse sowie die Verhaltenserwartungen (Rollen)[3], die den einzelnen Mitgliedern zugeordnet werden, von großer Bedeutung.
Dieses so charakterisierte System wird als ein sozio-technisches System bezeichnet.

Der Objektbereich der Unternehmensorganisation umfaßt nur den Teilbereich (Systemklasse) der sozio-technischen Systeme, der durch die Spezifizierung folgender Kategorien gebildet wird:

1 Zur Vertiefung dieses Problemkreises wird auf die am Ende der Einleitung angegebenen Literaturhinweise verwiesen.

2 vgl. Hill, W., Fehlbaum, R., Ulrich, P., Organisationslehre, Bd. 1., 3. Aufl., Bern-Stuttgart 1981, S. 17. Einige Autoren unterscheiden eine größere Zahl grundlegender Elemente, nämlich Aufgaben, Menschen, Sachmittel und Informationen, vgl. Frese, E., Aufbauorganisation, Gießen 1976, S. 24

3 Zum Begriff der Rolle siehe Dahrendorf, R., Homo Soziologicus, 13. Aufl., Opladen 1974, und die dort angegebene Literatur.

- eine begrenzte Anzahl grundlegender Systemeigenschaften
- Zweck- und Zielorientierung
- spezifisches Organisationsgepräge.

Grundlegende Systemeigenschaften[4]

An grundlegenden Systemeigenschaften sind zu nennen:
1. Offenheit
2. Dynamik
3. äußerste Komplexität
4. Probabilität

zu 1. Es bestehen nicht nur wechselseitige Beziehungen zwischen den Elementen des Systems, sondern auch solche zu Elementen anderer Systeme (die Umwelt wird hier als Supersystem bezeichnet), d. h. die Struktur, der Einsatz, die Aktivitäten der Elemente des Systems werden von außen beeinflußt z. B. durch die Technologie, durch Input-Output Beziehungen, durch die Veränderungen der Umwelt. Eine vollständige Erfassung und Aufzählung dieser Einflüsse ist kaum möglich.

zu 2. Die Struktur, der Einsatz und die Aktivitäten der Elemente ändern sich im Zeitablauf. Dies ist einerseits bedingt durch die Offenheit des Systems, denn die Veränderungen der Umwelt führen über die bestehenden Wechselbeziehungen zu einer Änderung des Systems, zum anderen durch dessen innere Dynamik. Der Grad der Veränderung des Systemzustandes schwankt im Zeitablauf.

zu 3. Die äußerste Komplexität ist bedingt durch die große Anzahl und die vielfältigen Formen der Beziehungen zwischen den Elementen des Systems und zur Umwelt, so daß eine vollständige Erfassung und Beschreibung des Systems nicht möglich ist.

zu 4. Exakte Voraussagen über das Systemverhalten lassen sich nicht machen, z. B. über Auswirkungen von Veränderungen der Beziehungen zwischen den Elementen des Systems. Selbst bei ausreichender Kenntnis des Beziehungszusammenhanges können z. T. nur Wahrscheinlichkeitsaussagen getroffen werden.

Zweck- und Zielorientierung

Die Aktivitäten der zum System gehörenden Elemente – Menschen und Sachmittel –, der Einsatz dieser sowie das Informationshandling sind zielorientiert. Diese Handlungsziele (Aufgaben) sind beim Objektbe-

4 Zur Klassifikation von Systemen siehe Beer, St., Kybernetik und Management, Frankfurt a. M., 1959, S. 27 ff.

reich der Unternehmensorganisation auf den ökonomischen Bereich beschränkt. Sie müssen einen langfristigen Charakter aufweisen (Daueraufgaben). Damit sind planmäßige Veränderungen in den Untersuchungsbereich eingeschlossen, nicht hingegen improvisatorische.

Für den ökonomischen Bereich bestehen diese Ziele primär in der Produktion von Gütern und Dienstleistungen, sekundär in der Einkommenserzielung der im System tätigen Menschen. Dabei ist zwischen Sach- und Formalziel zu unterscheiden[5].

Das Sachziel ist das konkrete Leistungsprogramm des Systems, beispielsweise bei einer Unternehmung die Art und die Menge der im Zeitablauf zu erbringenden Güter und Dienstleistungen sowie deren Verwertung. Dieses Sachziel läßt sich systematisch nach unterschiedlichen Kriterien in Teilziele (Teilaufgaben) zerlegen, so daß sich durch eine entsprechende Aufgabenanalyse eine Aufgabenstruktur für das soziotechnische System Unternehmen ergibt.

Aufgrund des Formalzieles wird die Entscheidung über die zu realisierende Handlungsalternative getroffen, also über den Einsatz und die Kombination der zur Verfügung stehenden Leistungsfaktoren Mensch und Sachmittel, über die anzuwendende Technologie u. s. w. Als Formalziel wird für den ökonomischen Bereich in erster Linie das Gewinnmaximierungsprinzip genannt. Empirische Untersuchungen[6] haben aber ergeben, daß weder ein Formalziel allein noch das Gewinnmaximierungsprinzip eine ausreichende Berücksichtigung der realen Gegebenheiten darstellen. So werden neben dem wohl im Vordergrund stehenden Ziel der Gewinnerzielung folgende Formalziele angestrebt: Umsatzmaximierung bei einer vorgegebenen Gewinngröße, Kostendeckung, Erhaltung der Selbständigkeit, Erhaltung der Arbeitsplätze, angemessene Gewinnerzielung[6a].

Neben dieser Zielstruktur des sozio-technischen Systems besitzen die Menschen als Elemente dieses System jeweils individuelle Zielstrukturen. Diese individuellen Ziele können mit den Zielen des Systems konkurrieren, zu diesen komplementär oder indifferent sein.

---

5 vgl. Grochla, E., Unternehmensorganisation , Reinbeck bei Hamburg 1972, S. 38 ff.

6 vgl. Heinen, E., Grundlagen betriebswirtschaftlicher Entscheidungen. Das Zielsystem der Unternehmung, 2. Aufl., Wiesbaden 1971, S. 38 ff.

6a Die Diskussion über die Zielbildungsprozesse wird in der Literatur zum Teil kontrovers ausgetragen. Vgl. Kubicek, H., Unternehmungsziele, Zielkonflikte und Zielbildungsprozesse, Kontroversen und offene Fragen in einem Kernbereich betriebswirtschaftlicher Theorienbildung, in: WiSt, 10. Jg. 1981, S. 458 ff.

Zielanfinomie (konkurrierende Ziele), Zielharmonie (komplementäre Ziele) und Zielneutralität (indifferente Ziele) beeinflussen in unterschiedlichem Grad die Zielerreichung sowohl des Systems als auch der Menschen als Elemente des Systems. Diese möglichen Zielkonstellationen sind u. a. für die Bestimmung des anzuwendenden Führungsstils und der Führungsform von entscheidender Bedeutung.[7]

Spezifisches Organisationsgepräge

Das spezifische Organisationsgepräge ist das Ergebnis eines planvollen Gestaltungsprozesses von Personen, die entweder selbst das System begründen oder mit dessen Strukturierung beauftragt sind. Dieser Gestaltungsprozeß führt dazu, daß

- die Aktivitäten der zum System gehörenden Elemente – Menschen und Sachmittel – und deren Einsatz zielorientiert geregelt sind,
- die Regelungen zum Teil unabhängig von bestimmten Personen gelten,
- in den meisten Fällen schriftlich fixiert sind,
- die Anerkennung dieser Regelungen von jedem Mitglied des Systems verlangt wird.

Diese dargelegten Merkmale stellen die Formalisierung der Gebilde- und Prozeßstruktur dar.

Zusammenfassend läßt sich der Objektbereich der Unternehmensorganisation definieren als

„ein offenes, dynamisches, äußerst komplexes und probabilistisches sozio-technisches System, dessen formalisierte Gebilde- und Prozeßstruktur auf die Erreichung ökonomischer Ziele ausgerichtet ist (zielorientiert)“[7a]

Der Objektbereich der Unternehmensorganisation umfaßt damit sowohl die privaten und die öffentlichen Betriebe als auch Teile der öffentlichen Verwaltung, soweit sie dem Bereich der vorstehend gekennzeichneten sozio-technischen Systeme zuzurechnen sind, z. B. die Sozialversicherungsanstalten, Krankenhäuser, Krankenkassen.

7 siehe: Bleicher, K., Führungsstile, Führungsformen und Organisationsformen, in: Zeitschrift für Organisation, 38. Jg., 1969, S. 31 ff. und die dort angegebene Literatur.

7a vgl. Blohm, H., Organisation, Information und Überwachung, 3. völlig neu bearbeitete Auflage, Wiesbaden 1977, S. 19

## 11 Organisationstheoretische Ansätze

Aufgrund der äußersten Komplexität und der Probabilität der soziotechnischen Systeme, die den Objektbereich der Unternehmensorganisation ausmachen, sowie der Wechselbeziehungen zur dynamischen Umwelt (Supersystem) sind unterschiedliche organisationstheoretische Ansätze in der Forschung entwickelt worden. Nach dem wissenschaftlichen Gehalt ihrer Aussagen werden terminologische, deskriptive, empirisch kognitive und praxeologische Aussagesysteme unterschieden[8].

Terminologische Aussagesysteme:
Erarbeitung eines brauchbaren Begriffssystems durch Begriffsbildung und Begriffsbestimmung. Das Ziel sind operational definierte Begriffe.

Deskriptive Aussagesysteme:
Beschreibung organisatorischer Tatbestände und Phänomene unter der Verwendung stringenter Begriffssysteme.
Empirisch kognitive Aussagesysteme:
Aufstellung von Hypothesen über empirische Gesetzmäßigkeiten mit dem Ziel der Erklärung und der Prognose.

Praxeologische Aussagesysteme:
Entwicklung von Entscheidungshilfen für die Bewertung und die Auswahl von Handlungsalternativen.

Aus der vorstehenden Darlegung ist ersichtlich, daß sich diese Aussagesysteme z. T. gegenseitig bedingen.

Nach der Art des organisationstheoretischen Ansatzes lassen sich entsprechend den Ausführungen von Hill, Fehlbaum und Ulrich[9] idealtypisch unterscheiden:

1. Der physiologische Ansatz

Im Vordergrund der Überlegungen steht die Erhöhung der Arbeitsleistung durch eine weitgehende Arbeitszerlegung, durch eine physiologisch bestimmte Arbeitsausführung und Arbeitszeit-/Pausenregelung, und durch leistungsfördernde Lohnverfahren (Sientific Management; Begründer: Taylor).

2. Der burokratisch-administrative Ansatz

Hier sind der bürokratische (Bürokratiemodell Max Webers) und der administrative Ansatz (anglo-amerikanische Managementlehre, Ansätze

8 vgl. Grochla, E., Erkenntnisstand und Entwicklungstendenzen der Organisationstheorie, in: ZfB, 39. Jg., Wiesbaden 1969, S. 6 ff.
9 siehe Hill, W., Fehlbaum, R., Ulrich, P., a. a. O., Bd. 2, S. 407 ff.

bei Taylor und Fayol) zu unterscheiden. In der deutschsprachigen Organisationslehre standen besonders die Formalisierung der Strukturierungsaussagen unter der Einbeziehung arbeitswissenschaftlicher und verfahrenstechnischer Gesichtspunkte im Vordergrund (Vertreter: Kosiol).

3. Motivationsorientierter Ansatz

Die Human-Relations-Variante betont die psychischen und sozialen Gegebenheiten, das Gruppenverhalten (Vertreter: Mayo, Roethlisberger), während die motivationstheoretische Variante die Zusammenhänge zwischen Motivation, Frustration, Zufriedenheit und Leistung (Vertreter: Maslow, Argyris, Herzberg) in den Vordergrund stellt.

4. Entscheidungstheoretischer Ansatz

Die mathematische Variante basiert auf der Entwicklung formaler Entscheidungsmethoden und mathematischer Modelle wie lineares Programmieren, Spieltheorie und mathematischer Teamtheorie (Vertreter: Churchman, Ackoff, Arnoff, Morgenstern, Neumann, Marschak).
Die verhaltenswissenschaftliche Variante integriert die Aspekte der Motivation und des Entscheidungsprozesses zu einer verhaltenswissenschaftlichen Betrachtung (Behaviorismus; Vertreter: Barnad, Simon, March).

5. Systemorientierter Ansatz

Die organisationssoziologische Variante ist eine strukturell-funktionale Theorie mit den Bezugspunkten Systemerhaltung und Zielrealisierung und den analytischen Kategorien Struktur und Funktion (Vertreter: Talcott Parsons, Etzioni).

Die systemtheoretisch-kybernetische Variante berücksichtigt die kybernetischen Systemeigenschaften wie Regelung, Steuerung, Stabilität und Anpassung (Vertreter: Ackoff, Beer).

Das integrierende Konzept des sozio-technischen Systems verbindet über den Systemansatz strukturelle, soziale und technologische Aspekte in bezug auf das Individuum, die Gruppe und das Gesamtsystem (Vertreter: Emery/Trist, Katz/Kahn, J. D. Thompson).

Aufgrund der organisationstheoretischen Forschung in den 70er Jahren ist der vorstehende Katalog organisationstheoretischer Ansätze um den situativen Ansatz zu erweitern.

## 6. Situativer Ansatz

Dieser Ansatz, auch als strukturorientierter Ansatz bezeichnet, basiert überwiegend auf empirischen Beiträgen (vergleichende Organisationsforschung). Er versucht, den Zusammenhang zwischen Situation (Situationsvariablen, Kontextvariablen) und Organisationsstruktur (Strukturvariablen) aufzuzeigen (Vertreter: Udy, Hall, Pygh).

Über diese kurze Kennzeichnung hinaus werden in der Abbildung 1 den organisationstheoretischen Ansätzen die Gesichtspunkte Umwelt, Stellung des Individuums (Menschenbild) und die berücksichtigten Erkenntnisse spezieller Forschungsbereiche zugeordnet.

Zur vorstehenden Systematisierung ist anzumerken, daß die Anzahl der unterschiedenen Ansätze abhängig ist vom gewünschten Detaillierungsgrad[10] und die Zuordnungen z. T. Kompromisse darstellen. Die Analyse der Ansätze ergibt aber, daß zeitlich gesehen zunächst einzelne Aspekte einseitig betont, darauf aufbauend Versuche zu einer umfassenden Erforschung des Untersuchungsobjektes unternommen wurden. Trotz dieser Bemühungen ist festzustellen, daß sich noch kein allgemein akzeptierter theoretischer Bezugsrahmen herausgebildet hat[10a].

Zum Abschluß dieser Ausführungen muß eine Antwort auf die Frage gegeben werden:

„Welche Bedeutung besitzen die Ergebnisse der Organisationsforschung für die praktische Organisationsarbeit und welchen Beitrag können sie zur Lösung organisatorischer Probleme leisten?"

Die Antwort aus der Sicht der Organisationstheorie und der Organisationspraxis lautet:

„Der Aussagewert der Organisationstheorie für die Lösung praktischer Organisationsprobleme muß insofern relativiert werden, als modellmäßig gewonnene Aussagen einer konkreten Entscheidungssituation nicht

10 Grochla unterscheidet aufgrund eines geringen Detailierungsgrades zwischen betriebswirtschaftlich-pragmatischem, entscheidungstheoretischem, verhaltenstheoretischem und informationstechnologischem Ansatz, siehe Grochla, E., Unternehmensorganisation, a. a. O., S. 20 ff.

10a vgl. Frese, E. Grundlagen der Organisation, Die Organisationsstruktur der Unternehmung, Wiesbaden 1980, S. 27.

*Abb. 1:*
Organisationstheoretische Ansätze*)

| Zeitachse bezogen auf Umwelt, Individuum und Beginn der Ansätze | 1900 | | 1930 | 1940 | 1950(60) 1970 |
|---|---|---|---|---|---|
| wichtige Faktoren der Umwelt (Supersystem) | • Mechanisierung und Massenproduktion<br>• niedriges Ausbildungsniveau<br>• Routinetätigkeiten<br>• Löhne am Existenzminimum<br>• Existenz- und Sicherheitsbedürfnisse dominieren | • Teilautomatisierung (einzelne Arbeitsgänge werden von Sachmitteln übernommen)<br>• Wachsen der Verwaltungsarbeiten<br>• steigendes Lohnniveau<br>• Prestige und Aufstiegsdenken (beim Angestellten) | • Automatisierung von Arbeitsstufen (LK-Maschinen, Werkzeugautomaten)<br>• steigendes Ausbildungsniveau<br>• steigender Anteil von Problemlösungsaufgaben<br>• steigendes Motivationsniveau (v. a. in bezug auf soziale Bedürfnisse) | • Automatisierung von mehrstufigen Arbeitsprozessen (EDV-Anl., gest. Walzstr.)<br>• steigender Spezialisierungsgrad<br>• zunehmende Dynamik und Komplexität<br>• „Wohlstandsgesellschaft"<br>• Vorherrschen höherer Motivationsschichten | |
| Betrachtung des Individuums als | mechanistischer Mensch | (homo oeconomicus) | (sozial)motivierter Mensch | „Administrative man" | „Complex-man" |
| Ansatz | Physiologischer Ansatz Scientific-Management | Bürokratisch-administrativer Ansatz<br>1. Bürokratische Variante<br>2. Administrative Variante (betriebswirtschaftlich pragmatischer Ansatz) | Motivationsorientierter Ansatz<br>1. Human-Relations-Variante<br>2. Motivationstheoretische Variante | Entscheidungsorientierter Ansatz<br>1. Mathematische Variante<br>2. Verhaltenswissenschaftliche Variante | Systemorientierter Ansatz<br>1. Organisationssoziologische Variante<br>2. Systemtheoretisch kybernetische Variante<br>3. Integrierendes Konzept des soziotechnischen Systems |
| Begründer und Hauptvertreter | Taylor | zu 1. Max Weber<br>zu 2. Fayol, Urwirk, Ulrich, Nordsieck, Schramm, Kosiol (Klassische deutsche Organisationslehre) | zu 1. Mayo<br>zu 2. Maslow, McGregor, Likert, Argyris, Herzberg | zu 1. Marschak, Morgenstern<br>zu 2. Barnard, Simon, March | zu 1. Talcott Parsons, Etzioni,<br>zu 2. Bertalanffy, Ackoff, Beer<br>zu 3. Emery, Trist, Katz/Kahn, Lawrence/Lorsch, J. D. Thompson |
| insbesondere Berücksichtigung der Ergebnisse der Forschungsbereiche | Arbeitsphysiologie, Technologie | Arbeitswissenschaft, Verfahrenstechnik | Soziologie und Psychologie | Operations-Research | Kybernetik, Systemtheorie, Organisationssoziologie, Informations- und Kommunikationstheorie |

*) In Anlehnung an Hill, W., Fehlbaum, R., Ulrich, P., a. a. O Bd. 2,S. 408/409

genau entsprechen können und damit eine Optimierung aufgrund theoretischer Zielwirkungsprognosen nicht möglich ist[11] ". Der Organisator wird durch Schließen der Lücken im theoretischen Erkenntnisstand aufgrund seiner Erfahrungen zu befriedigenden Problemlösungen gelangen. Organisationsmethoden und -techniken sowie die einzusetzenden Hilfsmittel sind weitgehend von ihm selbst zu entwickeln.

## 12 Methodik der Organisationsarbeit

Dem Organisator stellt sich nicht die Frage nach dem organisationstheoretischen Ansatz, sondern nach der Methodik des Vorgehens für seine Aufgabenerfüllung. Durch die Wahl der anzuwendenden Methodik legt er im vorhinein sein planmäßiges Vorgehen fest, d. h. die Schritte, die er ausgehend von der Problemstellung (Organisationsauftrag) bis zur Problemlösung zu durchlaufen hat. Die gewählte Methodik bietet ihm ein Raster, in das er zeitlich und sachlich seine auszuführenden Teilaufgaben einordnen kann.

Idealtypisch können zwei Vorgehensweisen unterschieden werden, das empirische Vorgehen, auch als induktive Methode bezeichnet, und das konzeptionelle Vorgehen, oftmals als deduktive Methode charakterisiert[12].

Bei der konzeptionellen (deduktiven) Methode bilden die Problemstellung und die daraus abgeleitete Zielsetzung die Basis, auf der ein Konzept (Sollvorschlag) erarbeitet wird. Dieses Idealkonzept kann entwickelt werden, wenn entsprechende Gesetzmäßigkeiten, erhärtet in einer Vielzahl von Einzelfällen, vorhanden sind[12a]. Es wird also unbeeinflußt von der vorliegenden Situation (Istzustand) konzipiert. Entsprechend der Deduktion wird mithin ausgehend von allgemeinen organisatorischen Gesetzmäßigkeiten auf die Lösung für den Einzelfall geschlossen. Der so erarbeitete Sollvorschlag wird mit dem Istzustand

---

11 Siehe Hill. W., Fehlbaum, R., Ulrich, O., Bd. 1, a. a. O., S. 53, Grochla E., Unternehmensorganisation, a. a. O., S. 14, Wild, J., Zur praktischen Bedeutung der Organisationstheorie, in: ZfB, 37. Jg., 1967, S. 575.

12 vgl. Schmidt, G., Organisation, Methoden und Technik. Bd. 1 der Schriftenreihe der Akademie für Organisation, 4. Aufl., Gießen 1981, S. 64, Müller-Pleuss, J., H., Organisationsmethoden, 3. Auflg., Heidelberg 1972, S. 13 f., Hill, W., Fehlbaum, R., Ulrich, O., sprechen in diesem Zusammenhang von generell-normativen Methodenkonzepten und situationsspezifischen Konzepten, vgl. Bd. 2, a. a. O., S. 454 f.

12a Diese Gesetzmäßigkeiten finden z. T. ihren Niederschlag in den Grundsätzen der Organisation.

verglichen. Die Bedingungen im Istzustand können zu einer Modifizierung – damit ist eine Problemlösung gefunden – oder zu einer Verwerfung der Sollkonzeption führen.

Der Vorteil dieser Vorgehensweise kann darin gesehen werden, daß durch die anfängliche Loslösung vom Istzustand der Weg zu völlig neuen und eventuell besseren Lösungen gedanklich offen gehalten wird. Der Nachteil besteht darin, daß eine Idealkonzeption entwickelt werden kann, deren Realitätsferne so groß ist, daß Modifizierung und Anpassung an die realen Bedingungen unmöglich sind.

Von größerem Gewicht ist aber der Tatbestand, daß bisher für den Verwaltungsbereich (Büroorganisation) die erforderlichen Gesetzmäßigkeiten nur für wenige Problemkreise gegeben sind. Der Grund ist darin zu sehen, daß in den verschiedenen Organisationseinheiten Anzahl und Gewicht der zu berücksichtigenden qualitativen und quantitativen Faktoren zu unterschiedlich sind.

Als typische Beispiele für die Anwendung der konzeptionellen Methode können folgende Organisationsaufgaben genannt werden:

- Einsatz von Diktiergeräten
- Einrichtung eines zentralen Schreibdienstes
- Errichtung von Großraumbüros
- Einsatz von Modularprogrammen bei der edv-maschinellen Verarbeitung.

Bei der empirischen (induktiven) Vorgehensweise wird der vorhandene Istzustand auf seine Mängel hin untersucht. Eine Analyse der aufgedeckten Mängel und deren Ursachen bilden die Grundlage der zu entwickelnden Sollkonzeption. Entsprechend der Induktion wird aus der Kenntnis des Einzelfalles unter Verwendung des vorhandenen Erfahrungsstandes und Wissens auf die Problemlösung geschlossen. Dabei besteht die Gefahr, daß sich diese Sollkonzeption nur auf die Beseitigung der Mängel und deren Ursachen im Istzustand beschränkt, da eine grundlegende Veränderung des vorgefundenen Istzustandes (Gebilde oder Prozeß) nicht in die Überlegungen einbezogen wird (Detailverbesserungen).

Der Organisator bedient sich meistens einer Zwischenform, indem er zunächst empirisch vorgeht und auf der Basis der so gewonnenen Erkenntnisse eine konzeptionelle Lösung entwickelt, die aufgrund einer erneuten Überprüfung anhand der Bedingungen des Istzustandes modifiziert wird. Durch dieses Vorgehen macht er sich die Vorteile beider Methoden nutzbar.

Aufgrund dieser Vorgehensweise ergibt sich der Organisationszyklus (Kreislauf des Organisierens), der die folgenden Phasen beinhaltet[13]:

1. Phase: Istaufnahme.

   Inhalt: Erfassung des Gebildes (Aufbau) und des Prozesse (Ablauf) des sozio-technischen Systems in Form eines Mengen-, Zeit- und Wertgerüstes.

   Techniken: direkte und indirekte Befragung (Interview, Fragebogen), Beobachtungen, Zählen und Messen[13a]

2. Phase: Überprüfung der Istaufnahme.

   Inhalt: Überprüfung der Istaufnahme auf Vollständigkeit und Klarheit der Einzelangaben.

   Techniken: Vergleiche mit Unterlagen des Unternehmens (Dokumentenanalyse z. B. Lohn-, Gehaltslisten, Raumbelegungsplänen, Abteilungs- und Stellenverzeichnissen), Kontrollerhebungen (Stichproben), Vergleich einander bedingender Tatbestände (z. B. Zahl der Buchungsbelege — Anzahl der Buchungen, Verbrauch an Rechnungsformularen — Anzahl der erstellten Rechnungen).

3. Phase: Istkritik

   Inhalt: Analyse und Wertung des Gebildes und des Prozesses

   Techniken: Gebilde (Aufbau): Prüflisten in bezug auf die Organisation allgemein, auf die Leitungs- und Führungsorganisation, auf die informelle Organisation.

   Prozeß (Ablauf): Grundsatzkritik in Form von Prüffragen (Fragen nach der Notwendigkeit von Tätigkeiten), Verfahrenskritik in Form von Verfahrensvergleichen und Wirtschaftlichkeitsrechnungen.

4. Phase: Entwicklung einer Sollkonzeption.

   Inhalt: Erarbeitung eines realisierungsfähigen Reorganisationsvorschlages.

---

13 Bezüglich der Anzahl der Phasen und ihrer Bezeichnungen sind unterschiedliche Vorgehensweisen möglich; alle im Schriftum dargelegten Organisationszyklen sind aber inhaltlich deckungsgleich; die Unterschiede sind rein formaler Natur. vgl. Acker, H. B., Organisationsanalyse, Baden-Baden und Bad Homburg 7. Aufl. 1973, S. 9 f., Schmidt. G., a. a. O., S. 55 ff., Müller-Pleuss, J. H., a. a. O., S. 14 ff., Hill, W., Fehlbaum, R., Ulrich, P., Bd. 2, a. a. O., S. 455 f.

13a Zu diesen und den nachfolgenden Techniken vgl. Wittlage, H., Methoden und Techniken praktischer Organisationsarbeit, Herne/Berlin 1980

Techniken: Aufgaben- und Arbeitssynthese, Personalbedarfsrechnung, Formulargestaltung, Konfiguration einer EDVA usw..

5. Phase: Einführung der Sollkonzeption.

Inhalt: Durchführung der Reorganisation; dabei werden noch Modifizierungen der Sollkonzeption vorgenommen.

Techniken: Einsatz von Planungstechniken wie Netzplantechnik, Stellenbeschreibungen, Arbeitsplatzbeschreibungen, Probeläufe.

6. Phase: Kontrolle.

Inhalt: Überprüfung des geplanten Rationalisierungserfolges.

Techniken: Einzeluntersuchung, Soll/Ist-Vergleich, erneute Istaufnahme.

In diesem Kreislauf des Organisierens wechseln Phasen der Analyse (Zerlegung, Gliederung) mit Phasen der Synthese (Zusammenfassung, Gestaltung).

Das im Rahmen dieses Organisationszyklus erreichte Organisationsniveau kann aus folgenden Gründen nicht als optimal bezeichnet werden[14]:

1. Die Sollkonzeption wird aus einer begrenzten Anzahl von Entscheidungsalternativen ausgewählt. Die begrenzte Anzahl ergibt sich aufgrund des begrenzten Wissens des Organisators bzw. Organisationsteams, des begrenzten Erkenntnisstandes der Organisationstheorie sowie der großen Zahl theoretisch gegebener Lösungsmöglichkeiten[14a].
(vgl. Ausführungen zu Punkt 11).

*Beispiel:*

In einem Unternehmen wird die Vertriebstätigkeit nach den zu vermarktenden Produkten in 9 Vertriebsbereiche eingeteilt.

Vertriebsbereiche: $V_1, V_2 \ldots\ldots\ldots\ldots, V_9$

Die Aufgabe ist von drei Mitarbeitern mit je 3 Bereichen zu erfüllen. Unter der Bedingung, daß alle Kombinationen zulässig sind, ergeben sich (nach der Formel für die Permutationen mit Gruppenbildung):

$$\frac{9!}{3!\cdot 3!\cdot 3!} = \frac{1\cdot 2\cdot 3\cdot 4\cdot 5\cdot 6\cdot 7\cdot 8\cdot 9}{1\cdot 2\cdot 3\cdot 1\cdot 2\cdot 3\cdot 1\cdot 2\cdot 3} = 1.680 \text{ Zuordnungsmöglichkeiten.}$$

Selbst in diesem einfachen Beispiel ist es nicht möglich, alle Zuordnungsmöglichkeiten zu berücksichtigen.

14 Verwiesen wird hier auf die Aufgabe des Optimierungs- bzw. des Maximierungsprinzips in der Entscheidungstheorie durch H. A. Simon (in: Models of Man, New York 1957).

14a vgl. Blohm, H., a. a. O., S. 47

2. Die Entscheidungsalternativen sind u. a. durch qualitative Faktoren charakterisiert, die gar nicht oder nur schwer durch eine ordinale oder kardinale Quantifizierung in eine Optimierung im strengen mathematischen Sinne eingebracht werden können[14b].

3. Werden diese qualitativen Größen über Hilfsgrößen (Indikatoren) quantifiziert (z. B. Vergabe von Punkten), so ist diese Quantifizierung nicht objektiv, sondern subjektiv durch den Organisator bzw. durch das Organisationsteam bestimmt.

4. Weiterhin werden in der Praxis aufgrund eines bestehenden Zeitdruckes nicht optimale, sondern befriedigende Problemlösungen angestrebt.

In den folgenden Ausführungen werden die Fragenkomplexe aus dem Bereich des „Allgemeinen Organisationswissens" behandelt, deren Kenntnis neben der Beherrschung der Organisationstmethoden und -techniken die Voraussetzung für die erfolgreiche Durchführung der einzelnen Phasen des Organisationszyklusses bildet.

Prüffragen zur Einleitung:

1. Worin unterscheiden sich sozio-technische Systeme von biologischen und technischen Systemen?
2. Was versteht man unter einem Sachziel, was unter einem Formalziel?
3. Begründen Sie, warum eine Unterscheidung in Formal- und Sachziel sinnvoll ist?
4. Charakterisieren Sie den Objektbereich der Unternehmensorganisation anhand der Kategorien grundlegende Systemeigenschaften, Zielorientierung, spezifisches Organisationsgepräge!
5. Welche Aussagesysteme können nach dem wissenschaftlichen Gehalt unterschieden werden und worin bestehen ihre Unterschiede?
6. Welche Entwicklung ist aufgrund der unterschiedlichen organisationstheoretischen Ansätze in der Organisationstheorie feststellbar?
7. Welchen Beitrag kann die Organisationstheorie zur Lösung praktischer Organisationsprobleme leisten?

14b Zur Bewertung von Organisationsalternativen siehe: Wittlage, H., a. a. O., S. 208 ff.

8. Worin bestehen die Nachteile der deduktiven Methode?
9. Was versteht man unter dem Organisationszyklus?
10. Nennen Sie die Gründe, die eine optimale Organisation in der Praxis nicht zulassen!

*Literatur*


| | |
|---|---|
| Blohm, H., | Organisation, Information und Überwachung, 3. Aufl., Wiesbaden 1977, S. 17—27, |
| Frese, E., | Grundlagen der Organisation, Die Organisationsstruktur der Unternehmung, Wiesbaden 1980, S. 27—49, |
| Grochla, E., | Unternehmensorganisation, Hamburg 1972, S. 13—37, |
| Hill, W., Fehlbaum, R., Ulrich, P., | Organisationslehre, 2 Bde, 3. Aufl., Bern 1981, Bd 1, S. 17—55, Bd 2, S. 405 ff., |
| Hoffmann, F., | Entwicklung der Organisationsforschung, 2. Aufl., Wiesbaden 1976, |
| Kieser, A., Kubicek, H., | Organisation, 2. Aufl., Berlin/New York 1982, S. 1—70, |
| dies., | Organisationstheorien, 2. Bde, Stuttgart 1978, |
| Kosiol, E., | Organisation der Unternehmung, 2. Aufl., Wiesbaden 1976, S. 15—37, |
| Schanz, G., | Organisationsgestaltung, Struktur und Verhalten, München 1982, S. 3—18, |
| Schmidt, G., | Organisation. Methode und Technik, 4. Aufl., Gießen 1981, S. 55—74, |
| Schwarz, H., | Betriebsorganisation als Führungsaufgabe, 6. Auf., München 1973, S. 19—30. |

# 2 Gestaltung der Aufbauorganisation

Die Gestaltung der Aufbauorganisation (Gebildestruktur) besteht in der „Zuweisung analytisch gewonnener Teilaufgaben und der gegebenenfalls zu ihrer Erfüllung notwendigen Kompetenzen an die einzelnen Aufgabenträger" (Menschen, Kombination Mensch-Maschine, Sachmittel höherer Technik[15], d. Verf.) sowie in der „Festlegung der Beziehungszusammenhänge zwischen den verschiedenen Organisationseinheiten. Damit fixiert die Aufbauorganisation den Beitrag jedes Aufgabenträgers zur Erreichung des bzw. der übergeordneten Unternehmungsziele (Oberaufgabe) und die Verhaltenserwartungen gegenüber anderen Aufgabeträgern"[16]. Die gestaltende (synthestische) Tätigkeit des Organisators basiert damit auf einer vorhergehenden Analyse (Gliederung, Zerlegung).

Diese Vorgehensweise ist in folgender Darstellung veranschaulicht.

*Abb. 1 a:*
Konzeption der Gestaltung der Gebildestruktur

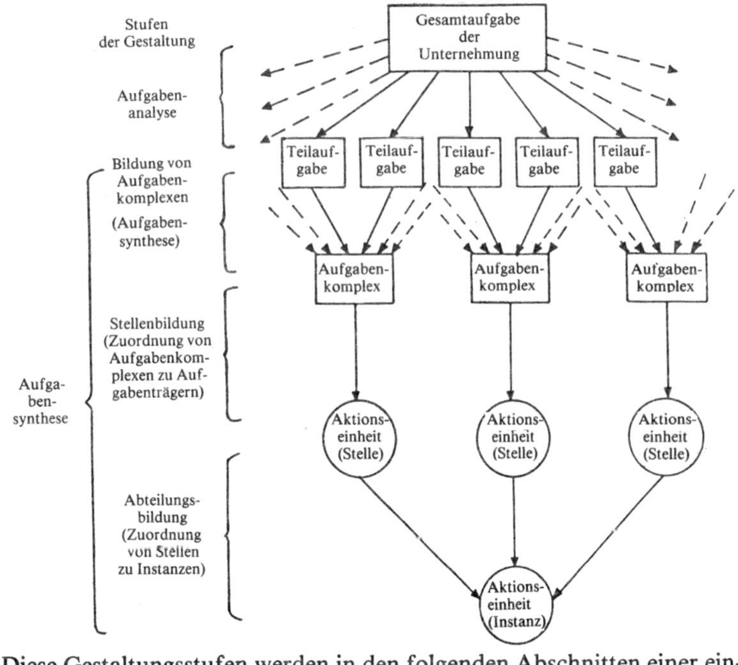


Diese Gestaltungsstufen werden in den folgenden Abschnitten einer eingehenden Analyse unterworfen.

Fußnoten 15 und 16 siehe Seite 30

## 20 Aufgabenanalyse

### 200 Der Begriff der Aufgabe

Wie in der Einleitung dargelegt wurde, sind die Gebilde- und Prozeßstruktur der hier zu untersuchenden sozio-technischen Systeme zielorientiert (zweckorientiert), wobei zwischen Formal- und Sachziel (Sachaufgabe) unterschieden wird. Am Anfang aller organisatorischen Betätigung steht daher die Aufgabe (Ziel), „die gelöst werden soll und auf die sich, um ihre Erfüllung zu gewährleisten, alle organisatorischen Maßnahmen erstrecken. Die analytische Durchdringung der Aufgabe stellt den Ansatzpunkt jeder organisatorischen Bemühung dar. Organisationsanalyse ist daher in erster Linie Aufgabenanalyse als Grundlage aller weiteren Überlegungen[17]."

Jede Aufgabe, materielle als auch informationelle, kann durch folgende Kriterien charakterisiert werden:

1. Verrichtung (Tätigkeit): Jede Aufgabe bedarf zu ihrer Erfüllung der Durchführung einer Tätigkeit (Verrichtung).

2. Objekt: Jede Aufgabe bezieht sich auf ein Objekt (reales oder abstraktes), an dem die Verrichtung vollzogen wird.

3. Aufgabenträger: Jede Aufgabe erfordert einen Aufgabenträger, der die Verrichtung durchführt und damit die Aufgabe erfüllt bzw. zur Aufgabenerfüllung beiträgt.

4. Sachmittel: Bei seiner Tätigkeit setzt der Aufgabenträger Sachmittel ein, ohne deren Einsatz die Tätigkeit nicht möglich ist, bzw. durch deren Einsatz die Effektivität der Tätigkeit erhöht wird.

---

15 Die Frage, ob Maschinen höherer Technik (automatisierte Anlagen) Aufgabenträger sein können, wird in der Literatur kontrovers beantwortet. Entscheidend ist, ob nur dann von einem Aufgabenträger gesprochen werden kann, wenn er u. a. die Initiativ- und Verantwortungsfunktion besitzt. Vgl. Schwarz, H., Betriebsorganisation als Führungsaufgabe, 9. Aufl., München 1983, S. 28, Grochla, E., Unternehmensorganisation. a. a. O., S. 45 ff.

16 Schwarz, H., a.a. O., S. 21

17 Schmidt, G., Organisation, Methode und Technik, Gießen 1974, S. 83

Da sich jede Tätigkeit in Raum und Zeit vollzieht, sind noch relevant:

5. Raum: lokales Kriterium der Aufgabenerfüllung
6. Zeit: Zeitpunkt, Zeitdauer und Wiederholung der Aufgabenerfüllung.

Zur Beschreibung der Aufgabe genügen die Kriterien Objekt und Verrichtung. Sie können als die Merkmale einer Aufgabe bezeichnet werden. Für den Organisator sind darüber hinaus die weiteren Informationen über das Wann und Wo, über den Aufgabenträger und die eingesetzten Sachmittel von großer Bedeutung. Durch diese Angaben wird eine Aufgabe erst eindeutig und unverwechselbar determiniert. Daher werden diese Kriterien als Determinanten einer Aufgabe bezeichnet[18].

*Beispiel:*

Für den Organisator ist die Kenntnis, daß eine Rechnung (Objekt) geschrieben wird (Verrichtung), nicht ausreichend. Er benötigt die zusätzlichen Informationen: wer schreibt (Aufgabenträger), womit (Sachmittel), wo (Raum) und wann (Zeitpunkt, Zeitdauer, Wiederholung). Nur aufgrund dieser gesamten Angaben kann er organisatorisch tätig werden.

Im Rahmen der Aufbauorganisation sind die Merkmale Objekt, Verrichtung und die Determinante Aufgabenträger von großem Gewicht (Vgl. u. a. dazu die Ausführungen über die Bildung von Aufgabenkomplexen, den Beziehungszusammenhang der Stellen usw.), bei der Gestaltung der Ablauforganisation stehen die Determinanten Sachmittel, Raum und Zeit im Vordergrund (Vgl. die Ausführungen zur Arbeitssynthese). Über den Beziehungszusammenhang von Merkmalen und Determinanten einer Aufgabe ergibt sich daher auch der enge sachliche Zusammenhang zwischen Aufbau- und Ablauforganisation. Die Teilung in eine Aufbau- und in eine Ablauforganisation (Gebilde- und Prozeßstruktur) wird aus rein methodischen Gesichtspunkten vorgenommen, sie ist nicht sachlich bedingt[19].

Aus den Merkmalen und Determinanten der Aufgabe ergibt sich die Fragestellung für die Istaufnahme als der ersten Phase des Organisations-

18 Schmidt, G., Organisation, Methode und Technik, 4. Aufl., 1981, S. 133

19 „Neben der Organisation des Betriebsaufbaues gibt es, streng genommen, keine besondere Organisation des Betriebsablaufes. Die Organisation des Betriebsaufbaues ....... stellt ja nur das Instrument dar, das den Betriebsablauf steuert und lenkt", Gutenberg, E., Grundlagen der Betriebswirtschaftslehre, 1. Bd., Die Produktion, 4. Aufl., Berlin-Göttingen-Heidelberg 1958, S. 188

zyklusses (die sieben W's der Istaufnahme). Sie ist wie folgt zu formulieren: „In welcher Situation macht wer (Aufgabenträger) was (Verrichtung/Tätigkeit) wo (Ort/Raum) wann (Zeitpunkt, Zeitdauer, Wiederholung) wie (Sachmittel/Methode) womit (Objekt) warum (Ziel/Zweck)?"

Mit der Beantwortung dieser Frage sind die wesentlichen Informationen über das Mengen-, Zeit- und Wertgerüst, das den Istzustand eines Untersuchungsbereiches charakterisiert, gegeben.

### 201 Grundlagen der Aufgabenanalyse

Nach Kosiol[20] kann die komplexe Gesamtaufgabe einer Organisationseinheit nach fünf Gesichtspunkten in Teilaufgaben aufgegliedert werden:

1. nach der Verrichtung
2. nach dem Objekt
3. nach dem Rang
4. nach der Phase
5. nach der Zweckbeziehung

Die Gesichtspunkte 1 und 2 stellen die sachlichen, die Gesichtspunkte 3–5 die formalen Gliederungskriterien dar. Um die Stellung einer Teilaufgabe im Rahmen der Gesamtaufgabe eindeutig zu bestimmen, ist sie durch alle fünf Kriterien zu charakterisieren. Dabei stehen sie gleichwertig und im Rahmen einer isolierenden Abstraktion unabhängig nebeneinander. Man kann daher von der „Fünfdimensionalität" der Aufgabe sprechen. Die alleinige Anwendung eines jeden Kriteriums führt zu folgenden isolierten Teilanalysen.

#### Aufgabenanalyse nach dem Kriterium Verrichtung

Jede Aufgabe bedarf zu ihrer Erfüllung einer Verrichtung (Tätigkeit). Rein gedanklich läßt sich diese von einem Objekt trennen, letztlich ist aber eine Tätigkeit ohne zugehöriges Objekt nicht möglich. Es wird bei diesem analytischen Vorgehen die Verrichtung in den Vordergrund der Betrachtung gestellt, alle anderen Merkmale der Aufgabe bleiben unberücksichtigt.

20 Vgl. Kosil, E., Unternehmensorganisation, 2. Aufl., Wiesbaden 1976, S. 49

*Abb. 2:*
Aufgabenanalyse aufgrund des Kriteriums Verrichtung

Durch eine mehrmalige Anwendung des Gliederungskriteriums Verrichtung ergeben sich immer weitere Teilaufgaben niedrigerer Ordnung (die Ordnungsstufe ist jeweils erkennbar an der Stellenzahl der Ordnungszahl), die mit zunehmender Gliederungstiefe eine erhöhte Homogenität aufweisen. Die Homogenität ist einerseits bedingt durch die zunehmende Spezifizierung der Verrichtung, andererseits durch den Tatbestand, daß durch diese Spezifizierung die der Verrichtung unterworfenen unterschiedlichen Objekte an Zahl abnehmen. So werden z. B. bezogene Armaturen nicht der Vormontage unterzogen, sondern sie gehen direkt in die Endmontage ein.

Aufgabenanalyse nach dem Kriterium Objekt

So wie die Verrichtung kann auch das Objekt im Vordergrund der isolierten Teilanalyse stehen. Objekte können dabei der Realsphäre entstammen z. B. Produkte, Kundengruppen, Dienstleistungen, geographische Absatzgebiete als auch dem „geistigen" Bereich z. B. Informationen, Entscheidungen.

Wie bei der Gliederung nach der Verrichtung ergeben sich durch eine mehrmalige Anwendung des Gliederungskriteriums Objekt weitere Teilaufgaben niedrigerer Ordnung, die mit zunehmender Gliederungstiefe einen erhöhten Homogenitätsgrad aufweisen. Dies ist einerseits

*Abb. 3:*
Aufgabenanalyse aufgrund des Kriteriums Objekt

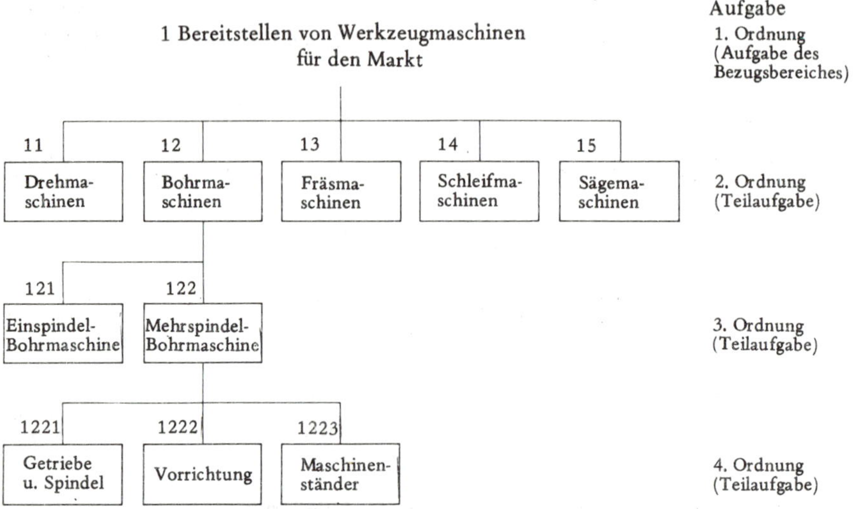


bedingt durch die Einengung des Objektes, andererseits dadurch, daß bestimmte Objekte nur ganz spezifische Verrichtungen erfordern. So bedarf z. B. das Getriebe keiner Herstellung durch das Unternehmen, da es ein Bezugsteil ist, oder das Material für die Vorrichtung erfordert eine spezielle Oberflächenbearbeitung.

### Aufgabenanalyse nach dem Kriterium Rang

Das Gliederungsmerkmal Rang stellt auf die Unterscheidung in Entscheidung und Ausführung, den beiden Elementen einer Sachaufgabe, ab. Jeder Ausführung geht eine Entscheidung voraus. Hierbei ist aber nicht das zeitliche, sondern das qualitative Moment entscheidend. Zweckmäßigerweise wird bei der Gliederung nach dem Rang an bereits durch das Gliederungskriterium Verrichtung gebildete Teilaufgaben angeknüpft.

Auch hier ergeben sich mit zunehmender Gliederungstiefe Teilaufgaben höheren Homogenitätsgrades. Im Gegensatz zu den sachlichen Gliederungskriterien ist das Kriterium Rang nur einmal und zwar auf bereits nach den sachlichen Kriterien gebildete Teilaufgaben zweiter oder niedrigerer Ordnung anwendbar.

*Abb. 4:*
Aufgabenanalyse aufgrund des Kriteriums Rang

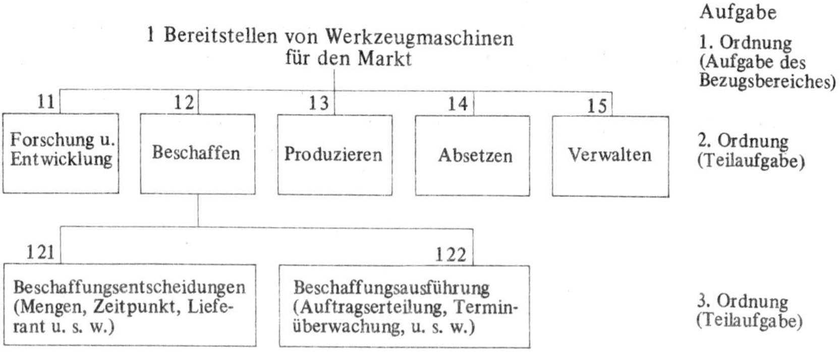


Aufgabenanalyse nach dem Kriterium Phase

Die Gliederung nach dem Merkmal Phase beruht auf den zu jeder Aufgabenerfüllung notwendigen Schritten Planung, Durchführung und Kontrolle. Diese Unterscheidung ist primär sachlicher, nicht zeitlicher Natur. Wie bei der Anwendung des Gliederungsmerkmals Rang wird an bereits gebildete Teilaufgaben zweiter oder niedrigerer Ordnung angeknüpft.

Mit zunehmender Gliederungstiefe ergeben sich Teilaufgaben höheren Homogenitätsgrades. Wie bei dem Merkmal Rang ist nur eine einmalige Anwendung des Kriteriums Phase möglich und zwar auf bereits gebildete Teilaufgaben.

*Abb. 5:*
Aufgabenanalyse aufgrund des Kriteriums Phase

Aufgabenanalyse nach dem Kriterium Zweckbeziehung

Die Zerlegung einer Aufgabe nach der Zweckbeziehung basiert auf der Frage: Handelt es sich bei der Aufgabe (Teilaufgabe) um eine unmittelbare, bedingt durch die Leistungserstellung und Verwertung (Zweckaufgabe) oder um eine mittelbare, d. h. Unterstützung der Leistungserstellung und Verwertung (Verwaltungsaufgabe)? [21]. „Während die Zweckaufga-

*Abb. 6:*
Aufgabenanalyse aufgrund des Kriteriums Zweckbeziehung

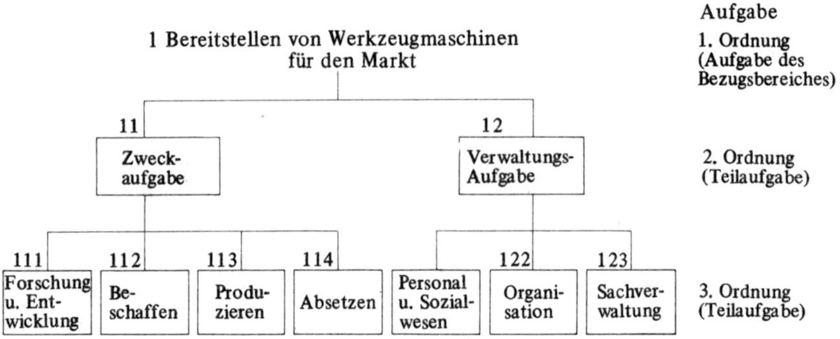


ben durch die zu ihrer Erfüllung notwendigen Prozesse (technologischen) in jedem Betrieb in ihrer Art ganz unterschiedlich auftreten, sind die Verwaltungsaufgaben in jedem Betrieb grundsätzlich die gleichen. Sie unterscheiden sich durch ihre Projektion auf die Zweckaufgaben lediglich schwerpunktmäßig in ihrem Umfang und ihrer Bedeutung von Betrieb zu Betrieb[22]."

Das Gliederungskriterium Zweckbeziehung kann nur einmal und zwar auf die Gesamtaufgabe oder auf nach anderen Gliederungskriterien gebildete Teilaufgaben angewandt werden.

21 Diese Fragestellung knüpft an die in der Betriebswirtschaftslehre getroffene Unterscheidung der betrieblichen Funktionen in Kern- und Zusatzfunktionen an. vgl. Mellerowicz, K., Allgemeine Betriebswirtschaftslehre Bd. 1, 14. Aufl., Berlin-New York 1972, S. 19.

22 Warschkow, U., Zum Konkretisierungsgrad der Aufgabenanalyse, in: ZfO, 36, Jg. 1967, S. 27

### 202 Praktische Durchführung der Aufgabenanalyse

Bei der praktischen Durchführung der Aufgabenanalyse stehen drei grundlegende Fragen im Vordergrund, die wie folgt zu formulieren sind:

1. Wie tief ist die Gliederung durchzuführen (Zahl der Ordnungsstufen)?
2. Ist rein analytisch vorzugehen oder sind bereits synthetische Gesichtspunkte in der Aufgabenanalyse zu berücksichtigen?
3. Wie ist die „Fünfdimensionalität" der Aufgabe erfaß- und darstellbar?

zu 1. Die Anzahl der Ordnungsstufen läßt sich generell nicht festlegen. Der Organisator hat vor jeder Durchführung einer Aufgabenanalyse in bezug auf den konkreten Untersuchungsbereich dieselbe unter Beachtung folgender Gesichtspunkte festzulegen: Art des zu lösenden Organisationsproblems, Größe des Untersuchungsbereiches, angestrebte bzw. voraussichtliche Lösungsalternativen. Letzteres beinhaltet die Forderung, daß eine weitergehende Zerlegung zu unterlassen ist, wenn bereits im vorhinein feststeht, daß im Rahmen der Aufgabensynthese wieder eine Zusammenfassung erforderlich wird. Man beendet somit die Aufgabengliederung in dem Punkt, in dem die Übertragung einer Teilaufgabe auf einen Aufgabenträger sinnvoll erscheint.

*Beispiel:*
Es ist nicht sinnvoll, bei der aufbauorganisatorischen Reorganisation eines Unternehmens die Teilaufgabe Forschung und Entwicklung weiter zu untergliedern, wenn diese Teilaufgabe auch zukünftig von einer Person erbracht werden kann und soll.

zu 2. Fast alle theoretischen Überlegungen gehen von der Forderung aus, daß die Aufgabenanalyse ohne Berücksichtigung synthetischer Gesichtspunkte durchzuführen ist, um eine Einengung der nachfolgenden Aufgabensynthese zu vermeiden[23].

Die Praxis ist dieser Forderung aber nicht gefolgt. Dies zeigt sich bereits in der Bestimmung der Tiefengliederung. Bedingt ist dieses Vorgehen dadurch, daß sich in vielen Fällen die Reorganisation auf die Prozessstruktur begrenzter und überschaubarer Untersuchungsbereiche bezieht und eine grundsätzliche Neuordnung der Aufgabenverteilung nicht erforderlich wird.

---

23 Vgl. Kosiol, E., a. a. O., S. 46

Mit der zunehmenden Automatisierung – insbesondere mit dem Einsatz von EDV-Anlagen – und dem Aufbau integrierter Steuerungs- und Informationssysteme, die sich nicht auf einen Unternehmensbereich beschränken, nimmt hingegen das Gewicht einer von synthetischen Gesichtspunkten freien Aufgabenanalyse zu.

zu 3. Die „Fünfdimensionalität" der Aufgabe ist gedanklich und darstellerisch simultan nicht faßbar. Die fünf isolierten Teilanalysen führen jeweils zu anderen Aufgabengliederungsplänen, die nicht zu einem Aufgabengliederungsplan zusammengefaßt werden können. Die Praxis löst dieses Problem durch folgende Vorgehensweise[24]:

1. Schritt:

Die komplexe Gesamtaufgabe wird in Zweckaufgaben (unmittelbare Aufgaben) und in die das Unternehmen als Ganzes betreffenden Verwaltungsaufgaben (mittelbare Aufgaben) zerlegt. Die so gebildeten Teilaufgaben werden aufgrund der kombinierten Anwendung der sachlichen Kriterien Objekt und Verrichtung weiter gegliedert[25]. Das Ergebnis sind Zweck- und Verwaltungsaufgaben niedrigster Ordnung (Elementaraufgaben) mit Sachcharakter.

2. Schritt:

Die im Schritt 1 gebildeten Teilaufgaben werden nach dem Gliederungskriterium Phase in die Elemente Planung, Durchführung und Kontrolle zerlegt. Eine weitere Ergänzung nach dem Rang ist möglich und wird, soweit von der Problemstellung her erforderlich, durchgeführt.

Durch diese Vorgehensweise wird unter Beachtung aller fünf Gliederungskriterien ein überschaubarer Aufgabengliederungsplan erarbeitet.

Um einen operationablen Aufgabengliederungsplan zu gewinnen, sind bei der Aufgabenanalyse folgende Grundsätze zu beachten:

- Anwendung nur eines Gliederungskriteriums bzw. der Kombination Objekt/Verrichtung auf derselben Gliederungsstufe (dadurch Gewinnung sich nicht überschneidender Teilaufgaben)

24 Der Versuch, eine simultane Erfassung der Fünfdimensionalität der Aufgabe zu erreichen, wird von Acker unternommen. vgl. Acker, H. B. Organisationsstruktur, in: Organisation, TFB-Handbuchreihe, Bd. 1, Hrsg. Schnaufer E., Agthe, K., Berlin · Baden-Baden 1961, S. 119 ff.

25 Kosiol lehnt eine kombinierte Anwendung der Gliederungskriterien Objekt und Verrichtung ab. vgl. Kosiol, E., a. a. O., S. 52

*Abb. 7:*

Zerlegung der Zweckaufgabe „Materialien beschaffen“

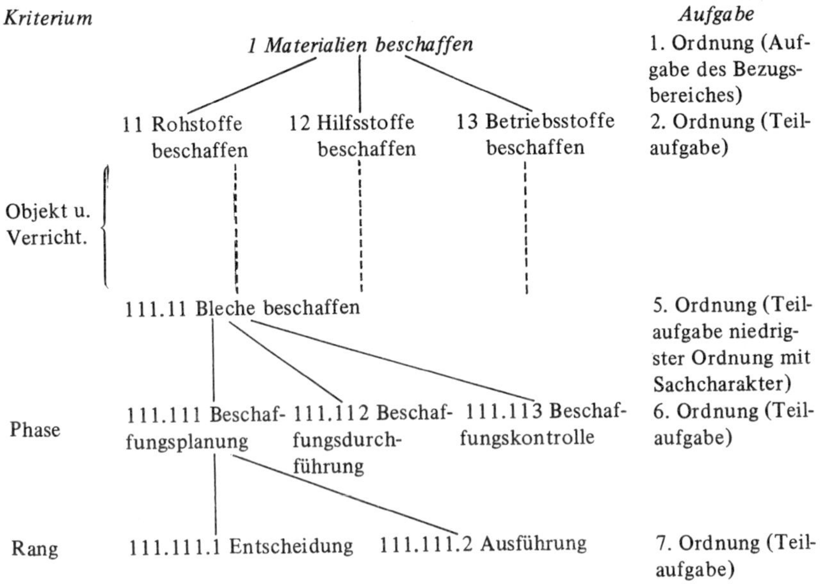


- die Summe der Teilaufgaben muß den Inhalt der zerlegten Aufgabe/Teilaufgabe ergeben (Sicherung der Vollständigkeit)
- auf einer Ordnungsstufe ist in nicht mehr als fünf bis sechs Teilaufgaben zu gliedern (Gewährleistung der Überschaubarkeit).

Zur Dokumentation der Aufgabenanalyse bedient sich der Organisator zweier Hilfsmittel,des Rasterbogens und des Strukturbildes.

Rasterbogen (Vgl. Abb. 8)

In das obere linke Feld des Rasterbogens wird die Aufgabe des Bezugsbereiches eingetragen und oben links im Feld mit der Ordnungszahl 1 gekennzeichnet. In der zweiten Zeile werden die aufgrund des angewandten Gliederungskriteriums sich ergebenen Teilaufgaben 2. Ordnung aufgezeichnet und mit einer Ordnungszahl entsprechend dem dekadischen System versehen, also mit 11, 12, 13, u.s.w. Sollen die sich ergebenen Teilaufgaben nicht weiter zerlegt werden, so ist dies durch

*Abb. 8:*
Rasterbogen der Aufgabenanalyse

| | |
|---|---|
| Untersuchung/ Bezugsbereich | Materialbereich |
| | |
| | |

| | |
|---|---|
| Tag der Aufnahme | 20. 5. 83 |
| Bearbeiter | H. Hilfreich |
| Blatt Nr. von Gesamt | 1/3 |

| 1 | 2 | 3 | 4 | 5 | 6 |
|---|---|---|---|---|---|
| 1 Materialien beschaffen | | | | | |
| 11 Rohstoffe beschaffen | 129.999 Hilfsstoffe beschaffen 11 —— | 13 Betriebsstoffe beschaffen | | | |
| 111 Metalle beschaffen | 112.999 Nicht-Metalle beschaffen 10 —— | | | | |
| 111.1 Stahl beschaffen | 111.299 Kupfer beschaffen 7 —— | 111.399 Schmiedeeisen beschaffen 8 —— | 111.499 Aluminium beschaffen 9 —— | | |
| 111.11 Bleche beschaffen | 111.129 Rohre beschaffen 4 —— | 111.139 T-Träger beschaffen 5 —— | 111.149 Flachband beschaffen 6 —— | | |
| 111.111 Planung 1 —— | 111.112 Durchführung 2 —— | 111.113 Kontrolle 3 —— | | | |
| 131.999 Putzmittel beschaffen 12 —— | 132.999 Schmierstoffe beschaffen 13 —— | 133 Energie beschaffen | | | |
| 133.199 Planung 14 —— | 133.299 Durchführung 15 —— | 133.399 Kontrolle 16 —— | | | |
| | | | | | |
| | | | | | |
| | | | | | |
| | | | | | |
| | | | | | |
| | | | | | |

einen waagerechten Strich zu dokumentieren. Alle anderen Teilaufgaben sind entsprechend der vorstehenden Systematik weiter zu untergliedern, wobei je zu zerlegende Teilaufgabe eine Zeile benötigt wird. Für die Teilaufgabe 2. Ordnung 11 ergeben sich die Teilaufgaben 111, 112, 113, u.s.w. 3. Ordnung, für die Teilaufgabe 12 die Teilaufgaben 121, 122, 123 u.s.w. Ist eine Teilaufgabe entsprechend der gewünschten Gliederungsstufe analysiert, so wird dies durch eine diagonale Streichung des zugehörigen Feldes festgehalten. Dies ist immer dann gegeben, wenn alle zugehörigen Teilaufgaben auf der untersten Gliederungsstufe in einer Zeile waagerecht markiert, auf einer höheren Ordnungsstufe durch waagerechte Striche oder Diagonalen in einer Zeile gekennzeichnet sind. Die Aufgabenanalyse ist dann beendet, wenn alle beschrifteten Felder im Rasterbogen mit einem waagerechten Strich oder mit einer Diagonalen markiert sind. Hierdurch ist auf einem Blick erkennbar, ob die Aufgabenanalyse abgeschlossen ist.

Strukturbild (Vgl. Abb. 9)

Zur Erhöhung der Klarheit und Überschaubarkeit der durchgeführten Aufgabenanalyse werden die Teilaufgaben des Rasterbogens in ein Strukturbild übertragen (zum Formularaufbau vgl.. Abb. 9). Zu diesem Zweck werden die Ordnungszahlen aller mit einem waagerechten Strich versehenen Teilaufgaben durch Neunen ergänzt, bis sie die Stellenzahl der im Rasterbogen höchsten Ordnungszahl haben (im Beispiel sechs Stellen). Die sich ergebenden Zahlenwerte werden entsprechend ihres Wertes geordnet. Beginnend mit dem niedrigsten Zahlenwert werden sie mit den Zahlen 1, 2, 3, . . . versehen. Diese Zahlen werden links unten in die zugehörigen Felder des Rasterbogens eingetragen.

Nach dieser Vorarbeit kann die Übertragung in das Strukturbild wie folgt vorgenommen werden:

Die links unten in einem Feld stehenden Zahlen geben die Zeile des Strukturbildes, die Stellenzahl der ursprünglichen Ordnungszahl (ohne aufgefüllte Neunen) die zugehörige Spalte (Ordnungsstufe) an. Nach Eintragung aller waagerecht markierten Teilaufgaben werden die mit einer Diagonalen gekennzeichneten Teilaufgaben übernommen. Zu diesem Zweck wird spaltenweise, beginnend mit der rechten Spalte im Strukturbild, die letzte Stelle der Ordnungszahlen der dort eingetragenen Teilaufgaben gestrichen. Den sich dadurch ergebenden gleichen Ordnungszahlen ist die mit dieser Ordnungszahl gekennzeichnete Teil-

*Abb. 9:* Aufgabenstrukturb

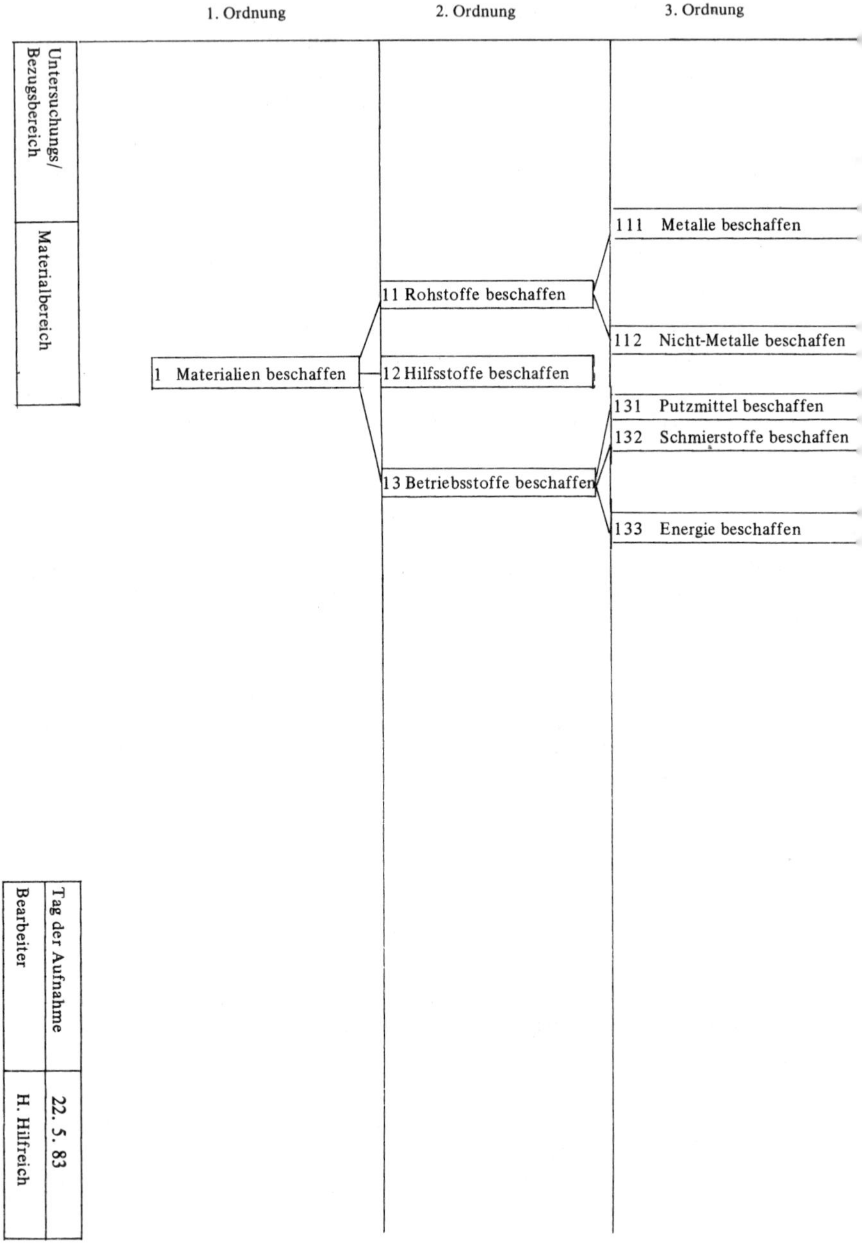

| 4. Ordnung | 5. Ordnung | 6. Ordnung | |
|---|---|---|---|
| | | 111.111 Planung | 1 |
| | 111.11 Bleche beschaffen | 111.112 Durchführung | 2 |
| | | 111.113 Kontrolle | 3 |
| 1.1 Stahl beschaffen | 111.12 Rohre beschaffen | | 4 |
| | 111.13 T-Träger beschaffen | | 5 |
| | 111.14 Flachbandbeschaffen | | 6 |
| 1.2 Kupfer beschaffen | | | 7 |
| 1.3 Schmiedeeisen beschaffen | | | 8 |
| 1.4 Alu beschaffen | | | 9 |
| | | | 10 |
| | | | 11 |
| | | | 12 |
| | | | 13 |
| 3.1 Planung | | | 14 |
| 3.2 Durchführung | | | 15 |
| 3.3 Kontrolle | | | 16 |
| | | | 17 |
| | | | 18 |
| | | | 19 |
| | | | 20 |
| | | | 21 |
| | | | 22 |
| | | | 23 |
| | | | 24 |
| | | | 25 |
| | | | 26 |
| | | | 27 |
| | | | 28 |
| | | | 29 |
| | | | 30 |
| | | | 31 |
| | | | 32 |
| | | | 33 |
| | | | 34 |
| | | | 35 |
| | | | 36 |
| | | | 37 |
| | | | 38 |

aufgabe (mit einer Diagonale im Rasterbogen markiert) zuzuordnen, wobei deren Stellenzahl die Spalte der Eintragung angibt. Nach Eintragung aller diagonal markierten Teilaufgaben ist das Strukturbild vollständig.

Zum Abschluß der Überlegungen zur praktischen Durchführung der Aufgabenanalyse soll auf die Betrachtungsweise der Und/Odergliederung eingegangen werden. Durch diesen Denkansatz versucht der Organisator, die gebildeten Teilaufgaben zusätzlich zu charakterisieren.

Die Undgliederung bedeutet, daß die Erfüllung aller Teilaufgaben für die Aufgabenerfüllung der analysierten Aufgabe/Teilaufgabe erforderlich ist.

*Beispiel:*
Die Teilaufgabe „Produktion einer Bohrmaschine" beinhaltet, daß sowohl die Fertigung des Getriebes mit Spindel, der Vorrichtung und des Maschinenständers erforderlich ist; oder die Montage der Bohrmaschine erfordert, daß Vor- und Hauptmontage durchgeführt werden. Diese Teilaufgaben stellen also keine alternativen Handlungsziele dar.

Die Odergliederung hingegen bedeutet, daß die gebildeten Teilaufgaben Alternativen darstellen können und zur Erfüllung der analysierten Aufgabe/Teilaufgabe nicht insgesamt erforderlich sind bzw. sich sogar gegenseitig ausschließen können.

*Beispiel:*
Zur Erfüllung der Aufgabe „Werzeugmaschinen bereitstellen für den Markt" genügt die Erfüllung einer oder mehrerer der folgenden Teilaufgaben: Bohrmaschinen bereitstellen, Fräsmaschinen bereitstellen, Drehmaschinen bereitstellen. Bei der Herstellung des Maschinenständers kann die Oberflächenbehandlung in einer Lackierung oder in einer Verzinkung oder . . . bestehen. Diese Alternativen schließen sich gegenseitig aus.

Für die spätere organisatorische Gestaltung ist es für den Organisator von Bedeutung, ob die gebildeten Teilaufgaben Und- oder Odercharakter besitzen.

Eine wie auch immer durchgeführte Aufgabenanalyse stellt eine Momentaufnahme dar, sie ist mithin Zeitpunkt bezogen. Bevor der Organisator aufgrund einer Aufgabenanalyse in einem konkreten Untersuchungsbereich zur Synthese (Gestaltung) übergeht, hat er die in der Zukunft liegenden Veränderungen zu ermitteln. Analysierter Istzustand und zukünftige Veränderungen bilden gemeinsam die Grundlage der sich anschließenden Synthese.

*Literatur*


| | |
|---|---|
| Acker, H. B. | Organisationsstruktur, in: Organisation, 1. Bd. der TFB-Handbuchreihe, herausg. von Schnaufer, E., Agthe, K., Berlin. Baden-Baden 1961, S. 119 ff. |
| Blohm, H., | Organisation, Information und Überwachung, 3. Aufl., Wiesbaden 1977, S. 50—58 |
| Frese, E., | Aufbauorganisation, Gießen 1976, S. 29—52 |
| Kosiol, E., | Organisation der Unternehmung, 2. Aufl., Wiesbaden 1976, S. 42—75 |
| Schmidt, G., | Organisation. Methode und Technik, 4 Aufl., Gießen 1981, S. 131—155 |
| Warschkow, U., | Zum Konkretisierungsgrad der Aufgabenanalyse, in: Zeitschrift für Organisation, 36 Jg., 1967, S. 24 ff. |


## 203 Fallstudie 1: Die Ackbo AG

### 1. Das Unternehmen Ackbo AG

Die Ackermann & Bode AG, im Jahre 1900 als OHG gegründet, ist Hersteller von Werkzeugmaschinen wie Bohr-, Dreh-, Fräs-, Schleif- und Sägemaschinen. Im Jahre 1982, zum Zeitpunkt der Untersuchung, hat die Firma ein Umsatzvolumen von rund DM 40,0 Mio erreicht. Sie beschäftigt 180 Mitarbeiter im Fertigungsbereich und 30 Personen in den übrigen Unternehmensbereichen. Beliefert werden Kunden in Deutschland, in der EWG und der Efta sowie im außereuropäischen Raum (Übersee, Naher und Ferner Osten). Durch die zunehmende Verarbeitung von Kunststoffen ergab sich die Möglichkeit einer Diversifikation, nämlich die Herstellung Kunststoff bearbeitender und verarbeitender Maschinen. Der Anteil dieser Sparte am Umsatz beträgt rund 20 % und zeigt wachsende Tendenz.

### 2. Organisationsauftrag

In der letzten Zeit ergaben sich zunehmende Schwierigkeiten im Materialbereich des Unternehmens. Diese wirkten sich wie folgt aus: Verzögerung der Produktion durch nicht vorhandenes Material, daraus resultierend Nichteinhaltung der vertraglich zugesagten Lieferzeiten mit der Folge von Konventionalstrafen; Improvisation (ad hoc-Entscheidungen) bei der Materialbeschaffung mit der Folge erhöhter Transportkosten. Andererseits waren hohe Lagerbestände verschiedener Materialien feststellbar, die zu hohen Lagerkosten insbesondere aber zu einer Belastung der Liquidität führten.

Das Einkaufsvolumen beträgt 40 % des Umsatzvolumens und stellt damit einen wesentlichen Kostenfaktor für das Unternehmen dar.
Der Vorstand der Ackbo AG erteilt daher der Beratungsfirma Müller GmbH folgenden Auftrag:

Untersuchung der Materialwirtschaft mit der Zielsetzung einer umfassenden Reorganisation, Beseitigung der festgestellten Mängel und ihrer Ursachen sowohl durch eine Neugestaltung des Aufbaus (Aufgabenbildung und Aufgabenverteilung) als auch der Ablauforganisation. Die Beratungsfirma Müller nimmt den Auftrag zu den ausgehandelten Konditionen an und ernennt den Organisator Meier zum Projektleiter.

3. Durchführung der Untersuchung

Da sich die Reorganisation laut Auftrag nicht nur auf eine Verbesserung der Arbeitsabläufe beschränken soll, vielmehr vom Auftraggeber auch eine Reorganisation der Aufbauorganisation der Materialwirtschaft erwartet wird, steht am Beginn der Arbeit die Durchführung einer Aufgabenanalyse. Zur Gewinnung der erforderlichen Informationen stehen Herrn Meier drei Methoden zur Verfügung: die Interviewmethode, die Fragebogenmethode und die Beobachtung am Arbeitsplatz. Herr Meier entscheidet sich im vorliegenden Fall für die Interviewmethode und zwar aus folgenden Gründen:

Die Beobachtung ist im vorliegenden Fall unzureichend, da vom Beobachter nur Verrichtungen an Objekten festgestellt werden können, nicht aber die zugehörigen Aufgaben. So würde er beispielsweise den Tatbestand beobachten:

Ausfüllen eines Statistikbogens. Was ist aber die zugrundeliegende Aufgabe? Bedarfsplanung oder Bestandskontrolle oder Verbraucherfassung oder . . . ? Daneben lassen der zu Durchführung der Beobachtung benötigte Zeitaufwand und die Gefahr der unvollständigen Erfassung diese Vorgehensweise als unzweckmäßig erscheinen.

Der Fragebogen ist ebenfalls unter den vorliegenden Gegebenheiten ungeeignet, weil bei Vorgabe eines Fragenkataloges dieser selbst bzw. die Beantwortung unvollständig sein könnte. Wird kein Fragenkatalog vorgegeben, sondern vom Befragten eine eigenständige Aufzählung der relevanten Aufgaben verlangt, so erhöht sich die vorstehend genannte Gefahr der unvollständigen Erfassung erheblich.

Im Interview kann Herr Meier die Fragen entsprechend der Systematik der Aufgabenanalyse stellen, durch Rückfragen ungenaue und unklare Angaben eliminieren und durch Zusatzfragen die Vollständigkeit der Analyse sicherstellen. Mit anderen Worten, dem Befragten wird ein Denkschema vorgegeben.

Herr Meier wählt als zu befragende Person den Leiter der Materialwirtschaft, den Prokuristen Lehmann, aus, da er die entsprechenden Informationen besitzt. Nach einem einführenden Gespräch bezüglich der Zielsetzung der Befragung ergibt sich das folgende Interview.

*Meier:* Aufgabe der Materialwirtschaft ist die Zurverfügungstellung der benötigten Materialien zum geplanten Zeitpunkt. Welche Teilaufgaben werden innerhalb der Materialwirtschaft im Hinblick auf die Bezugsbereiche Markt und innerer Betrieb bei der Ackbo unterschieden? – Herr Meier stellt diese Frage, da er auf Grund des ihm zur Verfügung gestellten Organisationsplanes erkannt hat, daß nach diesem Kriterium im Unternehmen eine Aufgabenteilung vorgenommen wird.

*Lehmann:* Wir unterscheiden die Aufgabenbereiche Materialeinkauf und Lagerwirtschaft, wobei der Einkauf die marktbezogenen Teilaufgaben und die Lagerwirtschaft die innerbetriebliche Aufgabenstellung wahrnimmt.

*Meier:* Was beinhaltet in diesem Zusammenhang die Lagerwirtschaft?

*Lehmann:* Unter Lagerwirtschaft verstehen wir das gesamte Materialhandling in der Unternehmung, also vom Materialeingang bis zur Abgabe in die Fertigung. Damit sind Halb- und Fertigfabrikate aus dem Aufgabenbereich der Lagerwirtschaft ausgeschlossen.

*Meier:* Welche Teilaufgaben sind im Rahmen der Aufgabe Materialhandling entsprechend den unterschiedlichen Verrichtungen zu unterscheiden, die am Objekt Material vorgenommen werden?

*Lehmann:* Wir unterscheiden die Materialplanung und die Materialverteilung.

*Meier:* Welche Funktionen sind im Rahmen der Aufgabe Materialplanung zu erfüllen?

*Lehmann:* Wir unterscheiden die Bedarfsplanung, die Materialdisposition und die Materialverwaltung.

*Meier:* Werden diese Funktionen für alle Materialien vollzogen?

*Lehmann:* Nein, wir unterscheiden in unserem Betrieb Gebrauchs- und Verbrauchsmaterialien. Die Verbrauchsmaterialien, in anderer Terminologie auch Hilfsstoffe genannt, sind verbrauchsgesteuert und unterliegen keiner Bedarfsplanung.

*Meier:* Gibt es auch noch andere Materialien als die von Ihnen genannten Gebrauchs- und Verbrauchsmaterialien?

*Lehmann:* Nein, andere Materialien kennen wir nicht.

*Meier:* Dies bedeutet also, daß die Teilaufgabe Bedarfsplanung nur bei den Gebrauchsmaterialien anfällt, hingegen Materialdisposition und Verwaltung bei allen Materialien. Welche Verrichtungen sind nun der Materialverteilung zuzurechnen und werden sie für Gebrauchs- und Verbrauchsmaterialien erforderlich?

*Lehmann:* Die Materialverteilung beinhaltet die Materialannahme, die Lagerung, die Materialausgabe und den Materialtransport. Diese Funktionen werden bei allen Materialien durchgeführt.

Herr Meier beendet hier die Analyse der Teilaufgabe Materialhandling, da auf Grund des Aufgabenumfanges der ermittelten Teilaufgaben und der von ihm zu entwickelnden Lösungsalternativen der Punkt erreicht ist, in dem die Übertragung auf einzelne Aufgabenträger sinnvoll erscheint. Daher wendet er sich im zweiteren Teil des Interviews der noch nicht weiter analysierten Teilaufgabe Materialeinkauf zu.

*Meier:* Herr Lehmann, Sie unterschieden auf meine Frage hin zwischen Materialeinkauf und Lagerwirtschaft. Welche Funktionen sind im Rahmen der Einkaufsaufgabe zu erfüllen?

*Lehmann:* Beim Materialeinkauf unterscheiden wir zwischen Einkaufsmarketing und Einkaufsverfahren.

*Meier:* Werden diese Funktionen für alle Materialien gemeinsam durchgeführt oder sind sie nur für bestimmte Materialien erforderlich?

*Lehmann:* Beim Einkaufsmarketing unterscheiden wir zwischen Einkaufsmarktforschung und Einkaufswertanalyse. Bei der Durchführung dieser Aufgaben werden alle Materialien berücksichtigt. Beim Einkaufsverfahren haben wir hingegen zwischen fünf Materialgruppen unterschieden, nämlich Rohstoffe, Betriebsstoffe, Hilfsstoffe, Halbzeug und Investitionsgüter.

*Meier:* Somit ergeben sich beim Einkaufsverfahren die Teilaufgaben Einkaufsverfahren Rohstoffe, Einkaufsverfahren Hilfstoffe, Einkaufsverfahren Betriebsstoffe, Einkaufsverfahren Halbzeug, Einkaufsverfahren Investitionsgüter.

*Lehmann:* Ja, das entspricht genau meinen Ausführungen.

*Meier:* Sind mit dieser Gruppenbildung alle einzukaufenden Materialien erfaßt? Ich denke zum Beispiel an die Elektromotoren und die Armaturen, die Sie für die Herstellung ihrer Werkzeugmaschinen benötigen, aber nicht selbst fertigen. Sind diese nicht unberücksichtigt geblieben?

*Lehmann:* Nein, diese werden der Gruppe Halbzeug zugerechnet.

*Meier:* Dann müßte, um keine Unklarheiten aufkommen zu lassen, die Materialgruppe Halbzeug genauer Halbzeug und fertig bezogene Bauteile heißen.

*Lehmann:* Ja, Sie haben recht.

*Meier:* Werden diese Teilaufgaben in ihrem Unternehmen Aufgabenträgern zur Erfüllung übertragen, oder wird eine noch weitere Zerlegung auf Grund des Aufgabenumfanges erforderlich?

*Lehmann:* Da der Aufgabenumfang dieser Teilaufgaben zu groß ist und wir Planungs-, Durchführungs- und Kontrollaufgaben verschiedenen Aufgabenträgern entsprechend ihren speziellen Fähigkeiten übertragen haben, unterscheiden wir je Materialgruppe noch zwischen Planung, Ausführung und Kontrolle. So ergeben sich z. B. für die Rohstoffe die Aufgaben Einkaufsplanung, Einkaufsausführung und Einkaufskontrolle.

*Meier:* Eine weitergehende Zerlegung dieser Teilaufgaben wird nicht vorgenommen und Sie halten Sie auch nicht für zweckmäßig?

*Lehmann:* Ja, genau das ist meine Beurteilung des Tatbestandes.

Herr Meier beendet hier das Interview, da auf Grund der ermittelten Teilaufgaben der Punkt erreicht ist, an dem die Übertragung auf einzelne Aufgabenträger sinnvoll erscheint. Sollte sich im Rahmen der weiteren Untersuchung der erreichte Detaillierungsgrad als unzureichend erweisen, so können durch ein Ergänzungsinterview die erforderlichen Informationen gewonnen werden. Dazu bedarf es keiner Wiederholung des bereits durchgeführten Interviews, denn Herr Meier erkennt sofort auf Grund der nun von ihm zu erstellenden Dokumentation — Rasterbogen und Strukturbild — den entsprechenden Ansatzpunkt und kann diesen auch dem Gesprächspartner Herrn Lehmann anschaulich darstellen.

Zu der Bezeichnung der einzelnen Funktionen ist folgendes anzumerken: Für die Benennung der Funktionen des Unternehmensbereiches Materialwirtschaft gibt es in der Praxis keine einheitliche Terminologie (Grund: unterschiedliche Betriebssprachen). Es werden unterschiedliche Bezeichnungen für ein und dieselbe Funktion verwandt. Zudem können sich vom theoretischen Standpunkt aus Überschneidungen bei den aufgeführten Verrichtungen ergeben. Da der Organisator mit diesem Problem täglich konfrontiert wird, wurde um den Bezug zur Praxis zu wahren, in dem vorstehenden Interview eine entsprechende Bereinigung nicht vorgenommen.

Auf Grund der dokumentierten Aufgabenanalyse besitzt der Organisator Meier die Basis für eine fundierte Istkritik, u. a. in bezug auf die im Ist vorgenommene Aufgabenverteilung, Abteilungsbildung usw.. Weiterhin ist eine Überprüfung der im Ist durchgeführten Aufgaben im Hinblick auf ihre Vollständigkeit möglich.

4. Fragen zu Fallstudie 1

1. Wie lautet die Aufgabe des Bezugsbereiches, die zu analysieren ist?
2. a) Erstellen Sie auf Grund der im Interview gegebenen Informationen den Rasterbogen der Aufgabenanalyse, kennzeichnen Sie dabei die Teilaufgaben mit Sachcharakter eindeutig durch die verwandten Gliederungskriterien Objekt und Verrichtung.
   b) Kennzeichnen Sie jede Ordnungsstufe durch das angewandte Gliederungskriterium.
   c) Kennzeichnen Sie Teilaufgaben nach ihrem Und/Oder-Charakter.
3. Übertragen Sie die Teilaufgaben des Rasterbogens in ein Aufgabenstrukturbild!
4. Überprüfen Sie, ob der Organisator bei der Durchführung des Interviews die Grundsätze der Aufgabenanalyse beachtet hat.

Die Antworten finden Sie auf Seite 208 ff.

## 204 Fallstudie 2:

## Die Terra-Handelsgesellschaft AG

### 1. Das Unternehmen Terra-Handelsgesellschaft AG

Die Terra-Handelsgesellschaft AG betreibt neben einem großen C u. C-Markt in einer Großstadt des norddeutschen Raumes noch drei kleinere C u. C -Märkte in ländlichen Gebieten. Geführt werden neben Food- auch Non-Food-Artikel. Food-Artikel werden zusätzlich noch über einen Großhandel vermarktet, der zudem einen Frischdienst unterhält. Das Umsatzvolumen aller Bereiche beläuft sich auf ca. DM 50,0 Mio p. a. mit einer durchschnittlichen jährlichen Wachstumsrate von 10 %.

### 2. Organisationsproblem

Dem Personalbüro des Unternehmens liegt vom Leiter des Rechnungswesens eine Personalanforderung für einen zusätzlichen Sachbearbeiter im Aufgabengebiet Leistungsrechnung vor. Die Begründung für die Personalanforderung lautet:

„Durch die Einbeziehung der Bereiche Großhandel einschließlich Frischdienst sowie der drei kleineren C u. C-Märkte in die Leistungsrechnung wird der Einsatz eines weiteren Sachbearbeiters erforderlich."

Der für die Personalbeschaffung und den Personaleinsatz verantwortliche Leiter der Personalabteilung steht der verlangten Personalerhöhung ablehnend gegenüber. Seine Ablehnung begründet er wie folgt:

„Die Begründung für die Personalanforderung durch den Leiter des Rechnungswesens ist zu allgemein gehalten. Es fehlen konkrete Angaben über den zusätzlich zu deckenden Zeitaufwand sowie der Nachweis der zeitlichen Auslastung der bereits in der Leistungsrechnung tätigen drei Mitarbeiter. Darüber hinaus wurde bei der Einführung der Leistungsrechnung vor zwei Jahren der Bedarf an drei Sachbearbeitern u. a. mit der zunächst anfallenden Aufbauarbeit sowie den im ersten Jahre zu erwartenden Anlaufschwierigkeiten begründet. Zudem besteht eine Anweisung der Geschäftsführung, daß infolge der stark gestiegenen Personalkosten nur noch in solchen Fällen Personalerhöhungen vorzunehmen sind, in denen die Aufgabenerfüllung allein durch einen zusätzlichen Personaleinsatz sichergestellt werden kann."

Die Personalabteilung und der Leiter des Rechnungswesens können sich auch in einem Gespräch nicht über den Einsatz eines zusätzlichen Sachbearbeiters einigen. Sie tragen daher der Geschäftsleitung den strittigen Fall vor. Um auf der Grundlage eines objektiven Untersuchungsergebnisses eine Entscheidung treffen zu können, beauftragt die Geschäftsleitung den Direktionsassistenten Müller, dieser ist für Organisationsfragen im Unternehmen zuständig, zu untersuchen, ob eine Personalerhöhung erforderlich ist oder nicht. Dabei soll diese Untersuchung einerseits kurzfristig und mit möglichst geringem Zeitaufwand durchgeführt werden, zum anderen aber ein fundiertes Ergebnis erbringen.

3. Durchführung der Untersuchung

Herr Müller sieht das Ziel des ihm erteilten Auftrages in der Überprüfung der Personalanforderung auf ihre Berechtigung hin unter Beibehaltung der im Istzustand vorliegenden Abläufe und eingesetzten Sachmittel. Er wählt deshalb für die Ermittlung des für die Aufgabenerfüllung notwendigen Zeitbedarfs in der Leistungsrechnung folgende Vorgehensweise:

Auf Basis einer Aufgabenanalyse Ermittlung der zu erfüllenden Teilaufgaben. Schätzung des Zeitbedarfs für die Erfüllung dieser Teilaufgaben durch die Mitarbeiter der Leistungsrechnung.

Für eine weitergehende Aufgabenstellung, z. B. Überprüfung der Personalanforderung unter Berücksichtigung einer möglichen Rationalisierung der Arbeitsabläufe bei Einsatz anderer oder zusätzlicher Sachmittel, z. B. EDVA, ist die gewählte Vorgehensweise unzureichend. Hier würden detaillierte Ablaufuntersuchungen und Zeitermittlungen erforderlich sein.

Herr Müller führt die Aufgabenanalyse in Form eines Interviews mit dem Leiter des Rechnungswesens durch. Die hierbei gewonnenen Informationen sind in dem nachfolgend dargestellten Rasterbogen und Strukturbild dokumentiert (Abb. 10 und 11).

Gemeinsam mit den Mitarbeitern der Leistungsrechnung wird für jede zu erfüllende kleinste Teilaufgabe, die in der Aufgabenanalyse ermittelt wurde, der erforderliche Zeitaufwand errechnet. Dabei wählt Herr Müller folgende Vorgehensweise:

1. Schätzung der erforderlichen Zeitdauer unter günstigen Arbeitsbedingungen (optimistische Zeitdauer = a), unter ungünstigen Arbeitsbe-

dingungen (pessimistische Zeitdauer = b) und unter normalen Arbeitsbedingungen (wahrscheinlichste Zeitdauer = m).

2. Die Betrachtungszeiträume, für die die Zeitdauer zu schätzen sind, richten sich nach der Häufigkeit der Erfüllung der anstehenden Teilaufgaben. Das Ziel ist die Gewinnung genauer Schätzwerte. So ergeben sich die Zeitspannen Tag, Woche, Monat, Quartal und Jahr.

*Beispiel:*
Für die Mitarbeiter der Leistungsrechnung ist es einfacher, für eine monatlich zu erfüllende Teilaufgabe den monatlichen Zeitbedarf anzugeben als diesen anteilsmäßig auf eine Woche oder einen Arbeitstag umzurechnen.

Durch die getrennte Vorgehensweise, Befragung des Leiters des Rechnungswesens und Schätzen des Zeitbedarfs durch die Mitarbeiter, gelingt es Herrn Müller festzustellen, daß in der Aufgabenanalyse ermittelte Teilaufgaben gar nicht wahrgenommen werden – es sind die Teilaufgaben, für die im Strukturbild keine Zeitaufwendungen ausgewiesen werden –, daß weiter einige der in der Leistungsrechnung erfüllten Aufgaben nicht zur Aufgabe des Bezugsbereiches gehören – im Strukturbild sind diese Aufgaben gesondert ausgewiesen.

Aufgrund der für jede Teilaufgabe geschätzten drei Zeitbedarfswerte ermittelt Herr Müller nach der Formel

$$t_e = \frac{a + 4m + b}{6}$$

a = optimistische Zeitdauer
b = pessimistische Zeitdauer
m = wahrscheinlichste Zeitdauer

den Mittelwert bzw. den Erwartungswert $t_e$ aufgrund einer unterstellten Beta-Verteilung (eine Beta-Verteilung ist eine unsymetrische und nach links geneigte Häufigkeitsverteilung). Im amerikanischen Schrifttum wird diese Verteilung als die fur die Praxis im obigen Zusammenhang am besten geeignete Verteilung angesehen.

Im Strukturbild sind die auf dieser Basis ermittelten Zeitbedarfswerte und die zugehörigen Bezugszeiträume den einzelnen Teilaufgaben zugeordnet.

Herr Müller ermittelt den gesamten Zeitbedarf, der für die Aufgabenerfüllung in der Leistungsrechnung erforderlich ist und vergleicht diesen mit der zur Verfügung stehenden Arbeitszeit der drei vorhandenen Mitarbeiter. Aufgrund des Vergleichsergebnisses beurteilt er nun die

Notwendigkeit des zusätzlichen Einsatzes eines Sachbearbeiters in der Leistungsrechnung. Untersuchungsbericht und Untersuchungsergebnis legt er der Geschäftsleitung vor.

4. Fragen zur Fallstudie

1. Ermitteln Sie den gesamten Zeitbedarf für die in der Leistungsrechnung zu erfüllenden Teilaufgaben. Berücksichtigen Sie dabei die unterschiedlichen Bezugszeiträume der angegebenen Zeitbedarfswerte.

2. Berechnen Sie die zur Verfügung stehende Arbeitszeit der drei in der Leistungsrechnung tätigen Sachbearbeiter. Der Leiter des Rechnungswesen bleibt unberücksichtigt, da er durch die Wahrnehmung der Leitungsaufgabe für das gesamte Rechnungswesen ausgelastet ist.

Bei den Berechnungen zu 1 und zu 2 ist von folgenden Daten auszugehen:

- tarifliche Arbeitszeit 176 Std./Monat
- 13 Wochen/Quartal
- 20 Arbeitstage/Monat
- pro Sachbearbeiter sind 16 Stunden/Monat an Ausfallzeiten zu berücksichtigen; diese Ausfallzeiten berücksichtigen Fehlstunden infolge von Urlaub, Krankheit, betrieblicher Weiterbildung, Betriebsversammlungen usw..

3. Vergleichen Sie den ermittelten Zeitbedarf mit dem zur Verfügung stehenden Arbeitszeitvolumen der drei Sachbearbeiter. Beurteilen Sie aufgrund des Vergleichsergebnisses die Personalanforderung. Erarbeiten Sie einen Entscheidungsvorschlag für die Geschäftsleitung.

Die Antworten finden Sie auf Seite 211 ff.

*Abb. 10:*
Rasterbogen der Aufgabenanalyse

| | |
|---|---|
| Untersuchungs/<br>Bezugsbereich | Leistungsrechnung |

| | |
|---|---|
| Tag der Aufnahme | 10. 2. 83 |
| Bearbeiter | Müller |
| Blatt Nr. von Gesamt | 1/1 |

| 1 | 2 | 3 | 4 | 5 | 6 |
|---|---|---|---|---|---|
| 1 Leistungsrechnung | | | | | |
| 11 Kosten auf Vertriebsbereiche verteilen | 12 Wareneinsatz je Vertriebsbereich errechnen | 13 Umsatz je Vertriebsbereich errechnen | 14 Erfolg je Vertriebsbereich errechnen | 15 Leistungsstatistik führen | 16 Überprüfung des Verfahrens der Leistungsrechn. |
| 111 Personalkosten verteilen | 112 Sachkosten verteilen | 113.9 Umlage der Kost. der allg. Bereiche auf Vertriebsber.<br>7 | | | |
| 111.1<br>Löhne<br>1 —— | 111.2<br>Gehälter<br>2 —— | 111.3<br>Sozialaufwand<br>3 —— | | | |
| 112.1<br>Mieten<br>4 —— | 112.2<br>Abschreibungen<br>5 —— | 112.3<br>Sonstige Sachkosten<br>6 —— | | | |
| 121<br>Wareneinsatz ermitteln | 122.9<br>Wareneinsatz verteilen<br>11 —— | | | | |
| 121.1<br>Zugänge erfassen<br>8 —— | 121.1<br>Abgänge erfassen<br>9 —— | 121.3<br>Bestände ermitteln<br>10 —— | | | |
| 131<br>Nettoumsätze ermitteln | 132.9 Nettoumsätze auf Vertriebsbereiche verteilen<br>16 —— | | | | |
| 131.1<br>Bruttoumsätze ermitteln<br>12 —— | 131.2 Interne Lieferungen ermitteln<br>13 —— | 131.3 Erlösschmälerungen berechnen<br>14 —— | 131.4<br>Nettoumsätze errechen<br>15 —— | | |
| 141.9 Erfolgskomponenten je Vertriebsbereich zusammenstellen<br>17 —— | 142.9 Berechnung des Erfolges je Vertriebsbereich<br>18 —— | | | | |
| 151 Erfolgskomponenten im Zeitablauf darstellen | 152.9 Kommentierung der Erfolgszahlen<br>21 —— | | | | |
| 151.1 Ermittlung von Quartalswerten<br>19 —— | 151.2 Ermittlung von Jahreswerten<br>20 —— | | | | |
| 161.9 Überarbeitung der Verrechnungsgrundlagen<br>22 —— | 162.9 Verbesserung u. Erweiterung des Verfahrens<br>23 —— | | | | |
| | | | | | |
| | | | | | |
| | | | | | |

*Abb. 11:* Aufgabenstrukturbild

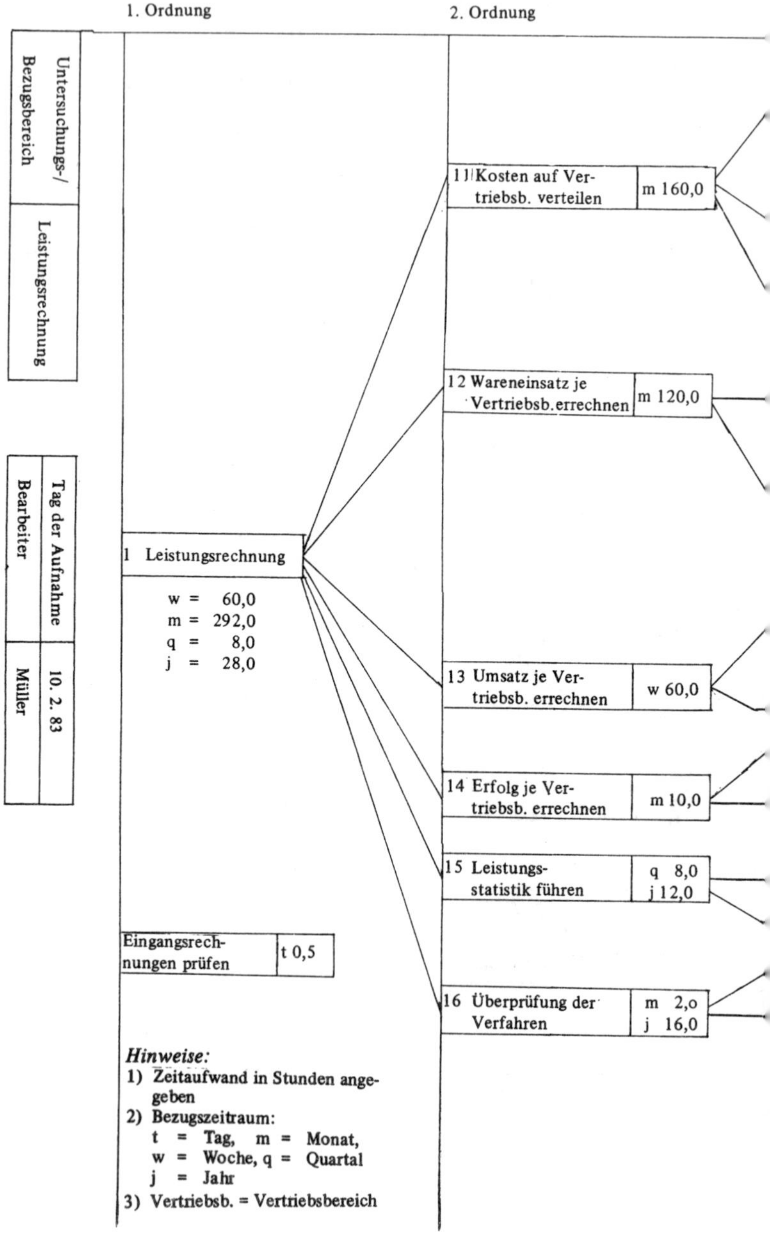

| 3. Ordnung | | | 4. Ordnung | | | |
|---|---|---|---|---|---|---|
| | | | 111.1 | Löhne | m 26,0 | 1 |
| 11 | Personalkosten verteilen | m 38,0 | 111.2 | Gehälter | m 8,0 | 2 |
| | | | 111.3 | Sozialaufwand | m 4,0 | 3 |
| | | | 112.1 | Mieten | m 12,0 | 4 |
| 112 | Sachkosten verteilen | m 90,0 | 112.2 | Abschreibungen | m 38,0 | 5 |
| | | | 112.3 | Sonstige Sachkosten | m 40,0 | 6 |
| 13 | Umlage allg. Kostenstellen . | m 32,0 | | | | 7 |
| | | | 121.1 | Zugänge erfassen | m 10,0 | 8 |
| 21 | Wareneinsatz ermitteln | m 40,0 | 121.2 | Abgänge erfassen | m 25,0 | 9 |
| | | | 121.3 | Bestände ermitten | m 5,0 | 10 |
| 22 | Wareneinsatz verteilen | m 80,0 | | | | 11 |
| | | | 131.1 | Bruttoumsätze ermitteln | w 20,0 | 12 |
| | | | 131.2 | Interne Lieferungen ermitteln | w 15,0 | 13 |
| 131 | Nettoumsatz ermitteln | w 52,0 | 131.3 | Erlösschmälerungen berechnen | w 12,0 | 14 |
| | | | 131.4 | Nettoumsatz errechnen | w 5,0 | 15 |
| 132 | Nettoumsätze verteilen | w 8,0 | | | | 16 |
| 41 | Erfolgskomponenten je Vertriebsb. zusammenstellen | m 5,0 | | | | 17 |
| 42 | Erfolgsberechnung je Vertriebsb. | m 5,0 | | | | 18 |
| | | | 151.1 | Ermittlung von Quartalswerten | q 8,0 | 19 |
| 151 | Erfolgskomponenten im Zeitablauf darstellen | q 8,0<br>j 12,0 | 151.2 | Ermittlung von Jahreswerten | j 12,0 | 20 |
| 152 | Kommentierung | – | | | | 21 |
| 161 | Überarbeitung der Verrechnungsgrundlagen | m 2,0 | | | | 22 |
| 162 | Verbesserung u. Erweiterung der Verfahren | j 16,0 | | | | 23 |

## 21 Aufgabensynthese

### 210 Vorbemerkung

Der Phase der Aufgabenanalyse folgt die Aufgabensynthese, d. h. die Zusammenfassung der analytisch gewonnenen Teilaufgaben zu Aufgabenkomplexen als Grundlage für die Bildung von Aktionseinheiten. Letzteres sind die Stellen, Abteilungen und Instanzen der Unternehmung. Das Unternehmen wird mithin im Wege der Aufgabensynthese strukturiert und die sich ergebende Unternehmensgliederung ist das „natürliche Korrelat der gegliederten Betriebsaufgabe[26]". Der konkrete Ausdruck der organisatorischen Tätigkeit „Aufgabensynthese" ist der Stellengliederungsplan der Unternehmung, graphisch dargestellt im Organisationsschaubild (Organigramm).

Der durch die Aufgabensynthese gestaltete komplexe Beziehungszusammenhang zwischen den Aufgabenkomplexen und damit zwischen den Aktionseinheiten findet seinen Niederschlag in den folgenden Beziehungsarten[27]:

Verteilungszusammenhang

Als Verteilungszusammenhang ist der Beziehungszusammenhang zu sehen, der sich aus dem Verhältnis der gebildeten Aufgabenkomplexe zueinander im Hinblick auf die zu erfüllende Gesamtaufgabe der Unternehmung ergibt. Er basiert auf den sachlichen Kriterien, die die Grundlage der Aufgabensynthese bilden, also Verrichtung, Objekt oder der Kombination von Verrichtung und Objekt. Dieser Verteilungszusammenhang ist daher rein sachlicher Natur.

Leitungszusammenhang

Der Leitungszusammenhang basiert auf den Rangmerkmalen der gebildeten Aufgabenkomplexe und führt zur Über-, Unter- oder Gleichordnung der Aktionseinheiten. Er konkretisiert sich im Instanzenaufbau der Unternehmung als Abteilungs- und Leitungssystem.

Stabszusammenhang

Der Stabszusammenhang ergibt sich aus der Zuordnung von Leitungshilfsstellen zu den Instanzen. Leitungshilfsstellen nehmen abgeleitete Lei-

26 Nordsieck, F., Betriebsorganisation, 4. Aufl., Stuttgart 1972, S. 15
27 Vgl. Kosiol, E., a. a. O., S. 76 f.

tungsaufgaben wahr. Das sind alle einer Entscheidung vor- und nachgelagerten Leitungsaufgaben. Die Entscheidung selbst verbleibt der Instanz. Zwischen den Stabstellen unterschiedlicher Instanzen kann ein eigener Beziehungszusammenhang aufgebaut werden (Stabshierarchie). Er kann als ein Subsystem des sozio-technischen Systems Unternehmung angesehen werden.

Arbeitszusammenhang

Durch das arbeitsteilige Vorgehen in der Unternehmung wird ein Informationsaustausch sowie eine enge Koordination im Hinblick auf die Aufgabenerfüllung zwischen den Aktionseinheiten erforderlich. Diese Beziehungen weichen z. T. vom Leitungszusammenhang (Instanzenweg) ab und konkretisieren sich in der Gestaltung des Arbeitsprozesses (Ablauforganisation).

Kollegienzusammenhang

Um den Arbeitszusammenhang zu verbessern, ist gegebenenfalls die Bildung besonderer Aktionseinheiten in Form von Ausschüssen, Kommissionen, Gremien, Konferenzen u. s. w. erforderlich. Sie stellen damit eine spezielle Ausprägung des betrieblichen Kommmunikationssystems dar.

In der Realität bilden die vorstehenden Beziehungsarten einen komplexen Beziehungszusammenhang und sie sind daher z. T. kaum voneinander zu isolieren.

Bei der Bildung von Aufgabenkomplexen, also der Zusammenfassung von analytisch gewonnenen Teilaufgaben als Grundlage für die Bildung von Aktionseinheiten, ist zwischen Bestimmungsfaktoren und Organisationsprinzipien zu unterscheiden.

### 211 Bestimmungsfaktoren für die Bildung von Aufgabenkomplexen

Die zu bildenden Aufgabenkomplexe werden Personen (Aufgabenträgern) im Unternehmen zur Erfüllung übertragen. Da die Aufgabenträger bei der Erfüllung der Aufgaben Sachmittel einsetzen, sind folgende Faktoren bei der Aufgabensynthese zu berücksichtigen:

- zu erfüllende Aufgabe
- Aufgabenträger
- einzusetzende Sachmittel

## 2110 Bestimmungsfaktor „Aufgabe“

Aufgrund der Aufgabenanalyse entsteht für jede Teilaufgabe ein Aufgabenprofil, charakterisiert durch die zugehörigen sachlichen und formalen Gliederungskriterien. Aus ihnen ergeben sich zum einen die Anforderungen an die Aufgabenträger (Anforderungsprofil), die diese Teilaufgaben zu erfüllen haben. Zum anderen ist erkennbar, inwieweit analytisch gewonnene Teilaufgaben aufgrund gemeinsamer Kriterien zu Aufgabenkomplexen zusammengefaßt werden können. Zu den Gliederungskriterien wird auf die Ausführungen im Rahmen der Aufgabenanalyse verwiesen.

## 2111 Bestimmungsfaktor „Personaler Aufgabenträger“

Da die gebildeten Aufgabenkomplexe Mitarbeitern im Unternehmen übertragen werden, wird die Aufgabenerfüllung entscheidend durch die Eigenschaften der personalen Aufgabenträger bestimmt. Es gilt also festzustellen, welche Eigenschaften des Aufgabenträgers bei der Aufgabensynthese insbesondere zu berücksichtigen sind. Dabei wird nicht von einer konkreten Person, sondern von einem gedachten Aufgabenträger auszugehen sein, der als repräsentativ anzusehen ist. Physis und Psyche des Aufgabenträgers verlangen eine Berücksichtigung der Erkenntnisse, die von der Arbeitswissenschaft und der Organisationspsychologie[27a] erarbeitet worden sind.

Die physischen und psychologischen Eigenschaften des Aufgabenträgers bestimmen einerseits seinen Beitrag zur Aufgabenerfüllung, seine Leistung (vgl. Abb. 12), andererseits sein Verhalten im sozio-technischen System Unternehmung. Dabei wirkt das System wiederum auf dessen physische und psychische Eigenschaften zurück (Feedback).

Man kann die Abhängigkeit der Leistung von den physischen und psychologischen Eigenschaften des Aufgabenträgers in folgender Formel ausdrücken:

$$\text{Leistung} = f\,(\text{Fähigkeit} \times \text{Motivation}),$$

wobei für die Faktoren Fähigkeit und Motivation gilt: $> 0$ und $< 1$. Für die Fähigkeit ergibt sich folgender Beziehungszusammenhang:

$$\text{Fähigkeit} = g\,[\text{Eignung} \times (\text{Ausbildung} + \text{Erfahrung})].$$

27a vgl. v. Rosenstiel, L., Organisationspsychologie in: Handwörterbuch der Organisation, 2. Aufl., Stuttgart 1980, Sp. 1758 ff. und die dort angegebene Literatur

Der Organisator hat, da die Leistung sowohl von der Leistungsfähigkeit als auch von der Leistungsbereitschaft abhängig ist, zu überprüfen, inwieweit durch die Aufgabensynthese diese Komponenten beeinflußt werden.

*Abb. 12:*
Bestimmungsfaktoren der Leistung*)

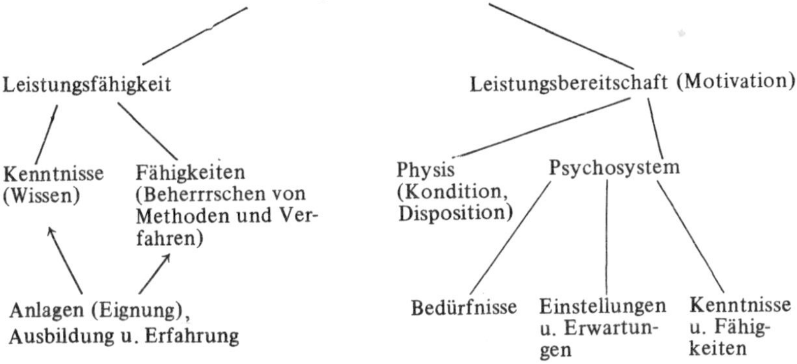


*) in Anlehnung an Grochla, E., Unternehmensorganisation, a. a. O., S. 51

Die vom Aufgabenträger geforderte Leistungsfähigkeit ergibt sich aus dem Profil des zu erfüllenden Aufgabenkomplexes. Die von ihm erbringbare Leistungsfähigkeit, charakterisiert durch seine Kenntnisse und Fähigkeiten, wird bestimmt durch seine Anlagen und Ausbildung. Da Anlage und Ausbildung einen engen Beziehungszusammenhang aufweisen sollten, stellt man mangels anderer sinnvoller Möglichkeiten bei der Quantifizierung der erbringbaren Leistungsfähigkeit des Aufgabenträgers auf dessen Berufsausbildung ab. Dabei wird unterstellt, daß im Wege der Berufsausbildung normalerweise ein bestimmtes Wissen und gewisse Fähigkeiten vermittelt werden.

Diese Überlegungen führen dazu, im Wege der Aufgabensynthese Aufgabenkomplexe derart zu bilden, daß sich die zur Aufgabenerfüllung erforderlichen Kenntnisse und Fähigkeiten mit denen aufgrund der Berufsausbildung erbringbaren decken. Die Aufgabensythese schlägt sich daher in der erforderlichen Berufsstruktur der im Unternehmen Tätigen nieder. Dabei ist zu beachten, daß sich einerseits die in der Berufsausbildung vermittelten Kenntnisse und Fähigkeiten laufend ändern, andererseits sich durch betriebliche Maßnahmen, u. a. betriebliche Weiterbildung, Training on the Job, Job-Rotation, insbesondere unternehmensspezifische Kenntnisse und Fähigkeiten vermitteln lassen.

Im Hinblick auf die Leistungsbereitschaft stand bis in die fünfziger Jahre die Komponente Physis im Vordergrund der Organisationsarbeit. Hingewiesen sei hier nur auf die Probleme arbeitsgerechter Sachmittel, funktionsgerechter Arbeitsplatzgestaltung, Raumgestaltung und Pausenregelung unter physiologischen Aspekten. Hierbei handelt es sich um Problemkreise, die vor allem im Rahmen der Ablauforganisation relevant sind. Dabei wurde die psychologische Komponente, das Psychosystem, stark vernachlässigt. Doch die Erkenntnisse der Organisationspsychologie haben gezeigt, daß diese Komponente einer starken Berücksichtigung, insbesondere im Rahmen der Aufgabensynthese bedarf.

Das Psychosystem als Gesamtheit der Faktoren, das die Verhaltensweise und damit auch die Leistungsbereitschaft des Aufgabenträgers steuert, umfaßt:

- die Bedürfnisse, die der Aufgabenträger befriedigen will,
- die Einstellungen und die Erwartungen des Aufgabenträgers,
- die Kenntnisse und Fähigkeiten des Aufgabenträgers.

Zwischen diesen Faktoren bestehen zirkulare Beziehungen, Einstellungen und Erwartungen beeinflussen die Bedürfnisse, Kenntnisse und Fähigkeiten die Einstellungen und Erwartungen, andererseits wirken befriedigte Bedürfnisse auf Einstellungen und Erwartungen zurück.

Insbesondere die Bedürfnisse sind für die Motivation des Aufgabenträgers von Bedeutung. Nach Maslow lassen sich die Bedürfnisse in fünf Kategorien unterscheiden[28], die wie folgt hierarchisch geordnet werden können:

1. physiologische Bedürfnisse (z. B. Hunger, Durst, Wärme, Licht)
2. physische und materielle Sicherheit (z. B. Schutz vor Gefahren, Unrecht, Arbeitslosigkeit)
3. soziale Bedürfnisse (z. B. Zugehörigkeit, Liebe, Freundschaft)
4. Ich-Bedürfnisse (z. B. Selbsterkennung, Selbsteinschätzung, Prestige, Anerkennung, Autonomie, Macht)
5. Selbstverwirklichung (z. B. Realisierung eigener Fähigkeiten, Kreativität)

Befriedigte Bedürfnisse niedriger Ordnung sind die Voraussetzung für die Befriedigung der Bedürfnisse höherer Ordnung, wobei das dem befriedigten Bedürfnis folgende die Motivation bestimmt.

28 Maslow, A. H., Motivation and Personality, New York 1954, S. 80 ff.

Für die Aufgabenbildung sind die Bedürfnisse in erster Linie bedeutsam, die sich auf die zu erfüllende Aufgabe beziehen, denn nur sie sind durch die Aufgabensynthese beeinflußbar. Sie besitzen eine entscheidendes Gewicht für die Leistungsbereitschaft des Aufgabenträgers.. Diese Bedürfnisse sind den Ordnungsstufen drei bis fünf zuzuordnen und lassen sich wie folgt aufgabenbezogen formulieren:

- Anerkennung durch die Aufgabenerfüllung,
- Wahrnehmen einer als bedeutsam bewerteten Aufgabe,
- Eigen- und Fremdverantwortung tragen,
- einen Autonomiebereich besitzen,
- kreativ tätig sein,
- Möglichkeit der Realisierung der persönlichen Fähigkeiten[29].

Mit fortschreitender Ausprägung dieser humanen Ansprüche treten Zielkonflikte in der Organisationsarbeit auf, nämlich zwischen den humanen Ansprüchen der Aufgabenträger und den ökonomischen Zielen der Unternehmung. Eine Zielharmonie ist als realitätsfern zu bezeichnen. Eine Lösung dieses Zielkonflikts kann von der Aufgabensynthese nicht erbracht werden. In ihr kann nur ein Kompromiß zwischen den humanen Ansprüchen der Aufgabenträger und den ökonomischen Zielen des Unternehmens angestrebt werden.

Unter Berücksichtigung der Komponente Leistungsbereitschaft, hier insbesondere des Psychosystems mit seinen humanen Ansprüchen, ist die bereits erarbeitete Forderung „Bildung von Aufgabenkomplexen unter der Berücksichtigung der Berufsstruktur" um die folgenden Forderungen zu ergänzen:

1. Die analytisch gewonnenen Teilaufgaben sind derart zu Aufgabenkomplexen zusammenzufassen, daß diese von den Aufgabenträgern als bedeutsam und verantwortungsvoll angesehen werden können.
2. Der Aufgabenkomplex ist so vielseitig zu gestalten, daß der Aufgabenträger seine Leistungsfähigkeit realisieren kann (insbesondere seine Kreativität). Diese Forderung kann kollidieren mit der Forderung nach weitgehender Spezialisierung und Arbeitsteilung (vgl. hierzu die Ausführungen zu den Organisationsprinzipien).
3. Teilweise Aufhebung bzw. Reduzierung der Trennung von Entscheidungs- und Ausführungsaufgaben im Hinblick auf die Bildung eines

29 Diese Faktoren werden in der Zwei-Faktoren-Theorie von Herzberg als die intrinsischen Faktoren (Motivatoren) bezeichnet. vgl. Herzberg, F., Work and the Nature of Man, Cleveland 1966

vom Aufgabenträger als ausreichend empfundenen Autonomiebereiches.

4. Schaffung eines hohen Ausmaßes an Selbstkontrolle für die eigene Aufgabenerfüllung.

Moderne Formen der Arbeitsstrukturierung wie das Job Enrichment, Job Enlargement und Job Environment versuchen, diese Forderungen weitgehend zu berücksichtigen (vgl. die Ausführungen zur Arbeitssynthese).

### 2112 Bestimmungsfaktor „Sachmittel"[30]

Der Einfluß der bei der Aufgabenerfüllung eingesetzten Sachmittel auf die Bildung der Aufgabenkomplexe – zu berücksichtigen sind insbesondere solche Sachmittel, deren Einsatz über eine reine Unterstützung der Tätigkeit des personalen Aufgabenträgers hinausgeht (z. B. programmierbarer Tischrechner) – beruht darauf, daß durch deren Einsatz die Leistung des personalen Aufgabenträgers entscheidend mitbestimmt wird. Er beeinflußt den Umfang und die Art der zu Aufgabenkomplexen zusammenfaßbaren, analytisch gewonnenen Teilaufgaben. Dieser Einfluß nimmt mit steigender Technik der Sachmittel zu (hingewiesen sei auf den Einfluß von EDV-Anlagen auf die Aufgabenbildung in der Praxis)[30a].

Der Einfluß der Sachmittel ist leichter zu erfassen als der der personalen Aufgabenträger, da die Sachmittel hinsichtlich ihrer Funktionen und ihres Leistungspotentials technologisch eindeutig bestimmt sind. Da Funktionen und Leistungspotential von Sachmittel zu Sachmittel variieren, kann nur im Hinblick auf die Flexibilität eine allgemeine Aussage getroffen werden. In einer konkreten Situation sind daher insbesondere die individuellen Eigenschaften zu berücksichtigen.

Im Hinblick auf die Flexibilität ist zu unterscheiden zwischen

1. Verrichtungsgebundenheit – das Sachmittel kann nur für eine bestimmte Verrichtung verwandt werden, z. B. programmierbarer Tischrechner, Schreibmaschine, Fotokopierer,

30 Zum Begriff des Sachmittels siehe: Wegner, G., Sachmittel in der Organisation, in: HWO, Hrsg. von E. Grochla, Stuttgart 1969, Sp. 1471 ff.

30a Hinzuweisen ist in diesem Zusammenhang auch auf die Beeinflussung der Anforderungen an den Aufgabenträger. Diskutiert werden in diesem Zusammenhang die Dequalifikations-, Höherqualifikations-, Andersqualifikations- und Polarisationsthese, siehe: Bundesminister für Forschung und Technologie (Hrsg.), Neue Technologien und Beschäftigung, Düsseldorf/Wien 1980, S. 95 ff.

2. Objektgebundenheit – das Sachmittel kann nur für ein bestimmtes Objekt verwandt werden, z. B. Poststraße, Schriftgutfördermittel,
3. Geschwindigkeitsgebundenheit – die Geschwindigkeit ist nicht variabel, z. B. Adrema-Maschine, Offsetdrucker,
4. Ortsgebundenheit – das Sachmittel ist standortgebunden, z. B. eine installierte EDV-Anlage.

Diese Kriterien schließen sich nicht gegenseitig aus, sondern können kombiniert auftreten, z. B. Verrichtungs- und Objektgebundenheit bei einer Poststraße. Es sind weiterhin unterschiedliche Flexibilitätsgrade zu unterscheiden, abhängig davon, wie weit oder wie eng Objekt, Verrichtung, Geschwindigkeit und Ort definiert werden, z. B. der Flexibilitätsgrad eines Sachmittels der Verrichtung „Rechnen" (darunter seien zusammengefaßt die vier Grundrechenarten, das Potenzieren, das Radizieren, u. s. w.) ist größer als der eines durch die Verrichtungsgebundenheit „Addieren" gekennzeichneten Sachmittels.

Weiterhin hängt der Einfluß der Sachmittel auf die Aufgabenbildung entscheidend von der Art der organisatorischen Tätigkeit bzw. der zu beachtenden Bedingungen ab. Handelt es sich z. B. um eine freie Organisationsarbeit, d. h., die organisatorische Tätigkeit ist nicht an einen vorgegebenen Istzustand gebunden, oder können die im Istzustand vorhandenen Sachmittel aufgrund ihres Alters (technisches Niveau) und Zustandes (Verschleiß) unberücksichtigt bleiben, so ist ihr Einfluß geringer als bei gebundener Organisationsarbeit, bei der der weitere Einsatz vorhandener Sachmittel verlangt wird.

Mit der Berücksichtigung der Sachmittel im Rahmen der Aufgabenbildung wird das Ziel höchstmöglicher Wirtschaftlichkeit verfolgt, sei es über den Einsatz von Spezialmaschinen und/oder einem hohen Auslastungsgrad.

## 212 Prinzipien der Aufgabenbildung

Für die Prinzipien der Aufgabenbildung als einem Bestandteil der Grundsätze der Organisation[31] gilt, daß sie Hinweise geben, in welcher Richtung sich die organisatorische Tätigkeit vollziehen kann. „Alle diese Grundsätze geben immer nur an, daß bei der Lösung einer

31 Zu den Grundsätzen der Organisation siehe: Bleicher, K., Grundsätze der Organisation, in: Organisation, TfB-Handbuchreihe, Bd. 1, a. a. O., S. 149 ff.; Blohm, H., a. a. O., S. 137 ff., Fuchs-Wegner, G., Organisationsprinzipien, in: Handwörterbuch der Organisation, 2. Aufl. Stuttgart 1980, Sp. 1740 ff. und die dort angegebene Literatur

organisatorischen Aufgabe in dieser oder jener Weise verfahren werden könne. Sie zeigen Möglichkeiten auf, wie man sich organisatorisch verhalten kann, nicht dagegen, wie man sich verhalten muß"[32]. Wenn es auch bisher noch nicht gelungen ist, die Vielzahl der formulierten Grundsätze der Organisation auf ein einheitliches Prinzip zurückzuführen, so kann doch für die Prinzipien der Aufgabenbildung folgende Feststellung getroffen werden: Sie sollen Hinweise darauf geben, wie die analytisch gewonnenen Teilaufgaben zu Aufgabenkomplexen zusammengefaßt werden können, um über eine geeignete Strukturierung das angestrebte Unternehmensziel bestmöglich zu erreichen.

Bewertet man unter diesem Aspekt die Prinzipien der Aufgabenbildung, so kann von einer Unbrauchbarkeit dieser für die Lösung praktischer Probleme nur schwerlich gesprochen werden[33]. Dies bedeutet aber zugleich, daß man in einer konkreten Situation feststellt, ob die Voraussetzungen für die Anwendung des einen oder anderen Prinzips oder deren kombinierter Anwendung gegeben sind und welche Vor- und Nachteile sich aus ihrer Anwendung ergeben. Erst eine Entscheidung auf der Basis einer Gewichtung der jeweiligen Vor- und Nachteile der realisierbaren Alternativen führt zu einer befriedigenden Lösung der Aufgabenbildung. Es muß aber deutlich darauf hingewiesen werden, daß es z. T. schwierig sein wird, diese Gewichtung vorzunehmen, da objektive Bewertungsmaßstäbe oftmals nicht zur Verfügung stehen. Hier gewinnt die Erfahrung des Organisators an Bedeutung.

Die im folgenden dargelegten Prinzipien der Aufgabenbildung beruhen auf den Gliederungskriterien, die bei der Aufgabenanalyse verwandt wurden, also Objekt, Verrichtung, Rang, Phase und Zweckbeziehung. Damit werden die Arten (Qualitäten) der Teilaufgaben als entscheidende Kriterien in den Vordergrund gerückt, während deren Umfang zunächst unberücksichtigt bleibt. Dieser findet bei der Bildung der Aktionseinheiten – Stellen, Abteilungen, Bereiche, u. s. w. – Berücksichtigung. Da die Arten der Teilaufgaben die Grundlage für die Bildung von Aufgabenkomplexen bilden, handelt es sich bei allen Prinzipien um unterschiedliche Ausprägungen des Prinzips der Zentralisation bzw. Dezentralisation. Daher wird das Problem der Zentralisation bzw.

32 Gutenberg, E., Grundlagen der Betriebswirtschaftslehre, Bd. 1. Die Produktion, 1. Aufl., Berlin-Göttingen-Heidelberg 1951. S. 182.

33 Wild, J. konstatiert eine Unbrauchbarkeit der Organisationsprinzipien für die Lösung praktischer Organisationsprobleme. Siehe Wild, J. a. a. O., S. 575, vgl. hingegen Fuchs-Wegner, G., a. a. O., Sp. 1744 ff.

Dezentralisation – jede Zentralisation auf der Grundlage eines Aufgabenmerkmals bedeutet eine Dezentralisation im Hinblick auf die übrigen Aufgabenmerkmale – als das fundamentale organisatorische Gleichgewichtsproblem zwischen Aufgabenteilung und Koordination angesehen[34].

## 2120 Verrichtungszentralisation

Bei der Anwendung dieses Prinzips werden die durch gleichartige Verrichtungen gekennzeichnete Teilaufgaben zu Aufgabenkomplexen zusam-

Vor- und Nachteile der Verrichtungszentralisation[35]

| Kriterium | | möglicher Vorteil | möglicher Nachteil |
|---|---|---|---|
| Spezialisierung | Sachmittel | verrichtungsspezialisierte Sachmittel, spezielle Arbeitsverfahren | abnehmende Flexibilität beim Einsatz von spezialisierten Sachmitteln |
| | personaler Aufgabenträger | Erfahrungskonzentration auf einen verrichtungsbegrenzten Aufgabenbereich | Spezialistentum, abnehmende Flexibilität |
| Kosten | Sachkosten | Niedrige Kosten/Leistungseinheit durch spezialisierte Sachmittel bei hoher Auslastung | hohe Kosten/Leistungseinheit bei niedriger Auslastung |
| | Personalkosten | niedrige Personalkosten durch Einsatz angelernter Aufgabenträger | erhöhte Kosten durch Anlernung |
| Verkehrswege | Transport | – | verlängerte Transportwege*) |
| | Kommunikation | – | verlängerte Kommunikationswege*) |
| Koordination | | – | erhöhter Koordinationsaufwand zwischen den Aufgabenkomplexen *) |
| Kenntnisse und Fähigkeiten personaler Aufgabenträger | | Berücksichtigung spezieller Kenntnisse und Fähigkeiten | Nichtrealisierung vorhandener, aber nicht erforderlicher Kenntnisse und Fähigkeiten |

*) Im Vergleich zur Objektzentralisation.

34 vgl. Grochla, E., Unternehmensorganisation. a. a. O., S. 57
35 vgl. Schwarz, H., a. a. O., S. 55

mengefaßt. Beziehen sich diese gleichartigen Verrichtungen auf unterschiedliche Objekte, so ist damit zugleich eine Objektdezentralisation verbunden. Als Beispiel im Fertigungsbereich sei das Werkstattprinzip genannt, bei der eine Gruppe gleichartiger Verrichtungen zentralisiert wird, z. B. das Fräsen zur Fräserei, das Drehen zur Dreherei, u. s. w. Für den Verwaltungsbereich gilt entsprechendes, z. B. das Schreiben in einem zentralen Schreibbüro, das Kontieren in der Kontierungsstelle, u. s. w. Die bei der Aufgabenerfüllung einzusetzenden Sachmittel können aufgrund ihrer Eigenschaften eine Verrichtungszentralisation fördern bzw. sogar erfordern, z. B. verrichtungsgebundene Spezialmaschinen. Die sich aus dieser Vorgehensweise ergebenden möglichen Vor- und Nachteile sind in der Übersicht auf der Seite 67 zusammengefaßt.

### 2121 Objektzentralisation

Die Anwendung dieses Prinzips besteht in der Zusammenfassung von ungleichartigen Verrichtungen an einem gleichartigen Objekt zu einem Aufgabenkomplex. Grundsätzlich ist dieses Prinzip nur anwendbar, wenn unterschiedliche Objekte zur Bearbeitung anstehen. Sinnvoll wird seine Anwendung, wenn der Arbeitsprozeß eine Zerlegung in verschiedene Verrichtungen und deren getrennten Vollzug nicht zuläßt, bzw. diese Zerlegung zu Kostensteigerungen führt, die durch die Vorteile der Verrichtungszentralisation nicht kompensiert werden. Der Arbeitsprozeß selbst tendiert zu einer Objektzentralisation.

Die Objektzentralisation beinhaltet zugleich eine Verrichtungsdezentralisation. Als Beispiele aus dem Fertigungsbereich sind zu nennen: Transferstraßen, Montagebänder für spezielle Produkte; im Verwaltungsbereich Debitoren-, Kreditorenbuchhaltung, Vertriebsbereich für das Produkt A, das Produkt B, usw.

Die Anwendung dieses Prinzips ist nicht nur auf den Realisationsbereich (Ausführungsaufgaben) beschränkt, sondern findet auch Anwendung im Entscheidungsbereich (Entscheidungsaufgaben). Es schlägt sich nieder in der divisionalisierten Organisation (die ihre strengste Ausprägung in der Bildung von Profit-Center findet, vgl. Punkt 2230).

Die sich bei dieser Vorgehensweise ergebenden möglichen Vor- und Nachteile sind in der folgenden Übersicht zusammengestellt:

Vor- und Nachteile der Objektzentralisation

| Kriterien | | möglicher Vorteil | möglicher Nachteil |
|---|---|---|---|
| Spezialisierung | Sachmittel | objektspezialisierte Sachmittel und spezielle Arbeitsverfahren | abnehmende Flexibilität beim Einsatz spezialisierter Sachmittel |
| | personaler Aufgabenträger | Erfahrungskonzentration auf einen objektbezogenen Aufgabenbereich | abnehmende Flexibilität, Spezialistentum |
| Kosten | Sachkosten | Kostensenkung durch Einsatz spezialisierter Sachmittel bei hohem Mengenanfall | Kostenerhöhung infolge Spezialisierung bei niedrigem Mengenanfall |
| | Personalkosten | Vermeidung von Mehrfacheinarbeitung verschiedener Spezialisten | erhöhte Personalkosten durch den Einsatz von Spezialisten |
| Verkehrswege | Transport | Verkürzung der Transportwege, wenn auch lokale Zentralisation gegeben | — |
| | Kommunikation | geringere Kommunikationsintensität zwischen objektzentralisierten Aktionseinheiten | Isolierung der objektzentralisierten Aktionseinheiten |
| Koordination | | Koordination auf die objektspezialisierte Aktionseinheit beschränkt | Gefahr des Gegeneinanderarbeitens der Aktionseinheiten infolge geringer Koordination |
| Kenntnisse und Fähigkeiten personaler Aufgabenträger | | Vermeidung von Arbeitsmonotonie durch Wahrnehmung unterschiedlicher Verrichtungen | abnehmende Berücksichtigung der Kenntnisse und Fähigkeiten in bezug auf andere Objekte |

## 2122 Entscheidungszentralisation[36]

Nach dem Merkmal Rang werden bei der Aufgabenanalyse Entscheidungs- und Ausführungsaufgaben (Realisationsaufgaben) unterschieden,

36 Mellerowicz sieht allein die Bildung eines Aufgabenkomplexes auf der Basis des Merkmals Rang als ein Problem der Zentralisation bzw. der Dezentralisation an, während es sich bei der Anwendung der Kriterien Objekt und Verrichtung um eine Frage der Konzentration bzw. Dekonzentration handelt. Siehe Mellerowicz, K., a. a. O., S. 174

wobei diese Trennung niemals vollständig sein kann, d. h. jede sog. Ausführungsaufgabe wird, wenn auch rudimentär, noch Entscheidungselemente beinhalten. Bei der Entscheidungszentralisation werden die Teilaufgaben mit Entscheidungscharakter zu Aufgabenkomplexen zusammengefaßt. Dadurch wird eine Rangordnung der diese Aufgabenkomplexe wahrnehmenden Aktionseinheiten (Stellen, Instanzen) im Unternehmen gebildet, sowie die Grundlage der hierarchischen Struktur geschaffen. Es entsteht zwischen den Stellen und den Instanzen ein sachliches Abhängigkeitsverhältnis derart, daß die Aktionen der Realisationseinheiten durch die Entscheidungen der Einscheidungseinheiten gesteuert werden.

Die Möglichkeiten der Entscheidungszentralisation bzw. Dezentralisation werden bestimmt:

1. durch die Art der Entscheidung
2. durch die für die Entscheidung erforderlichen Informationen
3. durch die humanen Ansprüche der personalen Aufgabenträger.

zu 1. Die Entscheidungen können nach dem Grad ihrer Auswirkungen auf das Unternehmen gruppiert werden[37] in:

- Gesamtunternehmensentscheidungen: das sind Entscheidungen, die sich auf alle Bereiche des Unternehmens auswirken. Dabei handelt es sich sowohl um grundlegende – im Laufe des Bestandes eines Unternehmens nur einmal oder relativ selten zu treffende Entscheidungen, z. B. Entscheidungen über Standort, Unternehmensform, Fusion, u. s. w. – als auch um laufende Entscheidungen, z. B. Kreditaufnahme, Erweiterung oder Reduzierung des Sortiments, Kapazitätserweiterungen, u. s. w.

- Bereichsentscheidungen: das sind Entscheidungen, die sich auf einen oder mehrere Bereiche beziehen. Wirken sie sich nur in einem Bereich aus, so handelt es sich um reine Bereichsentscheidungen, z. B. Entscheidung über den Besuchszyklus der Vertreter bei den Kunden, Stellenbesetzung in einer Abteilung, Form der Archivierung. Werden mehrere Bereiche berührt, so kann zwischen umgreifenden und übergreifenden Bereichsentscheidungen unterschieden werden. Bei den umgreifenden Bereichsentscheidungen werden mehrere Bereiche unmittelbar berührt, z. B. Entscheidung über den Belegfluß, Aufbau und Inhalt von

37 Vgl. Kosiol, E., a. a. O., S. 121

Belegen, während bei den übergreifenden nur eine mittelbare Auswirkung feststellbar ist, z. B. Arbeitszeitregelungen in einzelnen Bereichen. In der Praxis ist eine saubere Trennung zwischen um- und übergreifenden Bereichsentscheidungen oftmals nicht möglich.

Nur reine Bereichsentscheidungen sowie übergreifende Bereichsentscheidungen sind einer Dezentralisation zugängig, während Gesamtunternehmensentscheidungen sowie umgreifende Bereichsentscheidungen (auf einer niedrigeren Hierarchiestufe) zur Zentralisierung tendieren.

zu 2. Für das Treffen von Entscheidungen werden Informationen benötigt. Diese hängen dem Inhalt und dem Umfang nach von der Art der Entscheidung ab. Für reine Bereichsentscheidungen werden Informationen erforderlich, die in dem betreffenden Bereich vorhanden sind bzw. dort gewonnen werden können und sich auf diesen im wesentlichen beschränken. Der Informationsgrad der in einem Bereich Tätigen ist mithin in Bezug auf reine Bereichsentscheidungen sehr hoch.

Für Gesamtunternehmensentscheidungen werden Informationen aller Unternehmensbereiche benötigt und zwar in großem Umfang. Der Informationsgrad eines in einem Bereich Tätigen ist daher als niedrig in bezug auf diese Entscheidung anzusetzen.

Reine bzw. übergreifende Bereichsentscheidungen sind daher in bezug auf die benötigten Informationen und den Informationsgrad der in einem Bereich Tätigen einer Dezentralisierung zugängig. Gesamtunternehmensentscheidungen und umfassende Bereichsentscheidungen tendieren infolge der benötigten Informationen zur Zentralisierung.

zu 3. Des weiteren sind die humanen Ansprüche der personalen Aufgabenträger zu berücksichtigen, insbesondere die bereits genannten Bedürfnisse nach Autonomie, nach Entfaltungsmöglichkeiten in Bezug auf Kreativität und Initiative.

Wenn es also um die Frage der Entscheidungszentralisation bzw. der Dezentralisation geht, so stehen nur die reinen und übergreifenden Bereichsentscheidungen, z. T. auch die umgreifenden Bereichsentscheidungen zur Diskussion. Von großer Bedeutung für die Aufgabenbildung sind hier die Kriterien erforderliche Informationen und humane Ansprüche der personalen Aufgabenträger. Nach dem Subsidiaritätsprinzip sollten aber Entscheidungen immer dort getroffen werden, wo sie noch sachlich möglich sind.

In jeder konkreten Situation sind die in der folgenden Übersicht aufgezeigten Vorteile/Nachteile beider Alternativen zu gewichten und

Vorteile/Nachteile der Entscheidungszentralisation bzw. -dezentralisation

| Kriterium | Entscheidungszentralisation | Entscheidungsdezentralisation |
|---|---|---|
| Kosten | niedrigere Personalkosten durch geringere Anzahl qualifizierter Führungskräfte | höhere Personalkosten durch eine Vielzahl von Führungskräften der zweiten und darunter liegenden Ebenen |
| Entscheidungsfindung | geringerer Informationsgrad der Entscheidungsträger, dadurch sachlich und zeitlich schlechtere Entscheidungsfindung | höherer Informationsgrad der Entscheidungsträger, dadurch sachlich und zeitlich verbesserte Entscheidungsfindung |
| Kommunikationswege | Belastung der vertikalen Kommunikationswege → Informationsverlust, Filterung, fehlerhafte Übermittlung | Entlastung der vertikalen Kommunikationswege → geringere Gefahr von Informationsverlust, Filterung, fehlerhafter Übermittlung |
| Koordination | geringerer Koordinationsaufwand durch Willensbildung in wenigen Entscheidungszentren, einheitliche Willensbildung | erhöhter Koordinationsaufwand durch Willensbildung in einer Vielzahl von Entscheidungszentren, Gefahr uneinheitlicher Willensbildung |
| humane Anforderungen der personalen Aufgabenträger | Beschränkung von Kreativität und Initiative der Mehrzahl der personalen Aufgabenträger, kein Autonomiebereich, fremdbestimmtes Handeln | Möglichkeiten der Entfaltung von Kreativität und Initiative bei einer Vielzahl von personalen Aufgabenträgern, Schaffung eines gewissen Autonomiebereiches, Entfaltungs- und Entwicklungsmöglichkeiten |
| Sonstiges | – | qualitative und quantitative Entlastung der Unternehmensspitze |

einander gegenüberzustellen. Nur aufgrund einer solchen Gegenüberstellung ist eine anforderungsgerechte Aufgabenbildung möglich.

Die vorstehende Darstellung bezieht sich nur auf die einer Zentralisation und Dezentralisation zugängigen Arten der Entscheidung (Bereichsentscheidungen).

Werden bereits zentralisierte Bereichsentscheidungen im Rahmen einer Reorganisation dezentralisiert, so entstehen häufig Probleme, die sich in den Formen der Rückdelegation, Rücksicherung und Rückfrage niederschlagen.

### 2123 Weitere Formen der Zentralisation

Neben Objekt, Verrichtung und Entscheidung können auch die Kriterien Raum, Sachmittel, Zeit und Person Grundlage einer Zentralisation sein. Da diese Formen der Zentralisation nur unter bestimmten Voraussetzungen als zusätzliche Gestaltungsprinzipien Berücksichtigung finden bzw. nur sekundäre Bedeutung für die Bildung von Aufgabenkomplexen besitzen, sollen im folgenden diese Formen nur skizzenhaft umrissen werden[38].

Räumliche (lokale) Zentralisation.

Sachlich und/oder formal unterschiedliche Teilaufgaben werden an einem Ort zusammengefaßt. Stockwerke oder Gebäude eines ungeteilten betrieblichen Standorts oder bei geteiltem Standort Zweigwerke, Gliedbetriebe, Auslieferungsläger können als Grundlage der Zentralisation dienen. Im Vordergrund stehen Überwachungsaspekte.

*Beispiel:*
Zuordnung des Werkstattschreibers zum Meister, sachlich gehört die Aufgabe des Werkstattschreibers in den Aufgabenkomplex Produktionsdatenerfassung.

Sachmittel orientierte Zentralisation.

Teilaufgaben werden unabhängig von ihrer verrichtungs- oder/und objektbezogenen Gleichartigkeit auf der Grundlage der einzusetzenden Sachmittel zusammengefaßt.

*Beispiel:*
Bildung eines Rechenzentrums, Bildung eines Repro-Zentrums (Erstellen von Photokopien, Lichtpausen, Umdrucke, Vervielfältigungen).

38 Verwiesen wird hier auf die Ausführungen von Schwarz, H., a. a. O., S. 62 ff.

Zeitorientierte Zentralisation

Teilaufgaben werden ohne Berücksichtigung ihres sachlichen und formalen Inhalts aufgrund ihres zeitlichen Anfalls zusammengefaßt.

*Beispiel:*
Der Nachtwächter nimmt neben den Überwachungs- und Kontrollaufgaben noch andere während der Nacht anfallende Aufgaben wahr, z. B. Bedienung der Heizungs- und Telefonanlage, Einschalten der Reklamebeleuchtung.

Aufgabenträger (personal) orientierte Zentralisation

Teilaufgaben werden auf der Basis konkreter, im sozio-technischen System vorhandener personaler Aufgabenträger zusammengefaßt. Es wird ein individueller Aufgabenkomplex gebildet, wobei die zusammengefaßten Teilaufgaben sachlich und/oder verrichtungsmäßig keinen Bezug aufzuweisen brauchen. Zielsetzung ist die Nutzung vielseitiger Fähigkeiten eines personalen Aufgabenträgers. Anwendung findet dieses Prinzip vor allen Dingen im Bereich der Führungs- und Leistungsaufgaben.

*Beispiel:*
Bildung von Geschäftsbereichen für die Mitglieder der Geschäftsleitung eines Unternehmens, Bildung von Aufgabenbereichen für Beigeordnete in der kommunalen Verwaltung, Bildung von Aufgabenkomplexen in kleinen und mittleren Unternehmen.

## 213 Bildung von Aktionseinheiten

Das Ergebnis der Aufgabensynthese ist ein Aufgabenkatalog, der die im Unternehmen zu erfüllenden Aufgabenkomplexe systematisiert. Die Systematik basiert auf den bei der Aufgabensynthese berücksichtigten Bestimmungsfaktoren und Prinzipien. Da die Prinzipien der Aufgabenbildung z. T. sich gegenseitig ausschließen bzw. kombiniert Anwendung finden, dies ist von den individuellen Gegebenheiten einer jeden Organisationseinheit abhängig, sind die sich aufgrund der Aufgabensynthese ergebenden Aufgabenkataloge von Unternehmen zu Unternehmen unterschiedlich.

Die im Wege der Aufgabensynthese gebildeten Aufgabenkomplexe werden Personen (Aufgabenträgern) zur Erfüllung übertragen.

### 2130 Stellenbildung

Durch die Aufgabenbildung (Aufgabensynthese) und der sich daran anschließenden Übertragung der synthetisch gewonnenen Aufgabenkomplexe auf Aufgabenträger werden im Unternehmen Stellen gebildet.

Im Hinblick auf ihre Erfüllbarkeit müssen die Aufgabenkomplexe qualitativ und quantitativ dem Leistungsvermögen der gedachten Aufgabenträger entsprechen (vgl. Bestimmungsfaktoren für die Bildung von Aufgabenkomplexen).

Die Stelle kann mithin definiert werden „als ein personenbezogener Aufgabenkomplex, der vom Personenwechsel unabhängig ist. Sie ist die kleinste organisatorische Einheit und grenzt aufgabenmäßig, aber nicht örtlich, den Zuständigkeits- und Kompetenzbereich für eine bestimmte Person (Stelleninhaber) ab"[39].

Die Stelle stellt damit einen versachlichten Aufgabenkomplex eines personalen Aufgabenträgers dar und besitzt Dauercharakter. Die Stellenaufgabe muß einerseits eindeutig und sinnvoll gegenüber anderen Stellenaufgaben abgrenzbar, andererseits mit diesen koordinierbar sein (verteilungsfähig).

Bei der Stellenbildung hat der Organisator insbesondere im Hinblick auf die Quantität der Stellenaufgabe und ihrer Kombinierbarkeit die Erkenntnisse der Arbeitssynthese zu berücksichtigen. Denn bei der Arbeitssynthese werden die Arbeitselemente so zusammengefaßt, daß sich daraus die Gesamt- bzw. Teilaufgaben einer Stelle ergeben. Aufgrund der zu bearbeitenden Mengen (Arbeitsangebot) und der erforderlichen Bearbeitungszeiten (Bruttosollzeiten) kann für jede Stelle eine Auslastung errechnet werden. Durch die drei Komponenten der Arbeitssynthese – personale, temporale und lokale Synthese – werden die Leistungen der einzelnen Stellen aufeinander abgestimmt[40]. In dieser Vorgehensweise findet die Verknüpfung von Aufbau- und Ablauforganisation der Unternehmung Berücksichtigung.

Nach Art und Anzahl der Aufgabenträger können drei Formen von Stellen unterschieden werden: Einpersonenstellen, Mensch-Maschinen-Stelle (Kombination einer Einzelperson mit einem Sachmittel höherer Technik) und Mehrpersonenstellen[41]. Letztere werden immer dann gebildet,

39 Handelslexikon der Organisation, Herausgegeben von der Akademie für Organisation, Ausbildungsinstitution der Gesellschaft für Organisation e. V. Frankfurt a. M., 1971, S. 87; Das Schrifttum weist im Hinblick auf den Stellenbegriff eine weitgehende Übereinstimmung auf, vgl. Ulrich, H., Betriebswirtschaftliche Organisation, Bern 1949, S. 114, Kosiol, E., a. a. O., S. 89, Grochla, E., Unternehmensorganisation, a. a. O., S. 45, Schwarz, H., Stelle, in: Handwörterbuch der Organisation, 2. Aufl., Stuttgart 1980, Sp. 2113 ff.

40 vgl. Müller-Pleuss, J. H., a. a. O., S. 91

41 Auf die Kontroverse, ob Maschinen Aufgabenträger sein können, sei hier verwiesen; vgl. Fußnote 15

wenn ein Aufgabenlomplex das Leistungsvermögen mehrer Personen erfordert und die Bildung kleinerer Aufgabenkomplexe sachlich nicht sinnvoll ist.

Die Dokumentation der Stellenbildung findet ihren Niederschlag in Stellenbeschreibungen und Funktionendiagrammen.

Inhalt der Stellenbeschreibung[42] (vgl. Anlage 3):

- genaue Formulierung der Aufgaben, Kompetenzen und Verantwortung bezogen auf die Gliederungsmerkmale (Aufgabenbild)
- Darstellung der persönlichen und sachlichen Anforderungen an den Stelleninhaber (Besetzungsbild)
- Angabe der instanziellen Beziehung des Stelleninhabers innerhalb des Leitungsaufbaus des Betriebes (Instanzenbild)
- Angabe der Kommunikationsbeziehungen außerhalb der formalen Autoritätsstruktur (Kommunikationsbild).

Inhalt des Funktionsdiagramms[43]:

Das Funktionsdiagramm beinhaltet die schaubildliche Darstellung der Zuordnung von Aufgaben und Entscheidungsbefugnissen auf Stellen bzw. Stelleninhaber (vgl. Anlage 4).

Die Stellenbeschreibung besitzt eine wesentliche Bedeutung im Rahmen der Stellenbesetzung.

Trotz der sich aus den vorstehenden Darlegungen ergebenden Bedeutung der Stellenbeschreibung ist ihre Verwendung in der Praxis noch unbefriedigend. Während das Rationalisierungskuratorium der Deutschen Wirtschaft e. V. – RKW – aufgrund einer im Jahre 1964 erfolgten Umfrage u. a. nach Organisationsplänen und Stellenbeschreibungen vermutete, daß in weniger als 3 % der Betriebe echte Stellenbeschreibungen (d. h. keine Funktionsbeschreibungen, Arbeitsanweisungen und -abläufe) vorzufinden waren[44], ergab eine im Jahre 1971 in der BRD durchgeführte Umfrage, daß von 380 befragten repräsentativen Unter-

---

42 Handlexikon der Organisation, a. a. O., S. 87, Wittlage, H., a. a. O., S. 104 ff.

43 Handlexikon der Organisation, a. a. O., S. 45; die zur Darstellung von Funktionendiagrammen verwandten Techniken reichen von relativ einfachen Darstellungsformen (vgl. Acker, H. B., Organisationsanalyse, a. a. O., S. 56) bis zur Verwendung einer komplizierten Symbolsprache (vgl. Kosiol, E., a. a. O., S. 96., Jordt, A., Gscheidle, K, Fernkurs für Organisation, Wiesbaden o. J., Lehrbrief 4, S. 13, 19, 21), Wittlage, H., a. a. O., S. 123 ff.

44 vgl. Acker, H. B., Stellenbeschreibung, in: Handwörterbuch der Organisation, Hrsg. von Grochla, E., Stuttgart 1973, S. 1583 f.

nehmen ca. 58 % die Stellenbeschreibung bereits eingeführt haben oder kurz vor der Einführung standen.[45] Man erwartet, daß in den nächsten Jahren weitere 10–15 % der Unternehmen Stellenbeschreibungen einführen werden.

In der Praxis wird häufig der Begriff Arbeitsplatz gleichbedeutend mit dem Begriff Stelle benutzt. Während jedoch die Stelle nicht örtlich fixiert ist, bezeichnet der Arbeitsplatz den Ort der Aufgabenerfüllung.

*Beispiel:*
Arbeitsplatz eines Buchhalters; der Arbeitsplatz des Buchhalters befindet sich im Raum 9 des ersten Stocks des Gebäudes Schillerstraße 10.

### 2131 Abteilungsbildung

Die im Unternehmen gebildeten Stellen sind Elemente bzw. Subsysteme (im Falle von Mehrpersonenstellen) des sozio-technischen Systems Unternehmung. Sie werden zu weiteren Systemen höherer Ordnung, den Abteilungen, in der Weise zusammengefaßt, daß mehrere Stellen/ Abteilungen einer Leitungsstelle (Instanz) zugeordnet werden. Dabei sind zwei Teilaspekte zu berücksichtigen[46]:

- die Bestimmung der Abteilungsaufgabe nach Art und Umfang,
- die Festlegung der Abteilungsgliederung (Abteilungsordnung).

Die Zusammenfassung von Stellen unter einer Instanz wird als primäre, die Zusammenfassung von Abteilungen unter einer Instanz als sekundäre Abteilungsbildung bezeichnet[47].

Bei der primären und sekundären Abteilungsbildung sind Qualität und Umfang der Abteilungsaufgabe zu bestimmen. Es geht mithin um die Fragen, welche Arten von Stellenaufgaben ergeben eine Abteilungsaufgabe und wieviele Stellenaufgaben gehen in die Abteilungsaufgabe ein. Die Beantwortung dieser Fragen erfolgt unter der Zielsetzung, „Bildung in sich abgeschlossener und von anderen Abteilungen klar abgegrenzter Abteilungsaufgaben“. Liegt der artmäßigen Bestimmung allein der Sachzusammenhang der Stellenaufgaben zugrunde (gleichartiges Objekt, gleichartige Verrichtungen), so ergeben sich objekt- bzw. verrichtungsspezialisierte Abteilungen.

---

45 vgl. Krasemann, B. J., Aktuelle Daten zur Stellenbeschreibung in der Bundesrepublik, in: ZfO 42. Jg. 1973, S. 94

46 vgl. Bleicher, K., Aufgabengliederung und Abteilungsbildung, in: Organisation, TfB-Handbuchreihe, Bd. 1, a. a. O., S. 213

47 Kosiol, E., a. a. O., S. 175

In der Festlegung des Umfanges der Abteilungsaufgabe findet die artmäßige Bestimmung eine Begrenzung. Bestimmende Faktoren sind hier die Unternehmensgröße, die Beherrschbarkeit der Abteilung durch die Leitungsstelle (Leitungsspanne, ungenau oft auch als Kontrollspanne bezeichnet) und das Wirtschaftlichkeitsprinzip. Diese Faktoren führen dazu, daß einerseits im Hinblick auf die Art der Abteilungsaufgabe heterogene Stellenaufgaben zusammengefaßt werden, daß andererseits die zur Abteilungsaufgabe zusammengefaßten homogenen Stellenaufgaben nur eine Teilmenge der Gesamtmenge gleichartiger Stellenaufgaben ausmachen können. Dieser Tatbestand sei an den folgenden Beispielen verdeutlicht[48].

*Beispiel 1:*
Im Falle kleiner Unternehmen würde die Bildung in sich gleichartiger Abteilungsaufgaben aufgrund des Aufgabenumfanges zu einer Nichtauslastung der übergeordneten Instanz führen. Das Wirtschaftlichkeitsprinzip fordert hier die Zusammenfassung ungleichartiger Stellenaufgaben. Aufgrund dieses Sachverhaltes findet man z. B. in kleineren Unternehmen nur zwei Abteilungen, eine technische und eine kaufmännische. Die kaufmännische Abteilung beinhaltet so heterogene Stellenaufgaben wie Beschaffung, Vertrieb, Finanz- und Rechnungswesen usw.

*Beispiel 2:*
Im Falle eines Großunternehmens wird die Bildung in sich gleichartiger Abteilungsaufgaben aufgrund des Aufgabenumfanges zu einer Nichtbeherrschbarkeit der Abteilung durch die übergeordnete Instanz führen. Die Forderung der Beherrschbarkeit der Abteilung durch die Instanz verlangt hier die Bildung von in sich nicht geschlossenen Abteilungsaufgaben. So bestehen z. B. mehrere Beschaffungsabteilungen nebeneinander, mehrere Forschungsabteilungen, usw. Durch eine weitere Detaillierung des Objektes bzw. der Verrichtung kann versucht werden, in sich geschlossene Abteilungsaufgaben zu bilden. Die erwachsenen Koordinationsprobleme können aber nicht vollständig abgebaut werden.

Bei der sekundären Abteilungsbildung werden die primären Abteilungen zu Abteilungen höherer Ordnung zusammengefaßt. Durch die fortschreitende Vereinigung von Abteilungen niedrigerer Ordnung zu denen höherer Ordnung wird das Unternehmen strukturiert. Den Abschluß dieses Strukturierungsprozesses bildet die Zuordnung von sekundären Abteilungen zur Instanz Unternehmensleitung (Geschäftsführung). Die Anzahl der sich ergebenden Strukturierungsgeschichten (Hierarchieebenen) – als Tiefengliederung der Unternehmung zu bezeichnen – hängt einerseits von der Größe der Unternehmung ab, andererseits von der

48 vgl. Schwarz, H., a. a. O., S. 67 f.

Anzahl der einer Leitungsstelle jeweils zugeordneten Stellen/Abteilungen (Größe der Leitungsspanne). Als Grundlage der Zusammenfassung können sämtliche bereits dargelegten Prinzipien der Zentralisation einzeln oder kombiniert Anwendung finden. Bei der Bestimmung der anzuwendenden Prinzipien sind unter Berücksichtigung der unternehmensindividuellen Gegebenheiten die bereits dargelegten Vor- und Nachteile zu gewichten. Je nach der Form der angewandten Prinzipien kann zwischen einer verrichtungsorientierten, einer objektorientierten, einer personenorientierten oder einer gemischten Form der Unternehmensgliederung unterschieden werden.

Auf die bei der primären und sekundären Abteilungsbildung auftretenden Fragen in Bezug auf die zu bildenden Leitungsstellen wird im nächsten Punkt eingegangen.

Neben der vertikalen Betrachtung der Abteilungsbildung ist auch die koordinative Verknüpfung der Subsysteme (primäre und sekundäre Abteilungen) von Bedeutung. Dieser Gesichtspunkt sei für die reinen Gliederungsformen, verrichtungs-, objekt- und personenorientierte Unternehmensgliederung kurz dargelegt[49]:

Verrichtungsorientierte Unternehmensgliederung:

Die Koordination zwischen den sekundären Abteilungen ist relativ einfach, da die Gliederung an den Objektfluß im Unternehmen anknüpft; daraus folgt eine einfache Gestaltung der Informationswege. Durch den Objektfluß zwischen den Abteilungen ergibt sich eine weitgehende Selbstkoordination.

Objektorientierte Unternehmensgliederung:

Hier entsteht ein erhöhter Koordinationsaufwand. Der Grund liegt darin, daß gleichartige Verrichtungen in unterschiedlichen Abteilungen auf das Gesamtziel der Unternehmung einheitlich ausgerichtet und Doppelarbeiten vermieden werden müssen. Eine verbesserte Wahrnehmung gemeinsamer Aufgaben erreicht man durch die Einrichtung von Zentralstellen im Unternehmen z. B. Zentralverwaltung, Zentralstelle Entwicklung, zentraler Einkauf, usw..

Personenorientierte (trägerorientierte) Unternehmensgliederung:

Es entstehen Schwierigkeiten im Hinblick auf die Koordination. Begründet sind diese einerseits in der Unsicherheit der Zuordnung von

49 Zu den folgenden Ausführungen siehe Bleicher, K., Aufgabenbildung ..... a. a. O., S. 238 ff.

Stellenaufgaben zu Abteilungsaufgaben infolge der unklaren Abgrenzung der Berufsbilder, andererseits in den Gegensätzen zwischen den Angehörigen verschiedener Berufe z. B. zwischen Technikern und Kaufleuten.

In der Praxis werden die auf den einzelnen Strukturierungsstufen gebildeten sekundären Abteilungen unterschiedlich bezeichnet. So schlägt der Arbeitskreis Krähe[50], beginnend mit der obersten Strukturierungsstufe, folgende Bezeichnungen vor: Leitung, Hauptabteilung, Abteilung, Gruppe, Untergruppe. Neben diesen Bezeichnungen werden noch folgende Begriffe in den Unternehmen benutzt: Bereiche, Division, Sachgebiet, Abschnitt, Generalreferat.

### 2132 Instanzenbildung

Die primäre und sekundäre Abteilungsbildung vollzieht sich, wie dargelegt wurde, durch die Unterordnung von Stellen/Abteilungen unter eine Leitungsstelle (Instanz). Die Instanz unterscheidet sich von den zugeordneten Aktionseinheiten durch die ihr übertragende Leitungsaufgabe. Instanzen sind also Stellen mit Leitungsaufgaben.

Die Leitungsaufgabe ist als eine sachbezogene Aufgabenstellung zu verstehen, die durch die drei Komponenten bestimmt wird: Entscheidungs- und Anordnungsbefugnis, schöpferische Eigeninitiative, Eigen- und Fremdverantwortung. Schöpferische Eigeninitiative bedeutet, daß der Aufgabenträger Probleme erkennt und selbständig adäquate Lösungen erarbeitet, also agiert und nicht nur reagiert. Übernahme der Eigen- und Fremdverantwortung beinhaltet, Verantwortung tragen sowohl für die eigene Aufgabenerfüllung als auch für die der untergeordneten Aktionseinheiten. Den Rahmen, auf den sich diese drei Komponenten der Leitungsaufgabe beziehen, ist der Aufgabenkomplex der der Instanz zugeordneten Stellen bzw. Abteilungen. Man ordnet also Entscheidungsaufgaben, die sich auf die zugeordneten Aktionseinheiten beziehen, der Instanz in mehr oder minder großen Umfang zu. Die Ausführungsaufgaben verbleiben im vollen Umfang oder doch zu einem hohen Prozentsatz – entscheidend ist der Grad der Komplexität der Aufgaben – bei den untergeordneten Aktionseinheiten.

50 siehe Arbeitskreis W, Krähe, Aufgaben und Abteilungsgliederung in der industriellen Unternehmung, Köln-Opladen 1950, S. 15

Von der Leitungsaufgabe ist die Führungsaufgabe zu unterscheiden, die mit der Leitungsbeziehung zwischen Vorgesetztem und Untergebenem verknüpft ist. Bei ihr handelt es sich um eine personenbezogene (sozial-humane) Aufgabe. Führen beinhaltet dabei eine zielorientierte Einwirkung auf die personalen Aufgabenträger durch die Entscheidung über Handlungsziele, durch das Motivieren zur Leistung und durch die Koordination vieler Einzelleistungen zu einer Gesamtleistung.

Je nach der Anzahl der die Instanzenaufgabe wahrnehmenden Personen ist zwischen Singular- (Direktorial-) und Plural- (Kollegial-) Instanz zu unterscheiden.

Neben den bereits dargelegten Organisationsprinzipien, die bei der Bildung der primären und sekundären Abteilungen Verwendung finden, sind für die Instanzenbildung noch spezielle Gesichtspunkte zu berücksichtigen. Diese können in zwei Gruppen zusammengefaßt werden, nämlich in die aufgabenträgerorientierten und die aufgabenorientierten Prinzipien[51]. Die aufgabenträgerbezogenen Prinzipien berücksichtigen, unabhängig von einem jeweils konkreten Aufgabenträger, die beiden Komponenten der Leistung, die Leistungsfähigkeit und die Leistungsbereitschaft. Die Leistungsfähigkeit, also die Beherrschbarkeit der Instanzenaufgabe, soll dadurch erreicht werden, daß folgende Gesichtspunkte beachtet werden: räumliche Überschaubarkeit des Aufgabenbereiches, zeitliche Leistungsfähigkeit, Normaleignung des Aufgabenträgers und angemessene Leitungsspanne. Die Leistungsbereitschaft findet Berücksichtigung in den Forderungen nach Schaffung eines homogenen Aufgabenbereiches und der Möglichkeit der Identifikation des Instanzenträgers mit seiner Aufgabe.

Die aufgabenbedingten Prinzipien können formuliert werden als Anpassungsfähigkeit des Aufgabenkomplexes, Wahrung des Wirkungszusammenhanges und Kongruenz zwischen Aufgaben, Kompetenz und Verantwortung (letzteres gilt für alle Aufgabenträger im Unternehmen, sowohl für Instanzen als auch für Realisationsstellen). Die Anpassungsfähigkeit des Aufgabenkomplexes berücksichtigt, daß die Unternehmung ein offenes, dynamisches System ist und Entscheidungen zukunftsbezogenen getroffen werden, d. h. die Instanzenaufgabe muß es dem Instanzenträger ermöglichen, zukünftige Veränderungen in seinen Entscheidungen berücksichtigen zu können. Durch die Wahrung

51 vgl. hierzu und zu den folgenden Ausführungen: Gaugler, E., Instanzenbildung als Problem der betrieblichen Führungsorganisation, Berlin 1966, S. 120 ff.

des Wirkungszusammenhanges soll erreicht werden, daß Entscheidungen einer Instanz nicht durch Entscheidungen anderer Instanzen unterlaufen werden können. Dies kann zur Folge haben, daß gegebenenfalls das Postulat der Einheit der Auftragserteilung durchbrochen werden muß.

Leitungsspanne[51a]

Die im Rahmen der aufgabenträgerbezogenen Prinzipien erwähnte Leitungsspanne bedarf noch einer weitergehenden Erläuterung. Mit der Leitungsspanne, für diese werden auch die weniger zutreffenden Begriffe Kontrollspanne und Subordinationsquote verwandt, wird die Anzahl der einer Instanz/einem Vorgesetzten unmittelbar unterstellten Stellen/Abteilungen erfaßt. Eine zunehmende Leitungsspanne führt zu einem Anwachsen der zu erfüllenden Leitungsaufgabe. Der Umfang der Leitungsaufgabe hängt aber nicht nur von der Zahl der unmittelbar Unterstellten, sondern von weiteren Faktoren ab. U. a. sind dies die Art der Beziehungen zwischen Vorgesetzten und Untergebenen, die Häufigkeit und die Intensität dieser Beziehungen, die Art der zu erfüllenden Aufgaben (Abteilungsaufgabe), die Hierarchiestufe der Instanz, die Entlastung der Instanz durch Leitungshilfsstellen (Assistenten, Stäbe), der Grad der Delegation von Entscheidungen, der angewandte Führungsstil.

Da diese Faktoren sehr komplex sind und z. T. nur einer unzureichenden Quantifizierung zugängig sind, ist eine allgemein gültige Aussage über die Anzahl der unmittelbaren Unterstellungsverhältnisse nicht möglich. Die in der Literatur anzutreffenden Zahlenangaben weichen deshalb auch z. T. erheblich voneinander ab – so werden als optimale Leitungsspanne drei bis sechs, drei bis acht, z. T. auch im Maximum über zehn hinausgehende unmittelbare Unterstellungen genannt. In der Praxis muß daher der Organisator für jede konkrete Situation die vorstehend aufgeführten Faktoren herausarbeiten und gewichten. Aufgrund dieser Vorgehensweise wird er in der Lage sein, eine untragbare Leitungsspanne erkennen und eine befriedigende bestimmen zu können[52].

Willensbildung in den Instanzen

Die Willensbildung in den Instanzen kann zu einem Problem werden, wenn es sich um eine Plural- (Kollegial-) Instanz handelt. Als reine

51a vgl. Müller, W., Leitungspanne, in: Handwörterbuch der Organisation, 2. Aufl., Stuttgart 1980. Sp. 1199 ff. und die dort angegebene Literatur

52 vgl. Hill, W., Fehlbaum, R. Ulrich, P., Bd. 1, a. a. O., S. 219 ff.

Formen der Willensbildung sind das Direktorial- und das Kollegialprinzip zu nennen. Das Direktorialprinzip beinhaltet, daß ein Vorsitzender der Kollegialinstanz die Letztentscheidung trifft, auch gegen den Willen der übrigen Instanzenträger. Das Kollegialprinzip beinhaltet die Entscheidungsfindung auf der Basis einer einfachen oder qualifizierten Mehrheit. Zwischen diesen beiden reinen Formen sind noch Mischformen denkbar. Das Kollegialprinzip entspricht wie der kooperative Führungsstil mehr den humanen Forderungen der Aufgabenträger im Unternehmen. Es findet zunehmend Verwendung in der Praxis.

Wie auch immer die Willensbildung geregelt ist, notwendig ist eine eindeutige Fixierung des Verfahrens der Entscheidungsfindung, um die Kollegialinstanzen entscheidungsfähig zu gestalten (Geschäftsordnung).

2133 Exkurs: Führungsstil

Als ein Bestimmungsfaktor für die Leitungsspanne wurde der Führungsstil der mit Leitungs- und Führungsaufgaben betrauten Person genannt. Aber nicht nur für die Bestimmung der Leitungsspanne, sondern auch in bezug auf die Leistungsbereitschaft der Mitarbeiter ist der Führungsstil von großer Bedeutung. Sucht man einen Indikator für die Auswirkungen des Führungsstils auf die Mitarbeiter, so kann dieser, auch bei zugestandener Ungenauigkeit, in der Beurteilung des Verhältnisses der Untergebenen zu ihren Vorgesetzten gesehen werden. Das Ergebnis einer diesbezüglichen empirischen Untersuchung besagt, daß dieses Verhältnis nur von 27 %–33 % aller erfaßten Personen als zufriedenstellend bezeichnet wird. Dabei sind das Alter, die Stellung im Betrieb (ungelernte Arbeiter, Facharbeiter, leitender Angestellter, u. s. w.) der erfaßten Personen sowie die Betriebsgröße, in der diese tätig sind, nur von geringem Einfluß[53]. Daraus ist zu folgern, daß dem praktizierten Führungsstil für die Wahrnehmung der Führungsaufgabe ein hohes Gewicht zukommt. Ordnet man die Führungsmittel, die die Art des Führungsvollzugs charakterisieren, den beiden Grenztypen der Führungsstile, autokratischer (autoritärer) und kooperativer (demokratischer) Führungsstil zu, so ergibt sich folgender Zusammenhang[54]:

53 vgl. Handelsblatt vom 5. 2. 74
54 vgl. Bornemann, E., Betriebspsychologie, Wiesbaden 1967, S. 97 ff.

*Abb. 13:*
Führungsstil, Führungsmittel und Motive des Folgens*)

| Führungsstil | Führungsmittel | Motive des Folgens |
|---|---|---|
| | Gewalt → | Zwang |
| | Drohen mit Gewalt → | Angst, Sorge |
| | In seelischen Notstand versetzen → | Hörigkeit |
| | Suggestion → | Im Bann stehen |
| | Imponieren → | Einschüchterung oder Bewunderung |
| Autoritär | Berufung auf Amtsstellung → | Gehorsam und Ergebung |
| | Berufung auf Amtsaufgabe → | Dienstauffassung, Pflicht |
| | Versprechung von Belohnungen → | Erwerbsstreben |
| | Versprechen von Auszeichnungen → | Geltungsstreben |
| | Persönliche Fürsorge → | Dankbarkeit, Treue |
| | Persönliche Bitte, ins Vertrauen ziehen → | Hilfsbereitschaft, Verantwortung, |
| | Menschliches Vorbild → | Ehrfurcht |
| | Idealisierung der Aufgabe → | Begeisterung |
| | Offenlegung der Motive → | Vertrauen |
| | Vertrauen in den anderen setzen → | Sich des Vertrauens würdig erweisen |
| | Sachliche Orientierung und Begründung → | Einsicht, Mitverantwortung |
| Kooperativ | Gemeinsame Beratung → | Eigener Entschluß, eigene Mitverantwortung |

*) entnommen aus: Pausenberger, E., Führungsstile, in: Organisationsleiter-Handbuch, hrsg. von Degelmann, A., 2. Aufl., München 1972, S. 170;

Der Vergleich der Führungselemente der beiden Grenztypen (vgl. Abb. 14, S. 86/87) zeigt, daß der kooperative Führungsstil den humanen Forderungen der im Unternehmen tätigen personalen Aufgabenträger entspricht. Dies gilt insbesondere für den Verwaltungsbereich der Unternehmen. Diese Beurteilung stimmt mit der herrschenden Lehre in der Fachliteratur überein und wird durch den in der Praxis zu verzeichnenden Wandel des Führungsverhaltens hin zum kooperativen Führungsstil bestätigt.

Es ist jedoch davon auszugehen, daß die aufgezeigten Grenztypen in der Realität nicht auffindbar sind. Feststellbar sind nur Führungsformen, die eine unterschiedliche Anzahl von Elementen des einen oder des anderen Grenztyps aufweisen. Zudem ist zu beachten, daß ein einheitlicher, genau normierter Führungsstil für die gesamte Unternehmung weder erreichbar noch zweckmäßig ist. Dies ist bedingt durch die Individualität der im Unternehmen Tätigen, d. h. einerseits, daß die Mitarbeiter unterschiedlich auf ein und denselben Führungsstil reagieren, andererseits die mit Führungsaufgaben betrauten personalen Aufgabenträger durch ihr Führungsverhalten die Ausprägung des Führungsstils mitbestimmen. Trotz dieser Faktoren sollte der Organisator bei seiner Organisationsarbeit bemüht sein, die Voraussetzungen für den Einsatz des kooperativen Führungsstils zu schaffen. Diese sind in einer entsprechenden Aufgabensynthese und Abteilung/Instanzenbildung zu sehen.

### 2134 Leitungshilfsstellen

Das Problem, ein größeres Unternehmen mit einem Minimum an Reibungsverlusten zu führen und zu leiten, ist nicht allein lösbar durch eine sach- und personengerechte Instanzenbildung, sondern bedarf des Einsatzes weiterer Instrumente wie z. B. in der Form von Leitungshilfsstellen. Als solche sind u. a. zu nennen: Assistenten, Stäbe, Ausschüsse, Kommissionen. Diese Aktionseinheiten nehmen Teile der Leitungsaufgaben wahr; sie können Mitsprache- und auch Mitentscheidungsrechte zugewiesen bekommen.

Aufgrund seiner Bedeutung soll im folgenden der Stab als eine spezielle Form der Leitungshilfsstelle untersucht werden.

#### Charakterisierung der Stabstelle[54a]

Die Stabsstelle ist eine nicht weisungsbefugte Aktionseinheit, die einer Instanz zugeordnet ist und diese bei der Erfüllung ihrer Leitungsaufgabe fachlich unterstützt. Der Stab entlastet die Instanz in quantitativer, qualitativer und personeller Hinsicht.

Die Stabsstelle ist damit durch die drei auf Seite 88 folgenden Merkmale charakterisiert:

54a Die Einrichtung von Stabsstellen ist ein in der Organisationsliteratur und -praxis sehr umstrittenes Konzept. siehe: Staerkle, R., Stabsstellen, in: Handwörterbuch der Organisation, 2. Aufl., Stuttgart 1980, Sp. 2097 ff., insbesondere Sp. 2102 ff.

Die Stilausprägungen lassen sich anhand der einander gegenübergestellten Führungselemente charakterisieren:

*Abb. 14:*

Führungselemente der Grenztypen autoritärer und kooperativer Führungsstil*)

| autoritärer (autokratischer) Führungsstil | kooperativer (demokratischer) Führungsstil |
|---|---|
| *Art des Führungsleitbildes* | |
| Der Führer ist der Herr, die Geführten sind Untergebene und Gefolgsleute. | Der Führer ist Lenker und Koordinator einer Kooperation, die Geführten sind Mitarbeiter und Partner. |
| *Autoritätsbasis* | |
| *Institutionelle Autorität* irrational (weltanschaulich religiös) fundiert, ihr zu dienen, ist moralisch wertvoll. Autorität wird als Institution von hohem sittlichen Eigenwert aufgefaßt. | *funktionelle Autorität* sachrational aus den Notwendigkeiten der Kooperation und den Fähigkeiten des Führers (Sachverstand, Menschenkenntnis) abgeleitet. Autorität wird als notwendige Funktion aufgefaßt. |
| *Unterstellungen über Mitarbeiter* | |
| Sie haben eine Abneigung gegen die Arbeit. Es fehlt ihnen an Intelligenz, ihre Arbeit selbst einzuteilen (Zentralisation als Folge) | Sie finden Erfüllung in der Arbeit, wenn ihre persönlichen Ziele gleichzeitig realisierbar sind. Die Mitarbeiter sind hinreichend intelligent, selbst den jeweils besten Weg zu einer Lösung zu finden. |
| *Organisationsgrad* | |
| Konkretisierungsgrad der Aufgaben: hoch. Detaillierte Festlegung der Aufgabenerfüllung. | Konkretisierungsgrad der Aufgaben: gering. Nur Rahmenregeleung (Zielvorgaben) für die Aufgabenerfüllung. |
| *Umfang der Aufgabendelegation* | |
| Die Führung delegiert nur Ausführungsaufgaben und -verantwortungen (Weisungsaufgaben im Sinne von Befehlsweitergabe eingeschlossen), aber keine Planungs-, Entscheidungs- und Kontrollaufgaben (Verantwortungen). | Neben Ausführungsaufgaben (-verantwortungen) werden auch Planungs-, Entscheidungs- und Kontrollaufgaben (-verantwortungen) delegiert. Die oberste Führung behält sich in diesen Bereichen nur Dienstaufsicht und Erfolgskontrolle vor. |
| *Entscheidungsvorbereitung* | |
| Die Führung weiß und kann alles besser als die Untergebenen. Deswegen kann grundsätzlich auf Besprechung und Beratung mit ihnen verzichtet werden. | Die Führung ist, um zu einer sachgerechten Entscheidung zu kommen, auf die Mitwirkung der Mitarbeiter angewiesen. Deswegen wird der Einsatz von Koordinationsmitteln zwangsläufig (Stäbe, Kollegien). |

*Entscheidungsbildung*

| | |
|---|---|
| Der Führer koordiniert durch Einzelentscheidungen. Singularinstanzen sind typisch (Direktorialprinzip). | Der Führer koordiniert durch Einschaltung der Mitarbeiter in den Entscheidungsprozeß. Dies kann organisatorisch durch die Bildung von Pluralinstanzen erzwungen sein. Wenn die demokratische Führung voll akzeptiert wird, kommt es auch ad hoc zu mehrheitlicher Beschlußfassung in Entscheidungskollegien (Kollegialprinzip). |

*Durchsetzung der Entscheidung*

| | |
|---|---|
| Mittel zur Entscheidungsdurchsetzung (Entscheidungsrealisation) ist der Befehl. Einwendungen sind grundsätzlich unstatthaft, da die Führung a priori über die höhere Einsicht verfügt. | Hier dient ein Auftrag der Entscheidungsrealisation. Einwendungen sind grundsätzlich statthaft und führen, falls sie begründet sind, zur Abänderung des Auftrages. |

*Leitungsbeziehungen – Unterstellungsverhältnisse*

| | |
|---|---|
| Klare, streng hierarchische Unterstellungsverhältnisse werden als allein möglich betrachtet. Daraus ergibt sich eine Isolierung des einzelnen Mitarbeiters. Da außer Gehorsam und Pflichterfüllung von der Masse der Untergebenen nichts erwartet wird, versucht man, die Autorität auf diese Weise abzusichern und den Gehorsam zu erzwingen. | Auflockerung der hierarchischen Bezüge, die durch informale Beziehungen teilweise überdeckt, teilweise völlig substituiert werden. Abweichungen vom Organisationsplan werden solange toleriert, wie keine Störung des Arbeitsablaufes und keine Verminderung des Arbeitserfolges eintritt. |

*Kontrollformen*

| | |
|---|---|
| Ausgeprägte sachliche Kontrolle, keine Überprüfung der Führungstätigkeit. Sachliche Kontrolle bis ins Detail (alles läuft über den Tisch des Vorgesetzten). | Kontrolle ist auch beim kooperativen Führungsstil unabdingbare, nicht-delegierbare Funktion des Vorgesetzten. Sie sichert die Führung des delegierten Bereiches. Neben der sachlichen wird auch eine führungsbezogene Kontrolle vorgenommen. |

*Arbeitsbeziehungen (Kommunikation)*

| | |
|---|---|
| Die Untergebenen werden nur über das Notwendigste informiert. Bezeichnend ist der Ausdruck „Tagesbefehl" für die für notwendig gehaltene Information. | Informationen dienen als Führungsmittel. Sie werden durch die Delegation der Verantwortung erzwungen. Nur so kann der Zusammenhang zwischen den Delegationsbereichen gesichert werden. |

*) entnommen aus Bleicher, K., Führungsstile, Führungsformen und Organisationsformen, in: Zeitschrift für Organisation 38. Jg. 1969, S. 32

- sie ist eine Leitungshilfsstelle; sie kann nicht ohne Anbindung an eine Instanz existieren;
- sie erfüllt eine abgeleitete Leitungsaufgabe;
- sie besitzt keine Anweisungsbefugnis außerhalb der eigenen Stabsstelle bzw. der Stabshierarchie.

Stabsstellen können Instanzen aller Hierarchiestufen zugeordnet werden. Sie können zudem eine eigene Stabshierarchie bilden, d. h. Stabsstellen der höheren Instanz besitzen ein fachliches, gegebenenfalls auch ein disziplinarisches Weisungsrecht gegenüber den Stabsstellen nachgeordneter Instanzen.

Funktionen des Stabes

Der Stab kann alle Teilfunktionen der Leitungsaufgabe einer Instanz übernehmen, die einer Entscheidung vor- bzw. nachgelagert sind.

Die einer Entscheidung vorgelagerten Funktionen umfassen:

- Sammeln und Aufbereiten von Informationen,
- Weitergabe der Informationen,
- Erarbeitung relevanter Entscheidungsalternativen,
- Präsentation der relevanten Entscheidungsalternativen.

Die einer Entscheidung nachgelagerten Funktionen umfassen:

- Erarbeitung von Anweisungen und Unterlagen für die Realisierung der Entscheidung;
- Koordinierung der an der Aufgabenerfüllung beteiligten Stellen;
- Überwachung der Realisationsaufgaben.

Stabsarten

Nach der Art der übertragenen abgeleiteten Leitungsaufgaben, der Zusammensetzung und der Dauer können die Stäbe wie folgt unterschieden werden:

*Formale Gliederung:*

| | |
|---|---|
| generalisierter Stab | – der Stab unterstützt die Instanz bei allen anstehenden Aufgaben, |
| spezialisierter Stab | – der Stab nimmt nur einen Teil der möglichen Funktionen wahr, |

*Funktionale Gliederung:*

| | |
|---|---|
| Informationsstab | – Sammlung, Aufbereitung und Weitergabe der Informationen, |
| Beratungsstab | – Erarbeitung von relevanten Entscheidungsalternativen aufgrund gesammelter und aufbereiteter Informationen, |
| Planungsstab | – Erarbeitung kurz-, mittel- und langfristiger Planungsunterlagen, |
| Kontrollstab | – Entwicklung von Kontrollplänen, -methoden und -verfahren; Überwachung der Realisationsmaßnahmen, |

*Personale Gliederung:*

| | |
|---|---|
| einfacher Stab | – die Stabsaufgabe wird von einer Person wahrgenommen, |
| zusammengesetzter Stab | – mehrere Personen sind Mitarbeiter der Stabsstelle, |

*Zeitliche Gliederung:*

| | |
|---|---|
| ständiger Stab | – der Stab ist eine auf Dauer eingerichtete Aktionseinheit, |
| vorübergehender Stab | – die Existenz des Stabes ist zeitlich begrenzt. |

Diese Gliederungskriterien schließen sich nur teilweise gegenseitig aus. Sie dienen der genauen Kennzeichnung eines Stabes. So kann z. B. der Assistent eines Unternehmensleiters als ein generalisierter, einfacher und ständiger Stab bezeichnet werden.

Zu diesen vorstehend aufgeführten Kriterien kann zur weiteren Kennzeichnung des Stabes die Sachaufgabe der Instanz ergänzend hinzutreten, z. B. Forschungsstab, Beschaffungsstab.

Die Effizienz der Stäbe hängt im entscheidenden Maße von der Qualität der Zusammenarbeit mit den Instanzen ab. Probleme im Rahmen dieser Zusammenarbeit können einerseits durch die hohe Qualifikation (Spezialisierung) der Mitarbeiter des Stabes bei fehlender Entscheidungsbefugnis entstehen, andererseits durch die starke Beeinflussung der Entscheidung aufgrund der Fachautorität des Stabes ohne primäre Verantwortung.[54b]

*Literatur*


| | |
|---|---|
| Bleicher, K., | Aufgabengliederung und Abteilungsbildung, in: Organisation, 1. Bd. der TFB-Handbuchreihe, hersg. von Schnaufer, E. und Agthe, K., Berlin · Baden-Baden 1961, S. 197 ff., |
| ders. | Grundsätze der Organisation, in: Organisation, 1. Bd. der TFB-Handbuchreihe, hersg. von Schnaufer, E. und Agthe, K., Berlin · Baden-Baden 1961, S. 149 ff., |
| ders. | Führungsstile, Führungsformen und Organisationsformen, in: Zeitschrift für Organisation, 38. Jg., 1969, S. 31 ff. |
| Frese, E. | Aufbauorganisation, Gießen 1976, S. 135 ff. |
| Fuchs-Wegner, G., | Organisationsprinzipien, In: Handwörterbuch der Organisation, 2. Aufl., Stuttgart 1980, Sp. 1740 ff. |
| Gaugler, E., | Instanzenbildung als Problem der betrieblichen Führungsorganisation, Berlin 1966 |
| Hill,W.,Fehlbaum, R., Ulrich, P., | Organisationslehre, 2 Bde, Bern und Stuttgart 1974, Bd. 1, S. 56 ff., S. 219 ff., |
| Kosiol, E., | Organisation der Unternehmung, 2. Aufl., Wiesbaden 1976, S. 76 ff., |
| Müller, H., Schreyögg, G., | Das Stab-Linie-Konzept, in: WiSt, 11. Jg. 1982, S. 205 ff. |
| Schneider, P., | Kriterien der Subordinationsspanne, Berlin-München 1972. |
| Staerkle, R., | Stabstellen, in: Handwörterbuch der Organisation, 2. Aufl., Stuttgart 1980, Sp. 2097 ff. |
| Ulrich, H., | Kontrollspanne und Instanzenaufbau, in: Organisation, 1. Bd. der TFB-Handbuchreihe, hersg. von Schnaufer, E. und Agthe, K., Berlin · Baden-Baden 1961. S. 267 ff. |
| von Rosenstiel, L., Molt, W., Rüttinger, B., | Organisationspsychologie, 2. Aufl., Stuttgart 1972 |
| Wittlage, H., | Methoden und Techniken praktischer Organisationsarbeit, Herne-Berlin 1980, S. 104 ff., 123 ff. |


54b Zum Stab-Linienkonflikt und zu dessen Lösungsmöglichkeiten siehe: Müller, H., Schreyögg, G., Das Stab-Linie-Konzept, in: WiSt, 11. Jg., 1982 S. 205 ff.

## 214 Fallstudie 3:

## Die Unternehmung Goldener Stern GmbH

### 1. Das Unternehmen Goldener Stern GmbH

Die Firma „Goldener Stern“ GmbH stellt Putzmittel der Marke „Super Blank“ her. Der Vertrieb des Markenartikels erfolgt über den Großhandel. Der Außendienst – bestehend aus 42 Reisenden, die direkt dem Vertriebsleiter (VL) unterstellt sind – hat die Aufgabe, Groß- und Einzelhandelsfirmen für den Verkauf des Produktes zu gewinnen und den Kontakt zu den bereits vorhandenen Kunden aufrechtzuerhalten. Jeder Reisende hat ein eindeutig geographisch abgegrenztes Verkaufsgebiet zu bearbeiten. Für Aufträge, die die Reisenden von Einzelhändlern erhalten, bekommen sie keine Provision. Die zuständige Großhandelsfirma des Verkaufsgebietes führt die entsprechenden Lieferungen durch. Die Reisenden erhalten ein festes Gehalt. Um einen Leistungsanreiz für die Reisenden zu schaffen, wird diesen ein Umsatzsoll vorgegeben. Bei Erreichen bzw. Überschreiten dieses Umsatzes werden Sonderprämien gewährt.

Die Marktsituation wird als günstig bezeichnet. Trotz starker Konkurrenz konnte der Umsatz in den letzten Jahren gesteigert werden. Die Personalentwicklung im Innendienst zeigte aber bei den Korrespondenten, Hilfssachbearbeitern und Schreibkräften ein überproportionales Wachstum im Vergleich zum Umsatz.

| | | Personal Innendienst*) | | | |
|---|---|---|---|---|---|
| Jahr | wertmäßiger Umsatz 1979 = 100 | Korrespondenten Hilfssachbearbeiter, Schreibkräfte | Versand | Gesamt | Personalbestand Gesamt 1979 = 100 |
| 1979 | 100 | 10 | 7 | 17 | 100 |
| 1980 | 140 | 16 | 11 | 27 | 159 |
| 1981 | 190 | 26 | 13 | 39 | 229 |
| 1982 | 250 | 42 | 15 | 57 | 335 |

*) Ausschließlich Vertriebsleiter und Sekretariat (1 Sekretärin, 1 Schreibkraft)

Die Stellengliederung des Vertriebsbereiches zeigt zum Zeitpunkt der Untersuchung das folgende Organisationsschaubild:

*Abb. 15:*
Struktur des Vertriebsbereiches

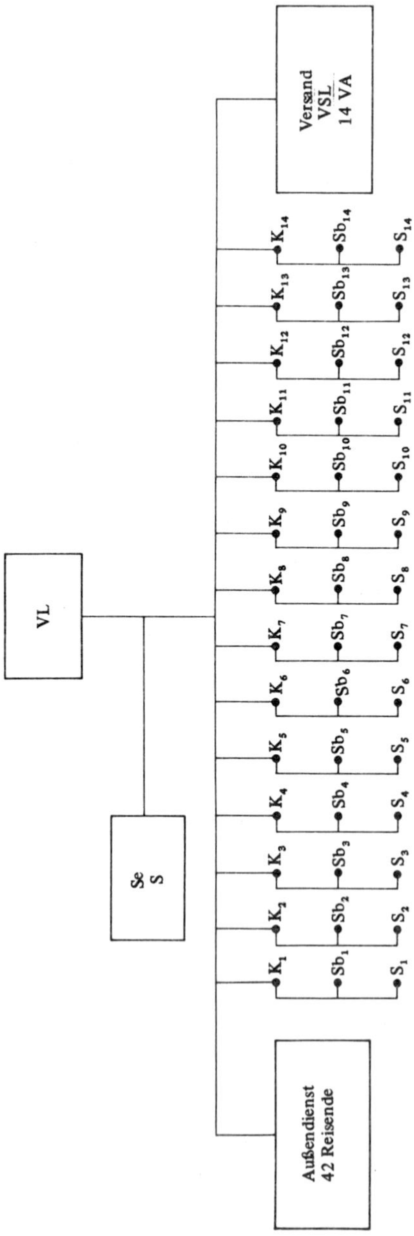


VL = Vertriebsleiter
Se = Sekretärin
S = Schreibkraft Sekretariat
VSL = Leiter Versand
VA = Versandarbeiterinnen

$K_1 \ldots K_{14}$ = Korrespondenten 1 – 14
$Sb_1 \ldots Sb_{14}$ = Hilfssachbearbeiter 1 – 14
$S_1 \ldots S_{14}$ = Schreibkräfte 1 – 14

Erläuterung:

- Die Reisenden sind direkt dem VL unterstellt.
- Die Korrespondenten sind direkt dem VL unterstellt.
- Jedem Korrespondenten sind ein Hilfssachbearbeiter und eine Schreibkraft zugeordnet.
- Jeder Korrespondent bearbeitet die Verkaufsbereiche von drei Reisenden, die fest zugeordnet sind.
- Dem Versandleiter unterstehen vierzehn Versandarbeiterinnen.

2. Organisationsproblem

Der Vertriebsleiter (VL) kennzeichnet die Probleme in seinem Bereich wie folgt:

- Die Leistungsbereitschaft seiner Mitarbeiter im Innendienst sowie die Kennzahlen Umsatz/Beschäftigter und Umsatz/Personalkosten sind rückläufig.
- Unproduktive und unrationelle Abwicklung der Korrespondenz- und Schreibarbeit.
- Ungleiche Auslastung der Korrespondenten und der ihnen zugeordneten Mitarbeiter.
- Der VL ist durch die Vielzahl der direkt Unterstellten überlastet.
- Die Mitarbeiter sind mit den mangelnden Aufstiegschancen unzufrieden.

3. Organisationsauftrag

Die Organisationsabteilung des Unternehmens Goldener Stern GmbH bekommt von der Geschäftsleitung den Auftrag, die vom Vertriebsleiter festgestellten Schwierigkeiten auf ihre Richtigkeit hin zu untersuchen. Weiterhin sind entsprechende Reorganisationsmaßnahmen vorzuschlagen, durch die die festgestellten Mängel beseitigt werden können und die Effizienz des Vertriebsbereiches erhöht werden kann.

4. Untersuchungsergebnis

Die Organisationsabteilung kommt aufgrund der Istuntersuchung und der Istkritik zu folgendem Ergebnis:

a) Die Schriftgutanalyse ergibt, daß der Zeitaufwand für den Schriftverkehr der Korrespondenten und der Hilfssachbearbeiter durch die Einführung von Schemabriefen und durch den Einsatz von Diktiergeräten vermindert werden kann. Weiterhin können Verlustzeiten abgebaut werden, da die Schreibkräfte z. T. nicht voll ausgelastet sind und Arbeitsstreckungen vornehmen (erkennbar an den ermittelten niedrigen Anschlagleistungen). Eine entsprechende Berechnung ergibt, daß die gesamte Schreibarbeit im Korrespondenzbereich bei entsprechender Reorganisation von 8 Schreibkräften erledigt werden kann.

b) Die Aufgabenerhebung sowie die Zeitaufnahmen ergaben folgende Werte:

Korrespondenten:

Istbearbeitungszeit lt. Aufgabenerhebung für Anfrage-, Auftrags- und Reklamationsbearbeitung = 2.100 Std/Monat, Istzeit für Verschiedenes lt. Aufgabenerhebung = 605 Std/Monat, Netto-Sollbearbeitungszeit lt. Zeitaufnahme:

| | |
|---|---|
| Anfragebearbeitung | = 2 Std/Anfrage |
| Auftragsbearbeitung | = 1 Std/Auftrag |
| Reklamationsbearbeitung | = 0,5 Std/Reklamation. |

Hilfssachbearbeiter:

Istbearbeitungszeit lt. Aufgabenerhebung für Anfrage-, Auftrags- und Reklamationsbearbeitung = 1.859 Std/Monat, Istzeit für Verschiedenes lt. Aufgabenerhebung = 605 Std/Monat, Netto-Sollbearbeitungszeit lt. Zeitaufnahme:

| | |
|---|---|
| Anfragebearbeitung | = 1,5 Std/Anfrage |
| Auftragsbearbeitung | = 0,75 Std/Auftrag |
| Reklamationsbearbeitung | = 1,0 Std/Reklamation. |

Mengen:

| | |
|---|---|
| Anfragen/Monat | = 200 |
| Aufträge/Monat | = 500 |
| Reklamationen/Monat | = 40 |

Verteilzeitfaktor:
NVZ (Normalverteilzeit) = 1,48 = 1,20 x 1,12 x 1,1;
1,2 = Faktor für die vergessenen und Nebenarbeiten,
1,12 = Faktor für Ermüdung und Erholung,
1,1 = Faktor für die Ausfallstunden,
Tarifliche Arbeitszeit: 176 Std/Monat

c) Aufgrund der vorliegenden Abteilungsstruktur ist der Vertriebsleiter durch die Vielzahl der direkt Unterstellten überlastet. Er kann seine eigentlichen Führungs- und Leitungsaufgaben nicht mit dem erforderlichen Zeitaufwand wahrnehmen. Ferner bestehen für die Mitarbeiter im Vertriebsbereich, dies gilt sowohl für den Außendienst als auch für die Korrespondenten, praktisch keine Aufstiegschancen. Ihre abnehmende Leistungsbereitschaft ist z. T. hierauf zurückzuführen.

5. Fragen zur Fallstudie

a) Berechnen Sie den Personalbedarf an Korrespondenten und Hilfssachbearbeitern nach der folgenden Formel (Rosenkranzsche Formel):

$$\text{Personalbedarf} = \frac{\sum_{i=1}^{n} (\phi\ \text{Menge i} \times \phi\ \text{Zeit i})}{\text{Zeit/Angestellter}} \times \text{NVZ} + \frac{\text{Zeit für Verschiedenes}}{\text{Zeit/Angestellter}} \times \frac{\text{NVZ}}{\text{TVZ}},$$

| | | |
|---|---|---|
| $\phi$ Menge i | = | Zahl der Geschäftsvorfälle i des Betrachtungszeitraums, |
| $\phi$ Zeit i | = | Bearbeitungszeit auf der Basis der Zeitaufnahme (Netto-Sollzeit) für die Geschäftsvorfälle i, |
| i | = | 1–n; die verschiedenen Arten von Geschäftsvorfällen, die beginnend mit 1 durchlaufend numeriert werden, |
| Zeit/Angestellter | = | betriebliche Arbeitszeit lt. Tarif oder Individualvertrag, bezogen auf den Betrachtungszeitraum, |
| Zeit für Verschiedenes | = | Zeiten für Arbeiten, für die keine Zeitaufnahmen gemacht werden (Istzeiten), |
| NVZ | = | Notwendiger Verteilzeitfaktor; durch ihn werden berücksichtigt: Ermüdung, Erholung, Ausfallstunden aufgrund von Krankheit, Urlaub und Betriebsversammlungen, ferner vergessene Arbeiten und Nebenarbeiten, |
| TVZ | = | Tatsächlicher Verteilzeitfaktor; er ergibt sich aus dem Verhältnis der lt. Aufgabenerhebung für die zu bearbeitenden Geschäftsvorfälle angegebenen Bearbeitungszeit zu der aufgrund der Zeitmessung notwendigen Bearbeitungszeit. |

b) Wie hoch ist der Personalüberbestand an Korrespondenten und Hilfssachbearbeitern?

c) Entwickeln Sie einen Vorschlag für die Reorganisation des Vertriebsbereiches und begründen Sie Ihre Sollkonzeption. Beachten Sie dabei die unter a) errechnete Beschäftigtenzahl.

Für die Wahrnehmung von Leitungsaufgaben kann ein Teil des Personalüberbestandes eingesetzt werden.

Die Antworten finden Sie auf Seite 213 ff.

## 215 Fallstudie 4:

## Die Firma Sakiemö GmbH

### 1. Die Firma Sakiemö GmbH

Die Firma Sakiemö GmbH gehört zur Stein- und Erdenbranche. Das Produktionsprogramm umfaßt die Gewinnung und marktgerechte Aufbereitung von Sand und Kies, die Weiterverarbeitung zu Mörtel und Fertigbeton sowie den Transport der Erzeugnisse zu den Abnehmern.

Nach Gründung der Unternehmung im Jahre 1949 war der Unternehmer W. Newöl, der das Unternehmen noch heute persönlich leitet, bestrebt, durch den Aufbau von einander im Fertigungsbereich unabhängigen Werken die Existenz des Unternehmens zu sichern, da es branchenspezifisch schwer, wenn nicht gar unmöglich ist, die Lebensdauer des Betriebes, bedingt durch Rohstoffvorkommen, Nachfrage und behördliche Auflagen, abschätzen zu können. Für alle übrigen Funktionen (Unternehmensbereiche) strebte er eine Betriebsstätten unabhängige Durchführung an (Zentralisation).

Das Unternehmen besteht heute aus drei Werken, beschäftigt insgesamt rd. 115 Mitarbeiter und hat einen Umsatz von ca. DM 10 Mio. p. a..

### 2. Problemstellung

Der Unternehmer W. Newöl führt und leitet das Unternehmen seit der Gründung in unveränderter Art und Weise. Alle Entscheidungen werden von ihm persönlich getroffen bzw. bedürfen seiner ausdrücklichen Zustimmung. Dies gilt insbesondere für alle Personalentscheidungen. Daneben sind alle Funktionen, mit Ausnahme der Fertigung, weitgehend am Standort der Geschäftsleitung in der Großstadt D zentralisiert. Die Standorte der drei Werke sind hiervon bis zu 30 km entfernt.

*Abb. 16:*
Organigramm der Firma Sakiemö GmbH

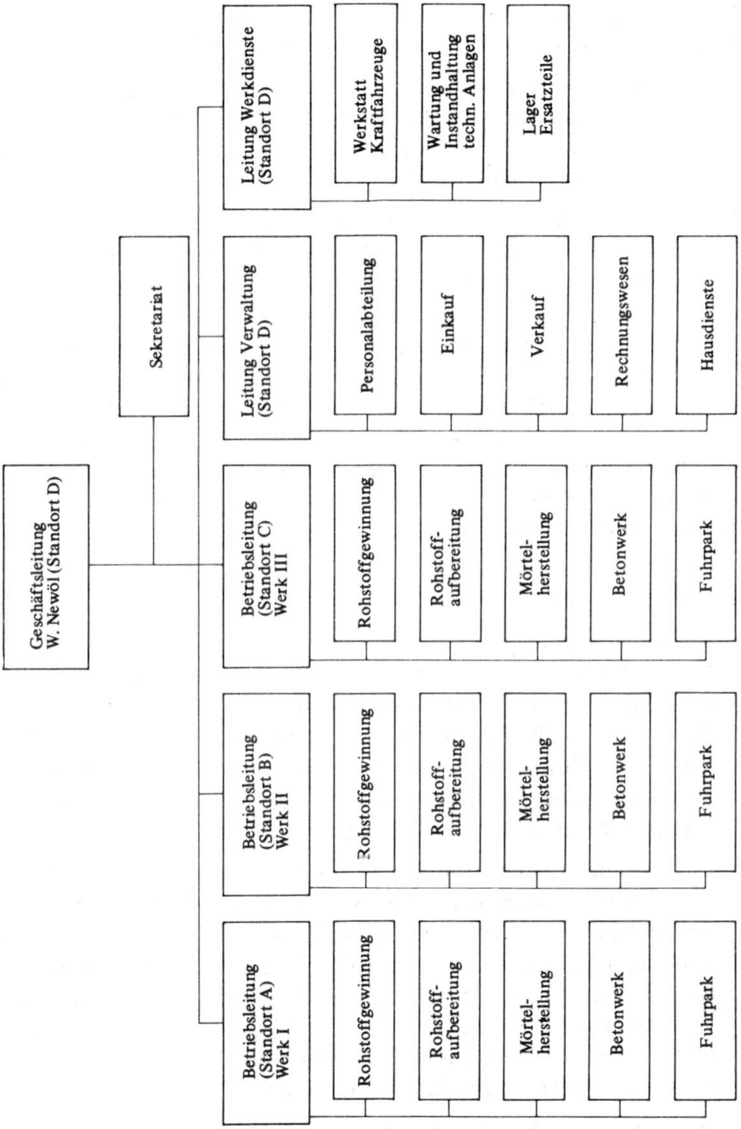

Die Stellengliederung und die Unterstellungsverhältnisse sind im Organisationsschaubild auf der Seite 97 dargestellt (Abb. 16).

Der Sohn des Unternehmers, A. Newöl, tritt nach Abschluß seines betriebswirtschaftlichen Studiums und einer längeren Tätigkeit in einem Industrieunternehmen in die Firma ein, die er nach dem Ausscheiden seines Vaters weiterführen soll.

Nach einem mehrwöchigen Durchlauf durch alle Abteilungen des Unternehmens, bei dem er in allen Aufgabenbereichen mitgearbeitet und somit die dort auftretenden Probleme selbst kennengelernt hat, ist er zu der Überzeugung gelangt, daß das Unternehmen, soll es weiterhin erfolgreich tätig sein, reorganisiert werden muß. Der Unternehmer W. Newöl, von seinem Sohn auf diese Notwendigkeit hin angesprochen, steht diesen Überlegungen zwar skeptisch, jedoch nicht ablehnend gegenüber, verlangt aber vor einer Diskussion dieser Frage einen ausführlichen Untersuchungsbericht. Dieser soll die gegenwärtigen und auch die zukünftigen Schwierigkeiten, soweit sie heute bereits erkennbar sind, ausführlich darlegen.

Nach einer entsprechenden Zeitspanne legt A. Newöl einen Untersuchungsbericht vor, der im wesentlichen folgende Punkte beinhaltet:

a) Alle Entscheidungen im Unternehmen werden von einer Person, dem Unternehmer W. Newöl, getroffen bzw. bedürfen seiner ausdrücklichen Zustimmung. Dadurch ergibt sich das ungelöste Problem, wer diese Entscheidungsaufgaben wahrnehmen soll, wenn der Unternehmer W. Newöl infolge Krankheit oder Tod nicht mehr entscheiden kann. Die Funktionsfähigkeit des Unternehmens ist mithin einseitig abhängig von einer Person.

b) Die Entscheidungszentralisation beim Unternehmer W. Newöl hat zur Folge, daß die Mitarbeiter der zweiten Ebene – Betriebsleiter, Leiter der Verwaltung, Leiter der Werkdienste – keine Führungs- und Leitungsaufgaben, sondern lediglich Realisationsaufgaben wahrnehmen. Eigeninitiative ist kaum feststellbar. Dazu kommt mangelndes Verantwortungsbewußtsein und fehlende Verantwortungsbereitschaft. Qualifizierte Mitarbeiter der zweiten Ebene verlassen nach der Einarbeitungszeit häufig das Unternehmen.

c) Das Treffen von Entscheidungen ist infolge der Zentralisation zeitaufwendig. Dies gilt insbesondere für reine Bereichsentscheidungen, die von den Mitarbeitern der zweiten Ebene aufgrund ihrer Informationen sachgerecht getroffen werden könnten. Diese Entscheidungen bzw. die Zustimmung zu diesen behält sich aber die Geschäftsleitung vor.

d) Es fehlt eine genaue Festlegung der Aufgabenbereiche für die Mitarbeiter der zweiten Ebene. Insbesondere ist nicht fixiert, welche Entscheidungen nur von der Unternehmensleitung getroffen werden können und welche einer ausdrücklichen Zustimmung bedürfen. Weiterhin ergeben sich Schwierigkeiten im Hinblick auf die Zuständigkeit bei Reperaturen und Instandhaltungen zwischen den Betriebsleitern und dem Leiter Werkdienste.

e) Die Personalbeschaffung für die Fertigungsbereiche gestaltet sich sehr schwierig, da die Personalabteilung am Standort D zentralisiert ist. Telefonisch können die auftretenden Probleme oftmals nicht gelöst werden, zum anderen sind die Entscheidungen kurzfristig zu treffen. Zusätzliche Schwierigkeiten ergeben sich durch das Eingreifen der Geschäftsleitung in Personalentscheidungen.

f) Die Reparaturen und die Instandhaltungen der Maschinen und technischen Anlagen gestalten sich immer schwieriger. Die Zentralisierung der Werkdienste am Standort D bedingt Anfahrtzeiten für das entsprechende Fachpersonal bis zu einer Stunde aufgrund der schlechten Verkehrsverhältnisse. Selbst kleine Reparaturarbeiten führen z. T. zu Stillstandszeiten von Stunden und damit zu Produktionsausfällen und nicht termingerechter Belieferung der Kunden.

g) Der Fuhrpark der drei Werke weist nur eine relativ geringe Fahrtleistung (km/Zeit) auf, da er jeweils auf die Spitzenbelastung des einzelnen Werkes ausgelegt ist. Eine zentrale Disposition der Kraftfahrzeuge wird nicht durchgeführt. So ergibt es sich, daß in einem Werk unausgelastete Transportkapazitäten vorhanden sind, während in einem anderen Werk Transportkapazitäten fehlen.

h) Die Zentralisierung des Ersatzteillagers am Standort D führt zwar einerseits zu einer relativ niedrigen Kapitalbindung, andererseits aber zu einer zeitaufwendigen Versorgung der Werke, auch mit laufend benötigten und geringwertigen Ersatzteilen. Produktionsausfälle sind z. T. die Folge.

i) Die Werkleiter besitzen ein mangelndes Kostenbewußtsein. Eine aussagefähige Kostenrechnung ist nicht vorhanden. Die Werkleiter werden zwar auf Unwirtschaftlichkeiten hingewiesen, aber die entsprechenden Ursachen werden ihnen nicht mitgeteilt. Eine Überprüfung der angemahnten Unwirtschaftlichkeiten seitens der Werkleiter ist infolge fehlender Informationen und Unterlagen nicht möglich.

j) Der Unternehmer W. Newöl erscheint des öfteren in den Werken, trifft dort Entscheidungen mit und ohne Absprache bzw. Wissen des jeweiligen Werksleiters. Mitarbeiter tragen in den Werken ohne Wissen und Absprache mit ihren Vorgesetzten bei diesen Betriebsbegehungen dem Unternehmer ihre Probleme vor. Dieser trifft aufgrund solcher Gespräche Entscheidungen, die z. T. bereits getroffenen Entscheidungen der unmittelbar Vorgesetzten entgegenstehen. Diese Vorgehensweise führt dazu, daß einerseits die Mitarbeiter der unteren Ebene eine starke Betriebsverbundenheit zeigen, erkennbar an den z. T. langen Betriebszugehörigkeiten, andererseits die Mitarbeiter der oberen Ebene verunsichert werden.

k) Der Führungsstil des Unternehmers W. Newöl weist im großen Umfang autoritäre und patriachalische Elemente auf.

3. Fragen zur Fallstudie:

a) Welche organisatorischen Maßnahmen müssen ergriffen werden, um die einseitige Abhängigkeit des Unternehmens von der Person des Unternehmers W. Newöl aufzuheben, d. h. dem Unternehmen die Aktionsfähigkeit bei Ausfall infolge Tod oder Krankheit des jeweiligen Firmeninhabers zu erhalten?

b) Welche Reorganisationsmaßnahmen können dazu führen, daß die Mitarbeiter der zweiten Ebene die Leitungs- und Führungsaufgaben ihres Bereiches selbständig wahrnehmen und Eigeninitiative entwickeln und qualifizierte Mitarbeiter für diese Aufgaben gewonnen werden können. Weiterhin sind die Kompetenzschwierigkeiten zwischen den Werkleitern und dem Leiter Werkdienste abzubauen.

c) Welche Möglichkeiten bestehen im Hinblick auf die Verkürzung der Ausfallzeiten infolge Zentralisierung der Werkdienste und des Ersatzteillagers?

d) Welche Maßnahmen sind geeignet, das Kostenbewußtsein der Werkleiter zu erhöhen und ihnen die Möglichkeit zu geben, festgestellte Unwirtschaftlichkeiten gezielt abbauen zu können?

e) Wie kann den Schwierigkeiten im Bereich des Fuhrparkes und der Personalbeschaffung begegnet werden?

f) Stellen Sie die Auswirkungen der zu ergreifenden Reorganisationsmaßnahmen auf den Abteilungsaufbau der Firma Sakiemö in Form eines Organigrammes dar!

Die Antworten finden Sie auf Seite 216 ff.

## 22 Organisationsstrukturen

### 220 Vorbemerkung

In den bisherigen Ausführungen wurden die grundsätzlichen Probleme und die Gestaltungsmöglichkeiten der Aufbauorganisation dargelegt. Die Kombination der alternativen Gestaltungsmöglichkeiten führt zu einer Vielzahl unterschiedlicher Organisationsstrukturen, d. h. unterschiedlicher Ordnungen zwischen den Aktionseinheiten des zielgerichteten sozio-technischen Systems Unternehmung.

In den folgenden Ausführungen werden die in der Literatur als Organisationstypen[55] bezeichneten Strukturen – Einlinien-, Mehrlinien- und Stabliniensystem — sowie die funktionsorientierte Organisationsstruktur und die als „Moderne Organisationskonzeptionen"[56] gekennzeichneten Strukturen — Divisionalisierte Organisation, Projektmanagement, Teamorientierte Organisationsstrukturen — behandelt.

### 221 Organisationstypen

Bei den Organisationstypen handelt es sich um die drei klassischen Grundmodelle der Kompetenzregelung (Regelung der Leitungsbeziehungen). Sie besitzen den Charakter von Idealtypen und sind daher in der Praxis in reiner Form nicht realisiert.

#### 2210 Einliniensystem

Das Einliniensystem – ungenauer auch als Liniensystem bezeichnet – beruht auf dem Prinzip der „Einheit der Auftragserteilung", das von Fayol formuliert wurde. Jeder Untergebene hat nach diesem Prinzip nur einen direkten Vorgesetzten und erhält nur von diesem seine Anweisungen.

55 vgl. u.a. Gutenberg, E., Grundlagen der Betriebswirtschaftslehre, Bd. 1, Die Produktion, 4. Aufl., Berlin-Göttingen-Heidelberg, 1958, S. 186, Schwarz, H., a. a. O., S. 40
56 vgl. Grochla, E. , Unternehmensorganisation, a. a. O. , S. 187,

Das Einliniensystem ist durch die folgenden Kriterien charakterisiert:

- die Linie ist der einzig zulässige formale Kommunikationsweg zwischen den Stellen und Instanzen, d. h. alle Kommunikationsbeziehungen wie Anordnungen, Vorschläge, Beschwerden, Informationen sind an die Linie gebunden; formale direkte Verkehrswege zwischen nicht direkt über- bzw. untergeordneten Instanzen und

*Abb. 17:*
Grundschema des Einliensystems

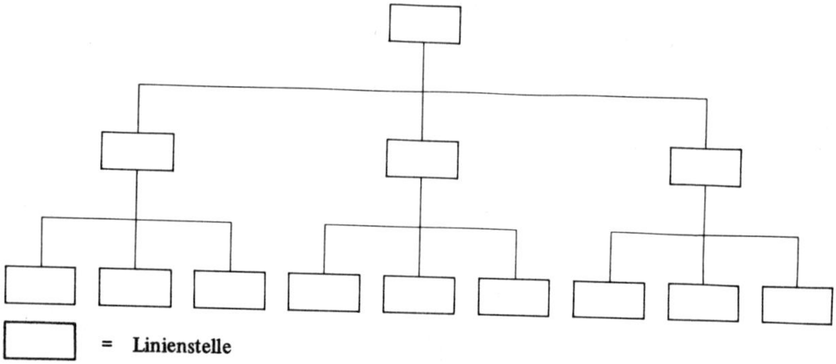


Stellen sowie der Instanzensprung sind unzulässig; in diesem Sinne liegt eine Form der Entscheidungszentralisation vor,

- das hierarchische Denken steht im Vordergrund (darum wird das Einliniensystem von Taylor auch als militärisches System bezeichnet),
- es ist keine Spezialisierung der Leitungsfunktion gegeben, da letztere sich aufgrund der „Einheit der Auftragserteilung" auf den ganzen Aufgabenkomplex der untergeordneten Instanzen bzw. Stellen bezieht,
- wenige Zwischeninstanzen führen zu einer organisatorischen Breitengliederung, viele Zwischeninstanzen zu einer organisatorischen Tiefengliederung.

Die sich aus diesem Organisationstyp ergebenden möglichen Vor- und Nachteile sind in der folgenden Tabelle dargestellt.

Mögliche Vor- und Nachteile des Einliniensystems[57]

| Kriterium | mögliche Vorteile | mögliche Nachteile |
|---|---|---|
| Kommunikation | • geringes Volumen der Kommunikations- und Entscheidungsprozesse, eindeutige Kommunikationswege | • qualitative und quantitative Überlastung der Leitungsspitze<br>• unterdimensioniertes Kommunikationssystem,<br>• lange Kommunikationswege, Zeitverlust, Gefahr der Informationsfilterung durch Zwischeninstanzen,<br>• nicht erforderliche Belastung der Zwischeninstanzen, |
| Koordination | • klare Kompetenzabgrenzung erleichtert die Koordination<br>• wenige Anordnungen erforderlich<br>• leichte Überwachung verbessert die Koordination | • keine direkte Koordination zwischen hierarchisch gleichrangigen Instanzen und Stellen,<br>• Gefahr der Überorganisation (Verbürokratisierung) |
| Qualität der Entscheidungen | • Alleinentscheid einer Instanz ergibt einheitliche, zielorientierte Entscheidungen, kein Kompromißdenken, | • geringere Qualität der Entscheidung mangels Spezialisierung,<br>• Gefahr der Vernachlässigung einer systematischen Entscheidungsvorbereitung infolge hierarchischer Autorität,<br>• zeitaufwendige Entscheidungen durch langen Instanzenweg,<br>• Starrheit der Entscheidungsfindung |
| Personaler Aspekt | • qualifizierte Instanzenträger können als solche erkannt und gefördert werden<br>• einfache Kommunikations- und Kompetenzstruktur fördert das Sicherheitsgefühl<br>• großer Entfaltungsraum der oberen Instanzen, | • Betonung des hierarchischen Denkens unvereinbar mit den humanen Anforderungen der Mitarbeiter (Überbetonung der positionsspezifischen Autorität)<br>• geringer Entfaltungsraum der unteren Instanzen |

57 in Anlehnung an Hill, Fehlbaum, Ulrich, Bd. 1, a. a. O., S. 212 ff.

### 2211 Mehrliniensystem

Das Mehrliniensystem – eine Verallgemeinerung des Funktionsmeistersystems Taylors – wird auch als funktionales System, Funktionalsystem bzw. als multilineares System bezeichnet. An die Stelle des Prinzips der „Einheit der Auftragserteilung" tritt die Mehrfachunterstellung, die sich in der Zahl der Weisungsbeziehungen einer Stelle/Instanz zu den übergeordneten Stellen/Instanzen ausdrückt. Durch diese Art der Kompetenzregelung sollen für die Leitungsfunktion höchstmögliche Spezialisierung sowie kürzeste Kommunikationswege erreicht werden.

*Abb. 18:*
Grundschema des Mehrliniensystems

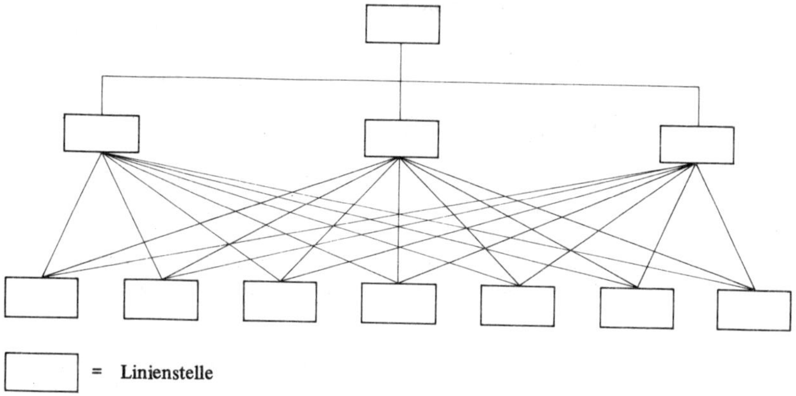


Das Mehrliniensystem ist durch folgende Kriterien charakterisiert:

- weitgehende Spezialisierung der Leitungsfunktion (Job-Specialization) und daraus resultierend eine Entscheidungsdezentralisation,
- im Vordergrund steht die Fachkompetenz (funktionale Autorität) und nicht das hierarchische Denken,
- große Anzahl von Instanzen,
- aus der Mehrfachunterstellung ergeben sich einerseits überschneidende Kommunikationsbeziehungen, andererseits direkte und kurze Verkehrswege.

Die sich aus diesem Organisationstyp ergebenden möglichen Vor- und Nachteile sind in der folgenden Tabelle zusammengestellt:

Mögliche Vor- und Nachteile des Mehrliniensystems[58]

| Kriterien | mögliche Vorteile | mögliche Nachteile |
|---|---|---|
| Kommunikation | • kurze Kommunikationswege<br>• Ausschaltung der nicht erforderlichen Belastung von Zwischeninstanzen | • großer Informations- und Kommunikationsbedarf |
| Koordination | • potentiell große Koordinationsfähigkeit<br>• direkte und wenig zeitaufwendige Kommunikation erleichtert die Koordination | • hohe Anfälligkeit für Kompetenzkonflikte erschwert die Koordination<br>• Probleme der klaren Kompetenzabgrenzung infolge der starken Interdependenzen der aufgeteilten Leitungsaufgabe belastet die Koordination<br>• in großen sozio-technischen Systemen Koordinationsschwierigkeiten infolge der komplizierten Kompetenzregelung |
| Qualität der Entscheidung | • Spezialisierung in der Leitungsaufgabe führt zu qualitativ verbesserten Entscheidungen<br>• im Vordergrund der Entscheidung stehen Fachkenntnisse und nicht hierarchische Autorität | • keine Einheit der Leitung kann einheitliche, zielorientierte Entscheidungen verhindern<br>• im Vordergrund der Entscheidungsfindung stehen Einzelaspekte und nicht die Ganzheit der Leitungsaufgabe (einseitiges Spezialistendenken)<br>• Gefahr sich widersprechender Entscheidungen infolge Konkurrenzverhaltens zwischen den Fachbereichen<br>• zeitaufwendige Gesamtentscheidungsfindung |

58 in Anlehnung an Hill, Fehlbaum, Ulrich, Bd. 1, a. a. O., S. 212 ff.

| Kriterien | mögliche Vorteile | mögliche Nachteile |
|---|---|---|
| Personaler Aspekt | • qualitative Entlastung der Leistungsspitze im Hinblick auf ein universelles Leitungspotential<br>• geringeres willkürliches Verhalten durch Fachspezialisierung<br>• Vorgesetzter hat mehr die Funktion des Beraters als die des Vorgesetzten<br>• Berücksichtigung spezieller Kenntnisse und Fähigkeiten<br>• Erwerb eines umfassenden Wissens in einem begrenzten Bereich<br>• vermehrte Erfahrungen in einem begrenzten Bereich | • große Anzahl von Mitarbeitern für Leitungsaufgaben<br>• Unsicherheit bei Über- und Unterstellten in bezug auf lückenhafte und sich widersprechende Anweisungen |

### 2212 Stab-Linien-System

Das Stab-Linien-System – eine unzureichende Übersetzung der amerikanischen Bezeichnung „staff and line system", daher besser als Einliniensystem mit Stäben bezeichnet – stellt eine Kompetenzregelung dar, die sowohl die Vorteile des Ein- als auch des Mehrliniensystems zu realisieren sucht.

Vier unterschiedliche Formen des Stab-Linien-Systems sind denkbar[59]:

- Stab-Linien-System mit Führungsstab: nur der obersten Instanz (Unternehmensleitung) ist ein Stab zugeordnet,
- Stab-Linien-System mit zentraler Stabsstelle: der der obersten Instanz zugeordnete Stab übernimmt Stabsfunktionen auch für alle nachgeordneten Instanzen; dieser so agierende Stab wird häufig auch als zentrale Dienstleistungsabteilung im Unternehmen bezeichnet,
- Stab-Linien-System mit Stäben auf mehreren Ebenen: den Instanzen auf den verschiedenen Ebenen sind jeweils Stäbe zugeordnet,

59 vgl. Grochla, E., Unternehmensorganisation, a. a. O., S. 183 f.

*Abb. 19:*
**Grundschema des Stab-Linien-Systems mit Stabshierarchie**

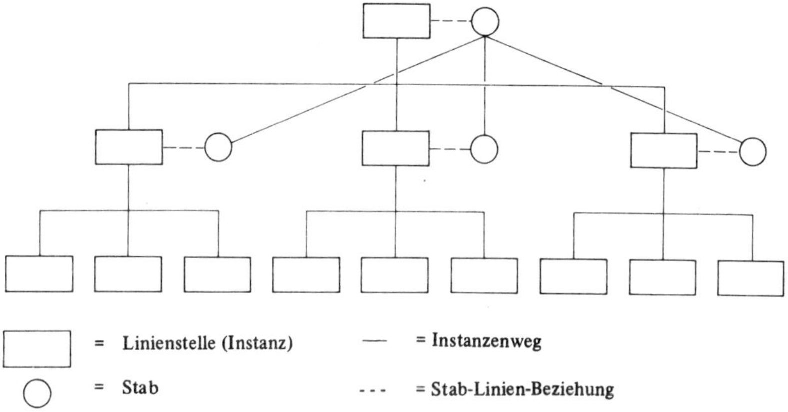


- Stab-Linien-System mit Stabshierarchie (auch als mehrstufiger Stab bezeichnet): zwischen den Stäben der verschiedenen Instanzen besteht eine unmittelbare Kommunikation; die Stäbe bilden ein hierarchisch strukturiertes Subsystem, wobei die Stäbe der höheren Instanzen ein fachliches, gegebenenfalls auch disziplinarisches Weisungsrecht besitzen.

Das Stab-Linien-System, welcher Ausprägung auch immer, kann durch folgende Kriterien charakterisiert werden:

- die Stäbe haben keine Anweisungsbefugnis außerhalb der eigenen Stelle,
- die Linie ist der einzig zulässige formale Kommunikationsweg zwischen den Stellen und Instanzen; in der Form des Stab-Linien-Systems mit Stabshierarchie besteht für die Stäbe ein zusätzliches Kommunikationssystem,
- es gilt das Prinzip der Einheit der Auftragserteilung bzw. der Einheit des Auftragsempfangs,
- Spezialisierung der Leitungsfunktion durch die Zuordnung entsprechender Stäbe.

Die Effizienz des Stab-Linien-Systems wird durch mögliche Konflikte beeinflußt, die sich aus der Trennung von Entscheidungsvorbereitung, Entscheidung und Entscheidungsdurchsetzung ergeben.

Die möglichen Vor- und Nachteile dieses Organisationstyps sind in der folgenden Tabelle zusammengestellt:

Mögliche Vor- und Nachteile des Stab-Linien-Systems[60]

| Kriterium | möglicher Vorteile | möglicher Nachteile |
|---|---|---|
| Kommunikation | • geringes Volumen der Kommunikationsprozesse<br>• eindeutige Kommunikationswege | • lange Kommunikationswege<br>• nicht erforderliche Belastung von Zwischeninstanzen<br>• Gefahr der Informationsfilterung durch Zwischeninstanzen |
| Koordination | • Erhöhung der Koordinationsfähigkeit gegenüber der Linienorganisation | • Konflikte zwischen Linie und Stab schaffen neue Koordinationsprobleme |
| Qualität der Entscheidung | • erhöhte Qualität der Entscheidung aufgrund verbesserter Entscheidungsvorbereitung durch spezialisierte Stäbe<br>• Ausgleich zwischen dem Spezialistendenken der Stäbe und der Gesamtbetrachtung durch die Linie | • Verlust der Durchsichtigkeit von Entscheidungsprozessen<br>• Manipulation der Entscheidung durch den Stab aufgrund seiner Spezialisierung (Entscheidung ohne primäre Verantwortung)<br>• Linie berücksichtigt nicht die Auswertungen der Stäbe bei der Entscheidungsfindung<br>• geringere Tendenz zur Delegation von Entscheidungen kann sachgerechte Entscheidungen verhindern |
| Personaler Aspekt | • qualitative und quantitative Entlastung der Instanzen<br>• Erhöhung der schöpferischen Eigeninitiative der Instanzenträger<br>• verbesserter Einsatz der Mitarbeiter entsprechend ihrer Leistungsprofile, da Stabs- und Linienaufgaben unterschiedliche Anforderungsprofile aufweisen | • Gefahr der Angliederung von überdimensionierten Stäben (Wasserkopfbildung)<br>• Betonung der vertikalen Beziehungen und damit der hierarchischen Autorität; entspricht nicht den heutigen humanen Forderungen<br>• psychologischer Nachteil: hochqualifizierte Stabsmitarbeiter besitzen keine Entscheidungsrechte |

60 in Anlehnung an Hill, Fehlbaum, Ulrich, Bd. 1, a. a. O., S. 212 ff.

### 2213 Modifizierungen in der Praxis

Die klassischen Grundmodelle der Kompetenzregelung sind Idealtypen. In der Praxis erfahren sie gewisse Modifizierungen und werden damit zu Mischformen. Als solche Modifizierungen sind zu nennen: Neben der Linie als Kommunikationsweg sind direkte Verkehrswege (Passerellen) zwischen den Stellen und Instanzen sowie der Instanzensprung zulässig. Weiterhin:

- Ausbau der Stäbe zu zentralen Dienstleistungsstellen mit sachbezogener Anweisungsbefugnis, z. B. Revisionsabteilung, Steuerabteilung, Organisationsabteilung.
- Übertragung von Entscheidungs- und Anweisungsbefugnissen an Stäbe, beschränkt auf eng umgrenzte Aufgabenbereiche, z. B. zeitlich begrenzte Projekte.
- Einrichtung von Kommissionen, Ausschüssen und ähnlichen Aktionseinheiten mit Mitsprache- und gegebenenfalls Entscheidungsrechten.

Diese Modifizierungen zeigen, daß die Praxis die Kompetenzregelung abweichend von den Idealtypen aufgrund der jeweils vorliegenden Verhältnisse mit der Zielsetzung einer erhöhten Effizienz zu regeln versucht.

## 222 Funktionsorientierte Organisationsstrukturen

Die Kombination des Linien- bzw. des Stab-Linien-Systems als Grundmuster für die Regelung der Kompetenzen (Leitungsbeziehungen) mit dem Verrichtungsprinzip als Grundlage für die Bildung der Aufgabenkomplexe und Abteilungen führt zur klassischen (traditionellen) funktionsorientierten Organisationsstruktur (vgl. Abb. 19 a).

*Abb. 19 a*
Funktionsorientierte Organisationsstruktur

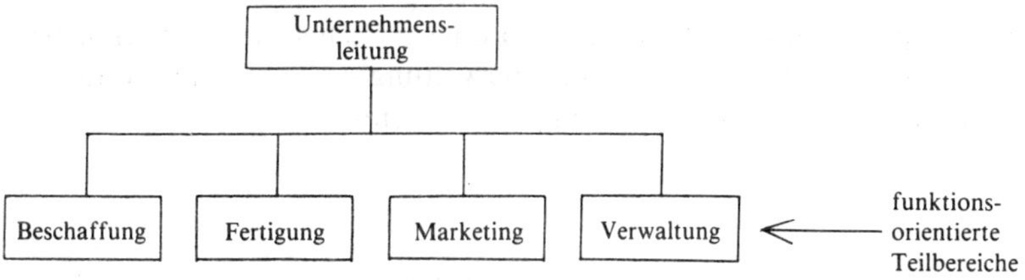

Die Entscheidungskompetenzen werden in dieser Struktur auf der zweiten Hierarchieebene funktionsorientiert geregelt. Zu den Fragen der Aufgaben- und Abteilungsbildung wird auf die vorhergehenden Ausführungen verwiesen (vgl. Punkte 2120, 2131, 2132). Die möglichen Vor- und Nachteile dieser Strukturform sind auf der Seite 108 tabellarisch zusammengefaßt worden.

Diese funktionsorientierte Grundstruktur wird häufig durch Produktaspekte (Objektorientierung) ergänzt. Die sich daraus ergebenden Organisationsstrukturen werden unter dem Begriff des „Produktmanagement" zusammengefaßt[60a]. Hier können die folgenden Formen unterschieden werden, die unter Beibehaltung der funktionsorientierten Grundstruktur in unterschiedlichem Grade den Produktaspekt berücksichtigen.

Die Stabs-Produktorganisation berücksichtigt in relativ schwacher Form den Produktaspekt.

*Abb. 19 b:*
Stabs-Produktorganisation

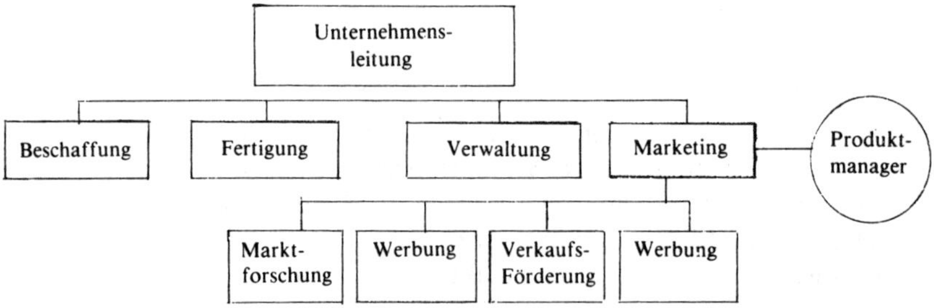


Es werden produktorientierte Stabstellen gebildet, die innerhalb der Marketingsabteilung (vgl. Abb. 19 b) oder zwischen den Funktionsbereichen — Beschaffung, Fertigung, Verwaltung — Koordinationsaufgaben für ein Produkt (Produktgruppe) übernehmen.

60a vgl. Köhler, R., Organisation des Produkt-Management, in: Handwörterbuch der Organisation, 2. Aufl., Stuttgart 1980, Sp. 1923 ff.

Bei der Matrix-Produktorganisation wird ebenfalls die funktionsorientierte Grundstruktur beibehalten. Sie wird aber ergänzt durch Aktionseinheiten (Stellen), die Weisungsbefugnisse gegenüber allen Aktionseinheiten des Marketingbereiches besitzen (Bindung der „Produkt-Leitstellen" an den Marketingbereich) bzw. in Bezug auf alle Funktionsbereiche (Bindung der „Produkt-Leitstellen" an die Unternehmensleitung, vgl. Abb. 19 c).

*Abb. 19 c:*
Matrix-Produktorganisation

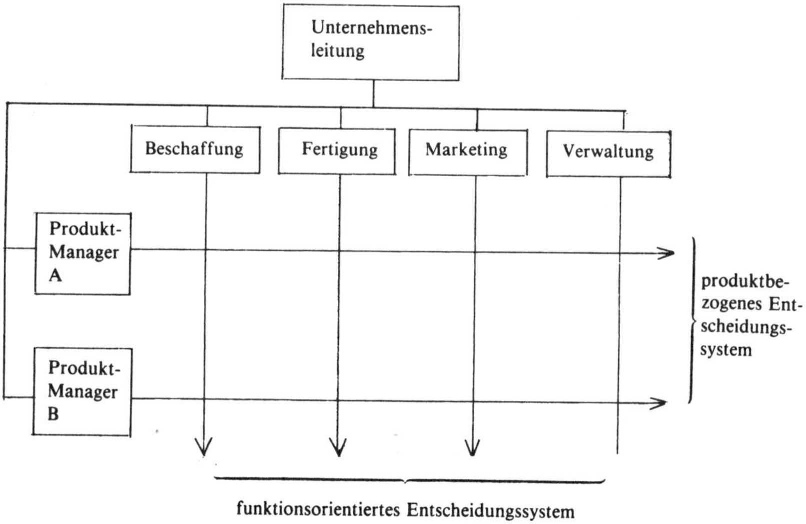


Die funktionsorientierte Grundstruktur der Entscheidung wird durch ein produktbezogenes Entscheidungssystem überlagert (vgl. die Ausführungen zu Punkt 22311).

Bei der produktorientierten Untergliederung der Marketing-Bereiches — Produkt-Management als echte Linieninstanz — wird auf der dritten Hierarchieebene der funktionsorintiert gebildete Bereich Marketing nach Produkten/Produktgruppen in weitere Aktionseinheiten untergliedert (vgl. Abb 19 d).

*Abb. 19 d:*
Produktorientierte Untergliederung des Marketingbereiches

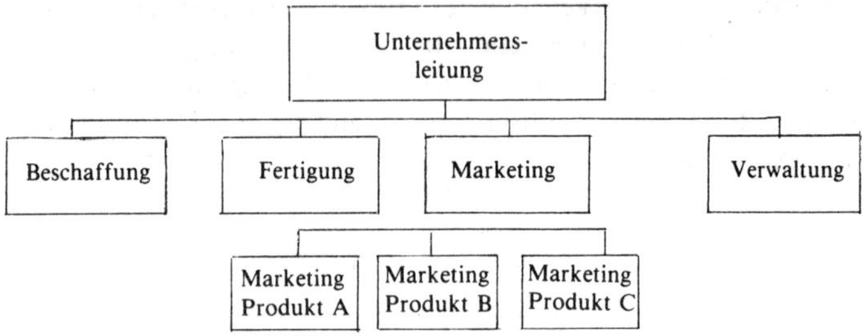


**Der Übergang dieser Form zur divisionalen Organisationsform (Spartenorganisation) ist fließend.**

## 223 Moderne Organisationskonzeptionen

Bei den im folgenden dargelegten Organisationskonzeptionen handelt es sich um Strukturformen, die für die Praxis in den letzten Jahren, insbesondere durch den Einfluß amerikanischer Unternehmen, an Bedeutung gewonnen haben.

### 2230 Divisionalisierte Organisation

Ansätze der divisionalisierten Organisation – auch als Spartenorganisation bezeichnet – sind bereits in den zwanziger Jahren in den USA nachweisbar, z. B. bei der Firma Du Pont de Nemours. Diese Gebildestruktur ist das Ergebnis der Anwendung des Objektprinzips im Rahmen der Aufgabensynthese. Als Objekte können dabei Produkte, Produktgruppen, abgrenzbare Käuferschichten sowie regionale Märkte auftreten.

Durch die Anwendung des Objektprinzips ergeben sich auf der zweiten Ebene der betrieblichen Hierarchie die Divisions (Sparten), autonome Bereiche, die als Subsysteme des Systems Unternehmung zu sehen sind. Die Leitungsbeziehungen in diesen Divisions sind häufig in der Form modifizierter Stab-Linien-Systeme gestaltet. Von autonomen Bereichen kann nur dann gesprochen werden, wenn mindestens die Kernfunktionen eines Unternehmens in diesen Bereichen wahrgenommen werden. Die Zusatzfunktionen können hingegen von zentralen Dienstleistungs-

*Abb. 19 e:*
Divisionale Organisationsstruktur (Spartenorganisation)

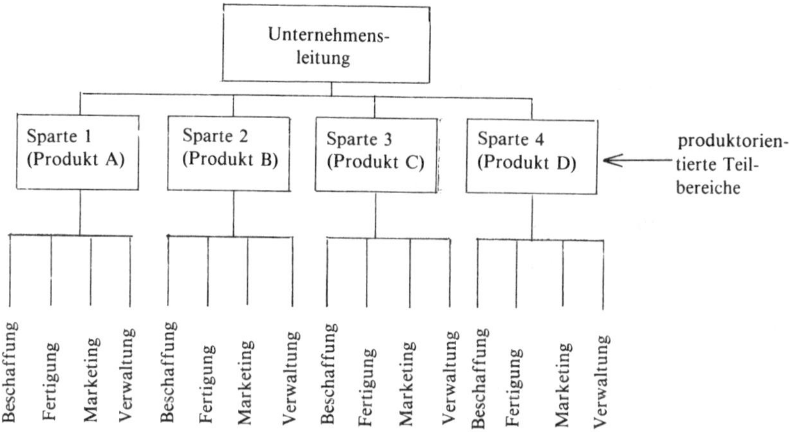


abteilungen für alle Divisions des Unternehmens übernommen werden, z. B. Rechnungswesen, Revisionsabteilung, Organisationsabteilung. Damit ist aber bereits eine Abweichung vom Idealtyp der divisionalisierten Organisation gegeben.

Eine Abteilungsbildung aufgrund objektbezogener Aufgabenkomplexe auf einer unter der zweiten Hierarchieebene liegenden Stufe stellt hingegen keine Divisionalisierung dar. Eine Form dieser Strukturierung findet man z. B. im Vertriebsbereich in der Form des Produktmanagements (vgl. die Ausführungen zu Punkt 222).

Die ausgeprägteste Form der Divisionsalisierung besteht in der Bildung sog. Profit-Center, d. h. der Schaffung völlig autonomer Unternehmensbereiche, deren Leiter volle Gewinnverantwortung tragen.

Die Gründe für eine Divisionalisierung werden darin gesehen, daß sich bei der Erschließung neuer Märkte, hohem Diversifikationsgrad, zunehmender Unternehmensgröße (steigendem Geschäftsvolumen), starkem technischen Fortschritt und großen marktlichen Veränderungen zunehmende Koordinationsschwierigkeiten zwischen den Funktionsbereichen sowie Anpassungsschwierigkeiten an die langfristige Unternehmenszielsetzung ergeben. Weiterhin sind im vergrößerten Umfange komplexere und weniger überschaubare dispositive und strategische Entscheidungen zu treffen, die das Detailwissen der Unternehmensleitung und der Funktionsmanager überfordern. Die Divisionalisierung verfolgt daher die Zielsetzung, die vorstehend genannten Schwierigkeiten ganz oder zumindest teilweise zu beseitigen.

Als Voraussetzungen für die Divisionalisierung müssen daher gegeben sein:

- ein hoher Diversifikationsgrad, wobei die Produkte keine oder nur geringe Interdependenzen aufweisen dürfen; diese Interdependenzen beziehen sich auf die Kernfunktionen der Unternehmung;
- starke marktliche und technologische Veränderungen;
- eine bestimmte Unternehmensgröße.

Letztere Voraussetzung unterliegt ständigen Veränderungen. Ist es auch zugegebenermaßen schwierig, unabhängig von der Branche eine allgemeingültige Maßzahl für die Unternehmensgröße zu nennen, so verwendet die Praxis doch als solche die Beschäftigtenzahl. Lag diese in den sechziger Jahren noch bei tausend Beschäftigten als Untergrenze für eine Divisionalisierung, so wurde in den 70er Jahren von Praktikern als Untergrenze die Zahl von zehntausend genannt[61]. Eine allgemein gültige Aussage läßt sich heute wohl kaum noch machen.

Eine Divisionalisierung ist nur dann als effizient zu bezeichnen, wenn das Koordinationsproblem zwischen den relativ autonomen Sparten gelöst werden kann. Das einzusetzende Koordinationsverfahren muß in erster Linie auf die Erreichung der Ziele der Gesamtunternehmung ausgerichtet sein. Dazu eignen sich in besonderer Weise operationale Zielvorgaben in Form von Erfolgs- und Finanzwerten[62]. Die unterschiedlichen Zielvorgaben finden ihren Niederschlag in den folgenden Konzepten:

- das Cost-Center-Konzept
- das Profit-Center-Konzept
- das Investment-Center-Konzept

Beim Cost-Center-Konzept ist die Division primär für die Kosten verantwortlich. Bei vorgegebenem mengenmäßigen Umsatz und vorgegebenen Nebenbedingungen in Bezug auf Produktqualität und Servicegrad besteht die Zielerreichung der Division in der Einhaltung einer bestimmter Gesamtkostengröße oder in der Kostenminimierung. Anwendung findet hier das sog. Budgetsystem[63].

61 vgl. Artikel Profit Center in: Industriemagazin, Nr. 10, Oktober 1974, S. 70,
62 hierzu und zu den folgenden Ausführungen siehe: Hill, Fehlbaum, Ulrich, Bd. 1, a. a. O., S. 180 ff.
63 vgl. Grochla, E., Unternehmensorganisation, a. a. O. , S. 194 f.

Das Profit-Center-Konzept erweitert die Verantwortlichkeit der Division zur Gewinnverantwortlichkeit. Der Division wird volle Handlungsfreiheit zur Erreichung einer vorgegebenen Gewinngröße gewährt. Dabei ist es möglich, daß diese Handlungsfreiheit durch Restriktionen wie Produktgruppe, Qualität, Servicegrad, u. s. w. aufgrund der Zielsetzung der Gesamtunternehmung eingeengt wird.

Da die Gewinnerzielung u. a. entscheidend abhängig ist von den Investitionsmöglichkeiten und alle Divisions um die knappen Finanzierungsmittel des Unternehmens konkurrieren, wird zusätzlich die Lenkung dieser knappen Mittel erforderlich (Investment-Center-Konzept). Dazu bedient man sich des ROI (Return on Investment)-Verfahrens[64]. Der ROI ist eine Kennziffer, die aus der Umsatzrentabilität und dem Umschlagskoeffizienten besteht.

$$\text{ROI} = \frac{\text{Gewinn}}{\text{Umsatz}} \times \frac{\text{Umsatz}}{\text{investiertes Kapital}} \times 100$$

Gewinn, Umsatz und investiertes Kapital können in ihre weiteren Komponenten aufgelöst werden und ermöglichen so eine genaue Analyse der Erfolgskomponenten der Divisionen (vgl. Anlage 5).

Eine Verbesserung der ROI-Rechnung ist in dem Residualeinkommens-Verfahren zu sehen, wobei eine Gewichtung der Investitionsentscheidungen durch die Berücksichtigung des Überschüsses des Reingewinns über die Kapitalkosten (Residualeinkommen) erfolgt[65].

Das Investment-Center-Konzept überläßt den Divisions – abweichend vom Cost- und Profit-Center-Konzept – darüber hinaus zusätzlich die Investitionsentscheidung im Rahmen der zugewiesenen Finanzierungsmittel. Die Gesamtunternehmung übernimmt die Finanzierung der Investitionen.

Da zwischen den bei der Divisionalisierung gebildeten Bereichen immer, wenn auch im geringen Maße, Interdependenzen bestehen in Form von Leistungen untereinander bzw. zwischen den zentralen Dienstleistungsabteilungen und den einzelnen Divisions, entsteht das Problem der

64 vgl. Grochla, E., Unternehmensorganisation, a. a. O., S. 191 f.
65 vgl. Grochla, E., Unternehmensorganisation, a. a. O., S. 192 f.

Bewertung dieser Leistungen, also das der Bestimmung von Transferpreisen[66]. Diese Transferpreise können marktorientiert sein oder sie basieren auf dem Dualkonzept der mathematischen Programmierung, bei der sie auf iterativem Wege errechnet werden[66a].

Eine generelle Entscheidung, ob beim Vorliegen der erforderlichen Voraussetzungen die divisionale Organisation einer funktionalen Organisation vorzuziehen ist, ist aufgrund fehlender empirischer Untersuchungen nicht möglich. In einer konkreten Situation sind daher die sich ergebenden Vor- und Nachteile der beiden Gebildestrukturformen einander gegenüber zu stellen und zu gewichten. Nur aufgrund dieser vergleichenden Gegenüberstellung kann eine sachgerechte Entscheidung getroffen werden. Aus diesem Grunde seien im folgenden die möglichen Vor- und Nachteile der divisionalen und funktionalen Organisation tabellarisch zusammengestellt.

### 2231 Projektmanagement (Projektorganisation)

Die Organisationskonzeption des Projekt-Managements hat seinen Ursprung in den USA. Hier wurden bei der Entwicklung der Atlas-Rakete im Sommer 1954 die anstehenden Aufgaben von Projektgruppen mit Erfolg wahrgenommen[67].

Gegenstand eines Projekt-Managements können physische Objekte, z. B. Waffensysteme, Bauvorhaben, Einrichtungen von Fabriken, Entwicklung neuer Produkte, und abstrakte Objekte sein, z. B. Vorbereitung und Abwicklung einer Fusion, Rationalisierungsstudien, Reorganisationen, Entwicklung eines Managements-Informationssystems, Planung und Durchführung eines Werbefeldzuges[68]. Interessant ist, daß die deutschsprachige Literatur keine Übersetzung für den Terminus Projekt-Management beinhaltet, sondern nur Begriffsbestimmungen gegeben werden. Da sich diese inhaltlich decken, wird die folgende Definition den weiteren Ausführungen zugrundegelegt:

„Projekt-Management ist eine Organisationsform, die in ihrer Existenz zeitlich begrenzt, deren Aufgabenstellung genau definiert und die in

66 vgl. Wittlage, H., Bildung von Verrechnungspreisen, in: BBK 22/76, S. 1043 ff.

66a vgl. Grochla, E., Unternehmensorganisation, a. a. O., S. 196 ff.

67 vgl. Zimmermann, K., Die Projektgruppe als Organisationsform zur Lösung komplexer Aufgaben, in: ZfO, 39. Jg., 1970, S. 45

68 vgl. Schröder, H., Projekt-Management, Wiesbaden 1970, S. 16

Mögliche Vor- und Nachteile funktionaler und divisionaler Organisationsstrukturen[69]

| | Divisionale Organisation | | Funktionale Organisation | |
|---|---|---|---|---|
| Kriterium | mögliche Vorteile | mögliche Nachteile | mögliche Vorteile | mögliche Nachteile |
| Entscheidung | • Entscheidungen der Divisions abgestellt auf die technologischen und marktlichen Entwicklungen einzelner Produkte/– gruppen<br>• kürzerer Instanzenweg, dadurch schnellere Entscheidungsfindung<br>• Unternehmensspitze kann sich auf strategische Entscheidungen konzentrieren | • dispositive Entscheidungen der Divisions stehen im Vordergrund (damit kurzfristige Betrachtung)<br>• geringeres Gewicht der strategischer Entscheidungen der Unternehmensleitung | • strategische Entscheidungen der Unternehmensleitung bekommen ein höheres Gewicht<br>• höherer Abstimmungsgrad von strategischen und dispositiven Entscheidungen | • längerer Instanzenweg, daraus folgend zeitaufwendigere Entscheidungsfindung<br>• geringere Berücksichtigung technischer und marktlicher Entwicklungen einzelner Produkte/– gruppen |
| Koordination/ Kommunikation | • geringerer Koordinationsaufwand, da im wesentlichen auf Divisions beschränkt<br>• geringerer Kommunikationsaufwand, da weniger übergreifende Kommunikationen erforderlich<br>• kürzere Kommunikationswege | • Schwierigkeiten in der Koordination zwischen Gesamtunternehmensziel und verfolgten Zielen der Division<br>• Gefahr der Filterung der die Divisions verlassenden Informationen | • geringere Koordinationsschwierigkeiten der Funktionsabteilungen, da keine eigenständigen Ziele<br>• höherer Informationsgrad der Unternehmensleitung über alle Unternehmensbereiche<br>• geringere Gefahr der Filterung von Informationen | • zeitaufwendigere Koordination der Funktionsabteilungen<br>• erhöhter Kommunikationsumfang<br>• lange Kommunikationswege |
| Personaler Aspekt | • vergrößerte Möglichkeit der Anwendung von produktbezogenem Spezialwissen<br>• umfangreiche, produktbezogene Erfahrungen<br>• Ausbildungsmöglichkeiten für Führungskräftenachwuchs | • Spezialistendenken<br>• geringere Flexibilität | • vergrößerte funktionsbezogene Spezialisierung<br>• höhere Flexibilität<br>• umfangreichere, funktionsbezogene Erfahrungen,<br>• geringeres Spezialistendenken | • geringere Ausbildungsmöglichkeiten für Führungskräftenachwuchs |
| Wirtschaftlichkeit | • erhöhte Wirtschaftlichkeit durch Einsatz von produktspezialisierten Sachmitteln und Arbeitskräften | • höherer Verwaltungsaufwand bei sich überschneidenden Funktionen der einzelnen Bereiche, Doppelarbeiten<br>• einseitige Nutzung von Informationen durch eine Division, die von allgemeiner Bedeutung sind | • geringere Gefahr der Doppelarbeit<br>• größeres Gewicht der Wirtschaftlichkeit aller Unternehmensbereiche | • verminderte Nutzungsmöglichkeit produktspezialisierter Sachmittel und Arbeitskräfte |

69 vgl. Harrmann, A., Divisionale oder funktionale Aufbauorganisation?, in: Der Betrieb, 24. Jg., 1972, Heft 12, S. 539 und die dort angegebene Literatur, Kieser, A., Kubcek, H., Organisation, 2. Aufl., Berlin-New-York 1983, S. 99

Zusammensetzung und Arbeitsstil weder an die hierarchisch gegliederte, funktional orientierte Unternehmensstruktur gebunden ist, noch in sie hineinpaßt. Projekt-Management ist ein Führungsinstrument, um ein großes, nicht routinemäßiges, komplexes Problem, eine Aufgabe, eben ein Projekt, schnell und umfassend im Gesamtinteresse eines Unternehmens zu lösen[70]".

Die Merkmale des Projekt-Managements sind damit [70a]:

- die Struktur ist zeitlich begrenzt,
- Lösung einer komplexen Aufgabe, kein routinemäßiges Problem,
- Teamarbeit,
- Loslösung von ressortbefangenem oder abteilungsorientiertem Denken.

Die in der Literatur dargelegten Erscheinungsformen des Projekt-Management beschränken sich auf die drei Grundtypen:

- Projektkoordination (influenced project-management),
- Matrix-Organisation,
- Reine Projekt-Organisation (task force, pure project-management)[71].

Diese Grundtypen unterscheiden sich bezüglich ihrer strukturellen und prozessuralen organisatorischen Regelungen und der Priorität, die dem Projekt gegenüber der laufenden Aufgabenerfüllung im Unternehmen zugemessen wird.

### 22310 Projektkoordination

Der Grundtyp „Projektkoordination" gibt dem Projektleiter keine Entscheidungs- und Anweisungsbefugnisse gegenüber den Linienstellen (Funktionsabteilungen), die Teilaufgaben des Projektes durchführen[72].

---

70 Reif, K., Projekt-Management als Führungsmittel, in: Plus, Zeitschrift für Unternehmensführung, Düsseldorf 4/68, S. 18, vgl. auch Blau, H., Projekt-Management, in: Bürotechnik und Automation, Nr. 2.; 1967, S. 41

70a vgl. Frese, E., Projektorganisation, in: Handwörterbuch der Organisation, 2. Aufl., Stuttgart 1980, Sp. 1960 f.

71 vgl. Siegwart, H., Aufbau eines Projekt-Managements in der Forschung und Entwicklung, St. Gallen 1970, S. 12. Eine weitere Unterscheidung zwischen Task Force und Projekt-Organisation soll hier nicht gemacht werden, da sich diese Unterscheidung nur auf die Herkunft der Mitglieder der Projektgruppe bezieht. Task Force: Mitarbeiter aus dem Unternehmen, Projekt-Organisation: eigens für das Projekt eingestellte Mitarbeiter.

72 vgl. Siegwart, H., a. a. O., S. 13

*Abb. 20:*
Schaubildliche Darstellung der Projektkoordination

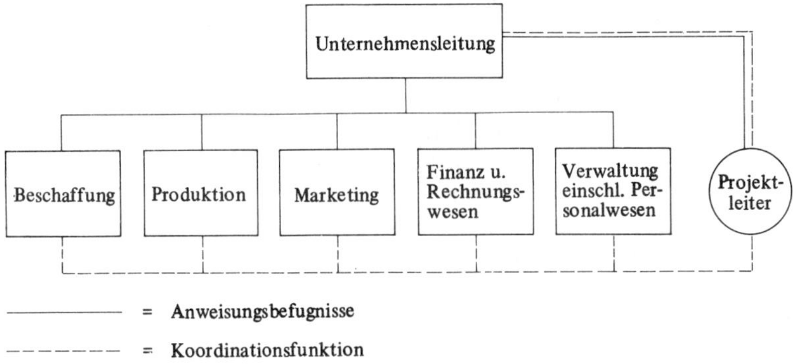


Die Aufgabe des Projektleiters besteht im wesentlichen darin, die Koordination der von den Funktionsabteilungen durchzuführenden Teilaufgaben wahrzunehmen. Die Projektmitarbeiter verbleiben während der gesamten Projektdauer in ihrer Abteilung und erledigen die anliegende Projektarbeit nach den Anweisungen ihrer direkten Vorgesetzten, den Funktionsmanagern.

Entsprechend der amerikanischen Bezeichnung „influenced project management" wird dieser Grundtyp auch als Einfluß-Projekt-Management bezeichnet[73]. Der Einfluß des Projektleiters beschränkt sich auf die Wahrnehmung einer Stabsfunktion, die darin besteht, den Ablauf des Projektes zu verfolgen und seinen Vorgesetzten, die Unternehmungsleitung, zu beraten. Der Projektleiter ist damit als Überwacher und Terminverfolger zu bezeichnen[74], also als ein vorübergehender Beratungs- und Kontrollstab.

Da im Vordergrund dieses Grundtyps der Projektleiter steht, wird diese Form auch als Einmann-Projektorganisation bezeichnet.[75] Seine Aufgabe wird übereinstimmend mit den vorstehenden Ausführungen darin gesehen, die Überwachung der Projektdurchführung zu übernehmen. Die Durchführung der jeweiligen Teilaufgaben obliegt den beteiligten Funktionsabteilungen. Der Projektleiter kann in der Einmann-Projektor-

73 vgl. Schröder, H. J., a. a. O., S. 78
74 vgl. Schröder, H. J., a. a. O., S. 78
75 vgl. Reif, K., a. a. O., S. 20

ganisation aber zusätzlich den zur Verfügung stehenden Zeitraum für die Aufgabenerfüllung den Funktionsabteilungen verbindlich vorgeben. In jeder Funktionsabteilung ist ihm ein Verbindungsmann für diese Termineinhaltung verantwortlich[76].

Aus den bisherigen Darlegungen ist ersichtlich, daß die Basis des Grundtyps Projektkoordination – Fehlen von Entscheidungs- und Anweisungsbefugnissen – unabhängig von der jeweiligen Regelung gleich ist. Das Charakteristische dieser Organisationsform liegt darin, daß ein Projektleiter bestimmt wird und dieser zur Durchführung des Projektes auf die Arbeit der Funktionsabteilungen angewiesen ist. Welche Teilaufgaben der Projektleiter bzw. die Unternehmensleitung übernehmen, hängt vom einzelnen Fall ab, bzw. der jeweils vorliegenden Situation. Dabei sind die menschlichen und fachlichen Qualifikationen des Projektleiters von großer Bedeutung.

### 22311 Matrix-Organisation

Der in der Literatur gleichlautend bezeichnete Grundtyp „Matrix-Organisation" stellt gegenüber der Projektkoordination eine ausgeprägtere Form der Projektorganisation dar. Der Projektleiter ist nicht mehr nur Koordinator, sondern er hat die Belange eines Projektes gegenüber den Funktionsmanagern zu vertreten[77].

Der Projektleiter besitzt Weisungsbefugnisse gegenüber den Funktionsabteilungen, die sich aber lediglich auf das Projekt beziehen. Der Projektleiter bestimmt, was wann in bezug auf das Projekt zu tun ist, der Funktionsmanager entscheidet über das Wie der Aufgabenerfüllung[78]. Für die Projektdauer überlagert die projektbezogene Anweisungsbefugnis die hierarchische Organisation, d. h. es liegt eine Überschneidung verrichtungs- und objektorientierter Strukturen vor[79].

Die Mitarbeiter des Projektes befinden sich hierdurch in einer Doppelunterstellung (wie beim Mehrliniensystem), disziplinarisch unterstehen sie ihren Abteilungsleitern, jedoch müssen sie bei Tätigkeiten, die das Projekt betreffen, auch den Anordnungen des Projektleiters folgen. Man

76 vgl. Reif, K., a. a. O., S. 20
77 vgl. Kieser, A., Zur Flexibilität verschiedener Organisationsstrukturen, in: ZfO, 38. Jg. 1969, S. 277
78 vgl. Grochla, E., Unternehmensorganisation, a. a. O., S. 207
79 vgl. Siegwart, H., a. a. O., S. 13

*Abb. 21:*
Schaubildliche Darstellung der Matrix-Organisation

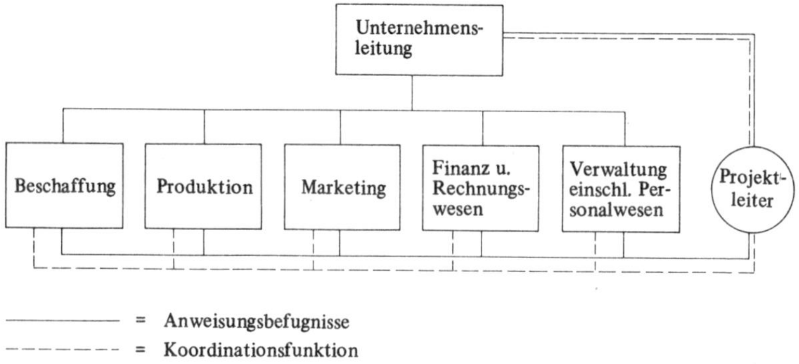


spricht hier daher vom Prinzip „dualer“ oder „differenzierter“ Führung[80]. Dies ist ein großer Nachteil der Matrix-Organisation, denn es ist schwierig, ein aufgabenentsprechendes Verhältnis von Kompetenz und Verantwortung für den Projektleiter wie auch für die Funktionsmanager zu finden. Dieses Problem ist besonders dann schwer zu lösen, wenn man den verrichtungs- und objektorientierten Strukturen dieselbe Priorität zumißt[81].

Ein Ansatz zur Problemlösung besteht darin, daß für die Dauer des Projektes der objektorientierten Struktur eine Priorität zugeordnet wird.

Aus den bisherigen Ausführungen wird ersichtlich, daß im Vergleich zum Grundtyp Projektkoordination eine bessere Koordination zwischen den Funktionsabteilungen möglich ist. Die Projektdurchführung ist flexibler aufgrund der Kompetenz des Projektleiters. Dieser Grundtyp berücksichtigt stärker das Projekt und läßt dadurch eine höhere Effizienz erwarten.

Die Realisierung einer Matrix-Organisation ist aufwendig. Trotzdem ist der Vorteil zu beachten, daß die Planung, Durchführung und Kontrolle des

80 vgl. Schröder, H. J., a. a. O., S. 79

81 vgl. Timmermann, M., Matrix-Management, in: Industrielle Organisation, Zeitschrift für Betriebswissenschaft, Management, Produktionstechnik und Organisation, 40. Jg., Nr. 7, Zürich 1971, S. 317

Projektes im zielgerichteten Interesse der Unternehmung integriert wird. Die Matrix-Organisation stellt damit einen wesentlichen Schritt auf dem Wege zur Integration der Management-Funktion dar.[82]

## 22312 Reine Projekt-Organisation

Bei der reinen Projektorganisation, auch als „task force" oder „pure-project-management" bezeichnet, werden die für die Dauer des Projektes beteiligten Mitarbeiter aus den bestehenden Funktionsabteilungen vollkommen herausgelöst (full time Mitarbeiter)[83], wobei die bisherige disziplinarische Unterstellung erhalten bleibt. Ist der Aufgabenumfang gering, so kann auch eine zeitweise Mitarbeit in der Projektgruppe vorgesehen werden (part time Mitarbeiter). Die Mitarbeiter sollen aufgrund dieser Regelung während der Mitarbeit am Projekt nicht mit projektfremden Aufgaben belastet werden[84]. Ihre bisherigen Rangunterschiede sind während der Projektdauer aufgehoben[85].

Es können, wenn die benötigten Fachleute im eigenen Unternehmen nicht verfügbar sind, Mitarbeiter eigens für die Durchführung des Projektes eingestellt werden. Diese verlassen nach dem Projektabschluß

*Abb. 22:*
Schaubildliche Darstellung der Reinen-Projekt-Organisation

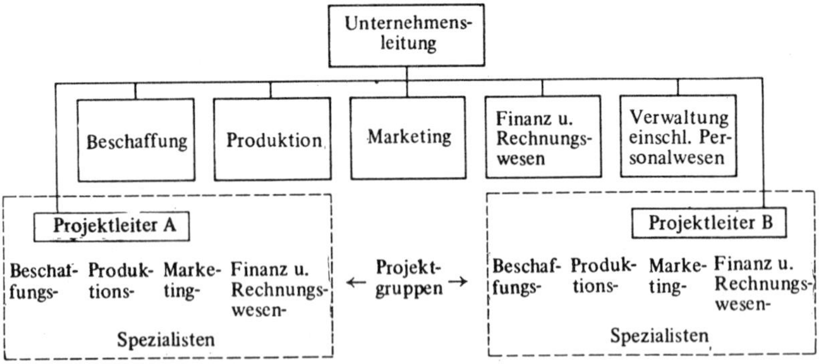


82 vgl. Timmermann, M., a. a. O., S. 316
83 vgl. Zimmermann, K. , a. a. O. , S. 45
84 Zur Organisation der Projektgruppen siehe: Kehren, H. , Organisation von Projektgruppen, in: ZfO. 40. Jg., 1971, S. 386 ff.,
85 vgl. Zimmermann, K. , a. a. O. , S. 48

das Unternehmen wieder (externe Berater) oder bekommen im Unternehmen ein anderes Aufgabengebiet übertragen.

Der Aufgabenkomplex des Projektleiters ist bei der reinen Projektorganisation im Vergleich zur Matrix-Organisation erheblich erweitert worden. Er besitzt außerordentliche Kompetenzen und die alleinige, volle Verantwortung für das Projekt und dessen Durchführung[86]. Alle am Projekt beteiligten Mitarbeiter werden unter seiner Leitung zu einer Projektgruppe, einer eigenständigen Aktionseinheit (Subsystem) zusammengefaßt. Sämtliche für das Projekt bereitgestellten Ressourcen unterliegen seiner Verfügungsgewalt[87]. Dieser Grundtyp entspricht weitestgehend einer „totalen" Projektorganisation.

Die reine Projektorganisation ist im Gegensatz zu den beiden anderen Grundtypen diejenige, die besonders bei sehr komplexen Projekten eingesetzt wird. Sie ist weniger flexibel als die Matrix-Organisation und zudem aufwendiger, jedoch besitzt sie den großen Vorteil, daß sich die Mitarbeiter ausschließlich mit dem Projekt beschäftigen und dadurch dessen Problematik besser verstehen. Zudem ist die Kommunikation der Projektmitarbeiter besonders stark.[88] Nachteile dieses Grundtyps können sich vor allen Dingen für die Projektmitarbeiter in bezug auf ihre spätere Tätigkeit im Unternehmen ergeben.

Entscheidend für die Effizienz ist die Organisation der Projektgruppe sowie die Arbeit in der Gruppe.

Für alle Formen der Projektorganisation gilt, daß der Erfolg der Projektarbeit stark von der Person des Projektleiters abhängig ist. Daher muß bei dessen Auswahl mit besonderer Sorgfalt vorgegangen werden[88a].

### 2232 Teamorientierte Organisationsstrukturen

Bei den teamorientierten Strukturen handelt es sich um theoretische Strukturierungsmöglichkeiten, für deren Realisation in der Praxis erst Ansätze feststellbar sind. „Die Besonderheit teamorientierter Strukturen besteht in der Übertragung von Entscheidungsbefugnis an Gruppen anstelle der Übertragung an einzelne Personen. Die hierdurch

86 vgl. Siegwart, H. , a. a. O. , S. 14
87 vgl. Schröder, H. J. , a. a. O. , S. 75
88 vgl. Siegwart, H. , a. a. O. , S. 15
88a Zu den Anforderungen an den Projektleiter siehe Zimmermann, K., a. a. O., S. 49

erforderliche Strukturänderung betrifft folglich nicht primär das Leitungssystem der Unternehmung als Ganzes, sondern beschränkt sich auf die Umwandlung der zuvor unipersonalen Instanzen in multipersonale Instanzen[89]", also eine Überführung von Singular- in Pluralinstanzen. Ansatzpunkte dieser Teamorientierung sind bereits in der Einrichtung von Ausschüssen und Kommissionen zu sehen, sofern diesen neben den Beratungs- auch Entscheidungsfunktionen übertragen werden.

Da die teamorientierten Konzeptionen im wesentlichen auf dem Übergang von Singular- in Pluralinstanzen beruhen, sind auch alle bisher dargelegten Organisationsstrukturen — Einliniensystem, Stabliniensystem, Divisionalisierte Organisation, Matrix-Organisation und reine Projektorganisation — ohne entscheidende Abänderung der jeweiligen Grundkonzeption in teamorientierte Strukturen überführbar.

In der theoretischen Diskussion stehen drei Konzeptionen im Vordergrund, das „System überlappender Gruppen", das „Colleague-Model" und „Teams als Ergänzung des traditionellen Organisationsmodells".

„Teams sind Kollektive, die intern keine Einzelverantwortung in bezug auf die Gesamtaufgabe der Gruppe zulassen. Damit hängt zusammen, daß Teams eine hierarchiefreie interne Struktur besitzen sollen, die das Solidarprinzip verwirklicht. Das bedeutet dagegen nicht, daß in der Gesamtorganisation im Verhältnis mehrerer Teams untereinander oder eines Teams zu anderen Institutionen ebenfalls keine hierarchischen Beziehungen bestehen dürfen. . . Der Umstand, daß in allen Modellen hierarchiefreie Teams eingebunden sind in hierarchische Strukturen, deutet auf mögliche Spannungen hin zwischen den kreative Freiräume beanspruchenden Teammitgliedern und den durch die Hiearchie auferlegten Einschränkungen"[90].

Die Entwicklung teamorientierter Organisationsstrukturen beruht auf theoretischen Einsichten und praktischen Erfahrungen, die sich u. a. in den folgendne Punkten zusammenfassen lassen[90a]:

- Zunehmende Komplexität betrieblicher Aufgaben:

Eine wachsende Aufgabenkomplexität erhöht den Grad der Arbeitsteilung und damit verbunden den Integrations- und Koordinationsauf-

89 vgl. Grochla, E. , Unternehmensorganisation, a. a. O. , S. 214

90 Bendixen, P., Teamorientierte Organisationsformen, in: Handwörterbuch der Organisation, 2. Aufl., Stuttgart 1980, Sp. 2228

90a Zu den folgenden Ausführungen siehe Bendixen, P., a. a.O., Sp. 2228 f.

wand durch intensivere Kommunikation. Die breitere Informationsbasis einer Gruppe als Basis für Entscheidungen und der emotionale Vorteil einer kollektiv getragenen Verantwortung im Hinblick auf die Unsicherheit eines Einzelnen verbessern die Erfüllung komplexer werdender Aufgaben.

- Steigender Innovationsbedarf:

Die Unternehmen sind im Hinblick auf ihre mittel- und langfristige Zielerreichung im zunehmenden Maße auf Innovationen im technischen (Produkte, Verfahren) und kaufmännischen (Struktur und Strategie) Bereich angewiesen. Teamarbeit verbessert aufgrund ihrer stimulierenden und kommunikationsfördenden Eingenschaften den erforderlichen Innovationsprozeß.

- Abbau autoritärer Strukturen:

Von den in der Gesellschaft feststellbaren Strömungen, autoritäre Strukturen abzubauen, bleiben die Unternehmen nicht unberührt. In der Schaffung teamorientierter Organisationsstrukturen können diese Umwelteinflüsse im Unternehmensaufbau Berücksichtigung finden.

### 22320 Gruppenorientierte Gesamtstrukturen

Die vorstehend genannten Konzeptionen „System überlappender Gruppen" und „Colleague-Model" können als gruppenorientierte Gesamtstrukturen gekennzeichnet werden; d. h., das Gruppenprinzip wird zur entscheidenden Basis der Gebildestruktur. Aufgaben werden nur Gruppen, nicht aber einzelnen Mitarbeitern im Unternehmen zugeordnet und die Aufgabenerfüllung (Arbeitsprozeß) vollzieht sich in Form der Teamarbeit.

#### Das „System überlappender Gruppen"[90b]

Diese Gebildestruktur besteht aus einer Vielzahl sich vertikal und horizontal überlappender Gruppen, die durch sogenannte „linking pins" (Bindeglieder) miteinander verknüpft sind. Die „linking pins" sind Mitglieder zweier Gruppen. Der Leiter einer Gruppe nimmt die Funktion des Bindegliedes in vertikaler Richtung wahr, ist damit gleichzeitig

90b Dieses Konzept wurde von R. Likert aufgrund der empirischen Untersuchungen des „Institute for Sozial Research" an der Universität Michigan (USA) entwickelt. Siehe: Likert, R., New Patterns of Management, New York-Toronto-London 1961, Likert, R., The Human Organization: Its Management and Value. New-York-St. Louis 1967

also Mitglied einer hierarchisch übergeordneten Gruppe (vertikaler linking pin). Die Funktion in horizontaler Richtung, Verbindung mit hierarchisch gleichgeordneten Gruppen, kann von einem beliebigen Mitglied der Gruppe wahrgenommen werden (horinzontaler linking pin). Durch diese „linking pins“ soll die vertikale und die horizontale Kommunikation im Unternehmen verbessert werden. Die Entscheidungen in den Gruppen werden kollegial getroffen. Kommt eine solche Entscheidung nicht zustande, so hat der Leiter der Gruppe ein Alleinentscheidungsrecht.

*Abb. 23:*
System überlappender Gruppen

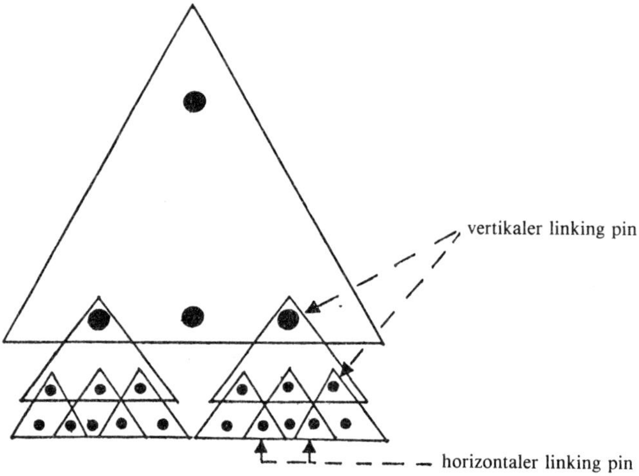


Diese Konzeption soll die Leistungsbereitschaft und die Arbeitszufriedenheit der Mitarbeiter dadurch erhöhen, daß Entscheidungs- und Ausführungsaufgaben in einer auf Loyalität und Kooperation beruhenden Gruppe erfüllt werden. Zudem wird die Wahrnehmung von Entscheidungs- und Realitationsaufgaben durch unterschiedliche Personen z. T. aufgehoben und damit die hierarchische Gliederung in Vorgesetzte und Untergebene. Anstehende Probleme werden durch das Wissen und die Erfahrung einer Vielzahl von Mitarbeitern leichter und besser lösbar (Erhöhung der Qualität der realisierten Lösungen).

Wie aus diesen Ausführungen erkennbar wird, wird das Leitungssystem der Unternehmung (hierarchische Strukturierung) nicht primär geändert, sondern es handelt sich um eine Änderung des Führunsstils auf der Basis einer nicht mehr autoritären Hierarchie.

Das „Colleague Model“[90c]

Das „Colleague Model“ wurde aufgrund der Kritik am Stab-Linien-System entwickelt. Es soll die Konflikte, die aus den unzureichend geregelten soziologischen und psychologischen Beziehungen des Stabes zur Instanz entstehen, abbauen. In den „Colleague Groups“ werden die bisherigen Mitarbeiter des Stabes und der Instanz zu einem Team zusammengefaßt. Dieses Team setzt sich aus einer Leitungseinheit („program unit“) und Unterstützungseinheiten („sustaining unit“) zusammen.

*Abb. 24:*
Colleague-Modell

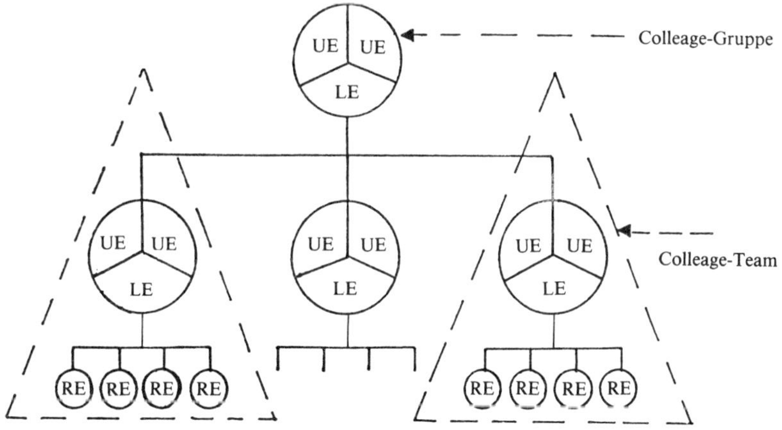


UE = Unterstüzungseinheit
LE = Leitungseinheit
RE = Realisatinseinheit

Die Gesamtverantwortung des Teams für die Aufgabenerfüllung bleibt trotz der Untergliederung in Leitungs- und Unterstützungseinheiten erhalten. Diese bezieht sich sowohl auf die Entscheidungs- als auch die Realisationskomponente. Die Realisationskomponente kann unterge-

90c siehe: Golembiewski, R. T., A New „Staff" Model: A Synthesis from Behavioral Research. in: Managerial Behavior and Organization Demand. Chicago 1967, S. 296 ff; Golembiewski, R. T., Toward the Colleague Concept of Staff: The „Team“ as an Organizing Divice, in: Organizing Men and Power, Chicago 1967, S. 118 ff., wieder abgedruckt in: Grochla, E., Unternehmungsorganisation, Reader and Abstracts, Reinbeck bei Hamburg 1972, S. 283 ff.

ordneten Aktionseinheiten (Colleague-Groups und/oder Realisationseinheiten) übertragen werden. Diese untergeordneten Aktionseinheiten bilden mit der zugehörigen Colleague-Gruppe ein Colleague-Team.

Die Unterscheidung in „technical issues“ und „substantive issues“ beruht auf der Arbeitsteilung der Gruppenmitglieder. Als „substantive issues“ werden solche Aufgabenstellungen betrachtet, die mehrere Gruppenmitglieder betreffen und für die im Hinblick auf die Erfüllung im vorhinein keine Übereinstimmung besteht (Sachverhalte von grundsätzlicher Bedeutung). Sie erfordern daher eine Gruppenentscheidung. Die „technical issues“ sind solche Aufgabenstellungen, die in das Spezialgebiet eines Aufgabenträgers fallen bzw. solche, die zwar mehrere Gruppenmitglieder betreffen, aber über deren Erfüllung aufgrund von Grundsatzentscheidungen in vorhinein Übereinstimmung besteht. Diese erfordern daher keine Gruppenentscheidung. In der Praxis wird es aber häufig schwierig sein, die Aufgaben eindeutig einer dieser beiden Gruppen zuzuweisen.

Das Colleague-Modell stimmt mit dem System überlappender Gruppen dahingehend überein, daß auf der Grundlage einer hierarchischen Unternehmensstruktur ein teamorientiertes Strukturierungskonzept realisiert wird. Betont wird bei diesem Strukturierungskonzept die Beteiligung von Spezialisten (Experte) an der Entscheidungsfindung und -verantwortung sowie eine sachgerechte Berücksichtigung der auf wissenschaftlicher Methodik basierende Expertenarbeit.

### 22321 Partielle Gruppenstrukturen

Bei den partiellen Gruppenstrukturen treten Gruppen ergänzend zur Linienstruktur hinzu, d. h., nicht die gesamte Gebildestruktur besteht aus Teams und nicht alle Aufgaben werden in Form der Teamarbeit erfüllt. Zu dieser Gruppe zählen das Modell ,,Teams als Ergänzung des traditionellen Organisationsmodells“ und die Matrixorganisation (vgl. Punkte 222 und 22311).

#### Teams als Ergänzung des traditionellen Organisationsmodells[90d]

Dieses Konzept beruht darauf, daß für die Lösung komplexer Problemstellungen strategischer, struktureller und operativer Art Teams gebildet werden, während die laufenden Aufgaben in Form der traditionellen

90d Diese Konzeption wurde von W. Schnelle entwickelt (siehe: Schnelle, W., Entscheidungen im Management. Wege zur Lösung komplexer Aufgaben in großen Organisationen. Quickborn 1966)

Gebildestruktur (Stab-Linien-System) erfüllt werden. Für die Lösung komplexer Problemstellungn werden dabei folgende Gruppen gebildet:
*Entscheidunsgruppe:* Diese Gruppe wird aus Mitgliedern der Unternehmensleitung und den Leitern der betroffenen Bereiche gebildet. Ihre Aufgabe besteht in der Formulierung der zu lösenden Problemstellung, in der Festlegung von Terminen und in der Entscheidung über die zu realisierende Lösungsalternative. Außerdem setzt sie die Planungsgruppe ein.
*Planungsausschuß:* Dieser Ausschuß setzt sich aus Mitarbeitern der betroffenen Unternehmensbereiche zusammen. Seine Funktion besteht in der Bereitstellung von Fachwissen und in der Klärung von Sachfragen.
*Planungsgruppe:* Diese Gruppe erarbeitet die alternativen Lösungsmöglichkeiten für die anstehende Problemstellung. Sie besteht aus Mitarbeitern des Unternehmens und/oder externen Spezialisten.

*Informationsgruppe:* Diese Gruppe besteht aus Mitarbeitern der betroffenen Unternehmensbereiche. Ihre Mitglieder werden von der Planungsgruppe über den Fortschritt der Arbeit sowie über etwaige Änderungen in den betroffenen Bereichen informiert. Diese Gruppe übernimmt damit die wichtige Rückkoppelungsfunktion zu den betroffenen Abteilungen im Unternehmen.

Planungsausschuß und Informationsgruppe sind keine „festen“ Teams. Sie treten im Bedarfsfalle zusammen.

*Abb. 25:*
Teams als Ergänzung des traditionellen Organisationsmodells

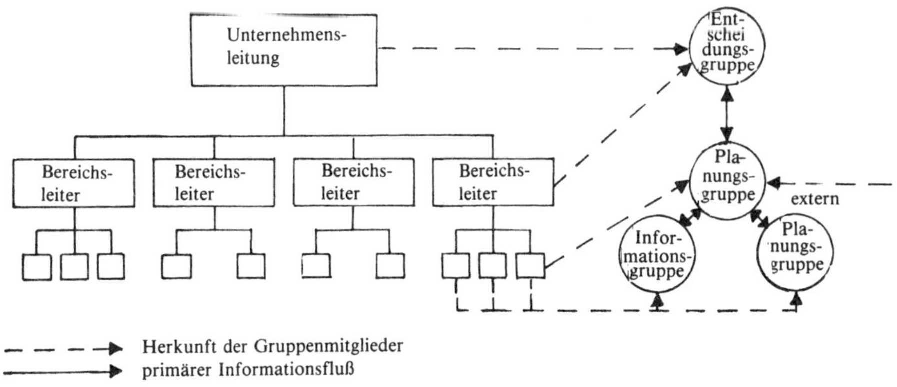

Bei der Realisation dieser Konzeption sind folgende Schwierigkeiten zu erwarten:

1. Gefahr der Bildung einer zu großen Anzahl von Teams.
2. Konflike zwischen Teams und Linie, da Experten nicht an der Realisierung der von ihnen entwickelten Konzeptionen beteiligt sind.
3. Mitgliederwechsel der Teams erschwert Kooperation mit der Linie.
4. Problem der Eingliederung der Mitglieder des Teams in die Linie nach Lösung der Aufgabenstellung (unterschiedliche Arbeitsmethoden, Repressalien bei von der Linie nicht akzeptierten Problemlösungen).
5. Ersetzung der in den Teams tätigen Mitarbeiter im Rahmen der laufenden Aufgabenerfüllung.

*Literatur*


| | |
|---|---|
| Bendixen, P., | Teamorienierte Organisationsformen, in: Handwörterbuch der Organisation, 2. Aufl., Stuttgar 1980, Sp. 2227 ff. |
| Damkowski, W., | Managementkonzepte und Managementtechniken. Ihre Anwendung und Eignung in der öffentlichen Verwaltung. in: ZfO 44. Jg. 1975, S. 153 ff. |
| Dreger, W., | Projekt-Management, Planung und Abwicklung von Projekten, Wiesbaden und Berlin 1975 |
| Frese, E., | Grundlagen der Organisation, Die Organisationsstruktur der Unternehmung, Wiesbaden 1980 |
| ders., | Aufbauorganisation, Gießen 1976, S. 171 ff., |
| Grochla, E. | Unternehmensorganisation, Hamburg 1972, S. 172 ff. |
| Hill, W., Fehlbaum,R., Ulrich, P., | Organisationslehre, 2 Bde, Bern und Stuttgart 1974, Bd. 1, S. 191 ff. |
| Kieser, A. | Zur Flexibilität verschiedener Organisationsstrukturen, in: Zeitschrift für Organisation, 38. Jg., Wiesbaden 1969, S. 273 ff. |
| Kieser, A., Kubicek, H., | Organisation, 2. Aufl., Berlin-New York 1983, S. 71-210 |
| Köhler, R., | Organisation des Produkt-Management, in: Handwörterbuch der Organisation, 2. Aufl., Stuttgart 1980, Sp. 1923 ff. und die dort angegebene Literatur |
| Scharmann, Th. | Teamarbeit in der Unternehmung, Bern-Stuttgart 1972 |
| Schnelle, W. | Entscheidungen im Management. Wege zur Lösung komplexer Aufgaben in großen Organisationen, Quickborn 1966 |
| Schröder, H. J., | Projekt-Management, Wiesbaden 1979 |

## 224 Fallstudie 5:

### Die Unternehmung Elto-Müller

#### 1. Das Unternehmen Elto-Müller

Das Unternehmen Elektrotechnik-Müller wird in der Rechtsform der Einzelunternehmung geführt. Der Unternehmer Müller hat, aufbauend auf der vom Vater ererbten Elektromotorenfabrik, in den letzten fünf Jahren durch die Akquisition von fünf Einzelunternehmen der Elektrotechnik-Branche sein Unternehmen erheblich erweitert, sodaß es zum augenblicklichen Zeitpunkt ca. 2.000 Beschäftigte zählt und einen Umsatz von DM 270,0 Mio. per anno erzielt.

Beeinflußt durch die in den sechziger Jahren von amerikanischen Beratungsfirmen geförderten divisionalisierten Organisation in Form der Profit-Center beschloß Herr Müller, die sechs vormaligen Einzelunternehmen jeweils in der Form eines Profit-Centers zu führen. Die

*Abb. 26:*
Organisationsstruktur der Unternehmung Elto-Müller

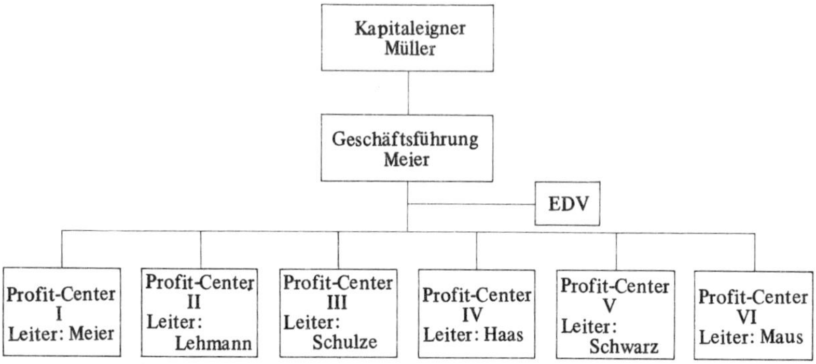


Leitung der gesamten Unternehmung – etwa einer Konzernspitze vergleichbar – übertrug er einem Geschäftsführer, der in Personalunion ein Profit-Center leitet. Die Unternehmensgliederung der Firma Elto-Müller ist in dem obigen Organisationsschaubild dargestellt.

Die sechs Profit-Center nehmen alle betrieblichen Funktionen selbständig wahr, d. h. jedes Profit-Center beschafft eigenständig Materialien, Hilfs- und Betriebsstoffe, besitzt einen selbständigen Produktionsbereich einschließlich Reparaturwerkstätten, ein eigenes Vertriebssystem und einen Verwaltungsbereich. Lediglich das Rechenzentrum (EDV-Abteilung) wird von allen Profit-Centern gemeinsam genutzt, während die Kapitalbeschaffung vom Kapitaleigner Müller selbst wahrgenommen wird.

Die Produktionsprogramme der einzelnen Profit-Center – es werden Generatoren, Elektromotore, Stromrichter, Zähler, Akkumulatoren und Regler gefertigt – überschneiden sich teilweise.

2. Problemstellung

In den letzten Jahren weist der Gewinn des Unternehmens Elto-Müller trotz eines wert- und mengenmäßig gestiegenen Umsatzes eine sinkende Tendenz auf, und das Unternehmen droht in die Verlustzone zu geraten. Herr Müller führt diese Entwicklung auf folgende, von ihm im Unternehmen festgestellte Probleme zurück:

- fehlende Zusammenarbeit zwischen den Profit-Centern, selbst beim Vorliegen gleichartiger Probleme,
- trotz des Einsatzes einer EDV-Anlage, die lt. Aussage des Leiters des Rechenzentrums eine ausreichende Kapazität besitzt, liegt kein aussagefähiges Berichtswesen vor,
- eine Erfolgskontrolle des einzelnen Profit-Centers und damit ein zur Verantwortungziehen der Leiter dieser Center ist nicht möglich, da kein Profit-Center über ein aussagefähiges Rechnungswesen verfügt,
- fehlende Durchsetzungsmöglichkeiten des Geschäftsführers gegenüber den Leitern der Profit-Center in bezug auf die grundlegenden unternehmenspolitischen Richtlinien,
- weitgehende Abhängigkeit des Kapitaleigners bei der Entscheidungsfindung (Gesamtunternehmensentscheidungen) von den Leitern der Profit-Center.

Der Kapitaleigner Müller beauftragt, da im eigenen Unternehmen kein entsprechend qualifizierter Mitarbeiter, der nicht zugleich Betroffener wäre, vorhanden ist, eine Beratungsfirma mit der organisatorischen Untersuchung der Unternehmung.

3. Organisationsauftrag

Herr Müller erteilt der Beratungsfirma A folgenden Organisationsauftrag: „Untersuchung der Gesamtorganisation der Unternehmung

Elto-Müller zur Feststellung der Ursachen für den sinkenden Gewinn, Überprüfung der divisionalisierten Organisation in Form der Profit-Center als einer für das Unternehmen geeigneten Organisationsform. Erarbeitung praktikabler Reorganisationsvorschläge, insbesondere im Hinblick auf die zukünftige Unternehmensgebildestruktur."

4. Ergebnis der Istaufnahme

Aufgrund einer umfassenden Aufnahme des Istzustandes und einer darauf aufbauenden Istkritik stellt die Beratungsfirma A die folgenden, wesentlichen Mängel fest:

- Kein Profit-Center verfügt über ein Rechnungswesen, das eine aussagefähige Erfolgsanalyse ermöglicht; Verlustquellen sind gar nicht oder nur grob feststellbar.
- Forschung und Entwicklung werden nur in den Divisionen I und IV betrieben; die Auswertung der Ergebnisse wird den übrigen Divisionen nicht zugängig gemacht.
- Jede Division verfügt über ein eigenes Vertriebssystem; bei den Divisionen I und IV besteht es aus selbständigen Handelsvertretern, bei den übrigen Divisionen werden Reisende eingesetzt; die Verkaufsgebiete der Profit-Center überschneiden sich.
- Da jede Division eine eigene Personalabteilung besitzt, eine von den übrigen Divisionen unabhängige Personalführung und -politik betreibt, ist die Qualität der Mitarbeiter im Vergleich der Divisionen untereinander sehr unterschiedlich; insbesondere schlagen sich diese Tatbestände in einem ungleichen Gehalts- und Lohnniveau nieder.
- Nur die Division III verfügt über einen technischen Kundendienst.
- Bei allen Divisionen ist die zweite Führungsebene, d. h. die den jeweiligen Leitern unmittelbar unterstellten Mitarbeiter, schwach besetzt. Der Grund ist darin zu sehen, daß aufgrund der hohen Gehälter für die Leiter der Divisionen bei den nachgeordneten Führungsebenen durch einen verminderten Personalaufwand eine Kompensation angestrebt wird.
- Die Leiter der Divisionen besitzen eine vollständige Autonomie und unterlaufen erfolgreich alle Kontrollversuche durch den Geschäftsführer; eigene Mißerfolge können aufgrund des Fehlens eines aussagefähigen Berichts- und Rechnungswesens verschleiert werden.

- Mangelnde Auslastung von Spezialisten für gleiche Funktionen in den sechs Divisionen, insbesondere im Beschaffungs- und Verwaltungsbereich; sehr unterschiedliche Qualifikationen der gleiche Funktionen wahrnehmenden Mitarbeiter.

5. Fragen zur Fallstudie

a) Überprüfen Sie, ob die für eine Divisionalisierung erforderlichen Voraussetzungen gegeben sind.
b) Welchen organisatorischen Tatbeständen ist bei der vorhandenen Unternehmensstruktur keine bzw. zu geringe Beachtung beigemessen worden?
c) Welche Reorganisationsmaßnahmen sind bei einer Beibehaltung der divisionalisierten Organisation zu ergreifen, um die von der Beratungsfirma festgestellten Mängel zu beseitigen, bzw. ihre Auswirkungen zu reduzieren? Stellen Sie das Ergebnis ihrer Überlegungen auch in Form eines Organigramms dar.
d) Untersuchen Sie, inwieweit durch eine funktionale Organisation die im Rahmen der Istkritik festgestellten Mängel beseitigt werden können. Stellen Sie das Ergebnis ihrer Überlegungen auch in Form eines Organigramms dar.
e) Welche der von Ihnen entwickelten Alternativen (Punkt c und d) würden Sie dem Unternehmer Müller zur Realisierung vorschlagen? Begründen Sie Ihre Entscheidung!

Die Antworten finden Sie auf Seite 219 ff.

## 225 Fallstudie 6:

## Die Maschinenfabrik M und K KG

1. Die Unternehmung Maschinenfabrik M und K KG

Die M und K KG ist Hersteller von Spezialmaschinen für den Textilbereich. Das Produktionsprgramm umfaßt Baumwollspinnmaschinen, Webautomaten und Rundstrickmaschinen. Das Unternehmen hat einen augenblicklichen jährlichen Umsatz von DM 98,0 Mio. und beschäftigt rd. 600 Mitarbeiter in der Fertigung und Verwaltung.

2. Beschreibung des Projektes

Das Unternehmen besitzt keine eigene Elektronische-Datenverarbeitungsanlage. Arbeiten aus dem Finanz- und Rechnungswesen werden in einem externen, herstellergebundenem Rechenzentrum abgewickelt. Der Leiter der aus drei Mitarbeitern bestehenden Organisationsabteilung hat als Koordinationsstelle, also als „change catalyst" im Sinne des „Planned organizational change", u. a. die Aufgabe, die Mitarbeiter des Finanz- und Rechnungswesens sowie das externe Rechenzentrum mit den zur Aufgabenfüllung notwendigen Informationen zu versorgen. Wartung und Änderungsdienst der Programme werden vom Rechenzentrum vorgenommen, von dem sie auch entwickelt worden sind. Der Leiter der Organisationsabteilung besitzt als einziger Mitarbeiter im Unternehmen fundierte Organisations- und EDV-Kenntnisse.

Besondere Schwierigkeiten im Rahmen der Koordination zwischen externem Rechenzentrum und dem Unternehmen ergeben sich aus der Haltung des Leiters des Finanz- und Rechnungswesens, der sich gegen eine wachsende edv-maschinelle Aufgabenabwicklung wehrt. Zudem realisiert er nur zögernd die edv-bedingten Reorganisationsmaßnahmen. Die Gründe sind darin zu sehen, daß einerseits der Leiter der Organisation keine diesbezüglichen Anweisungsbefugnisse besitzt, zum anderen die Unternehmensleitung sich die entsprechenden Entscheidungen vorbehält. Der Zeitaufwand für die Entscheidungsfindung ist relativ groß, weil die Unternehmensleitung nur aufgrund schriftlicher Stellungnahmen des Leiters des Finanz- und Rechnungswesens und des Leiters der Organisationsabteiung entscheidet.

Die Unternehmensleitung beschließt aufgrund einer entsprechenden, auf der Initiative des Leiters der Organisationsabteilung beruhenden Ausarbeitung, eine EDV-Anlage zu installieren. Dem Leiter der Organisationsabteilung wird der Auftrag erteilt, einen Vorschlag für die Durchführung des Projektes „Einsatz einer eigenen EDV-Anlage" vorzulegen. Insbesondere soll der Vorschlag folgende Komplexe beinhalten.

a) Organisationsform des Projektes, insbesondere unter Beachtung der folgenden Restriktionen:

- die Unternehmensleitung darf nicht mit Detailentscheidungen belastet werden.

- die laufende Aufgabenerfüllung in den Funktionsabteilungen soll weitgehendst unberührt von der Durchführung des Projektes bleiben, da bereits aufgrund der knappen Personaldecke die Erfüllung der laufenden Aufgaben nur durch einen äußerst hohen Leistungsgrad der Mitarbeiter erreicht werden kann.
- etwaig notwendig werdende Einstellungen von neuen Mitarbeitern für die Dauer des Projektes sind zu berücksichtigen.
- da zukünftig neben Aufgaben des Finanz- und Rechnungswesens vor allen Dingen Teilaufgaben der Fertigung – Fertigungsplanung, Fertigungssteuerung – edv-maschinell abgewickelt werden sollen, ist die Projektarbeit von abteilungs- bzw. ressortpolitischen Gesichtspunkten frei zu halten.

b) Darlegung des geplanten Projektablaufs aufgrund der wichtigsten zu durchlaufenden Phasen.

3. Fragen zur Fallstudie

a) Schlagen sie die zu realisierende Form für die Organisation des anstehenden Projektes vor. Begründen Sie den Vorschlag aufgrund der betriebsindividuellen Gegebenheiten und weisen Sie nach, daß die von der Unternehmensleitung gesetzten Restriktionen Berücksichtigung gefunden haben.

b) Stellen Sie den geplanten Projektablauf dar. Beschreiben Sie die einzelnen Phasen und benennen Sie hier insbesondere die beteiligten Stellen/Abteilungen der Unternehmung.

Die Antworten finden Sie auf Seite 225 ff.

## 23 Effizienz von Organisationsstrukturen

### 230 Vorbemerkung

Wie die bisherigen Ausführungen zeigen, ergibt sich aufgrund der unterschiedlichen Kombinationen grundlegender Strukturierungsprinzipien eine Vielzahl möglicher Organisationsstrukturen, z. B. funktionale Stab-Linien-Organisation, Produktmanagement, divisionale Organisation. Damit steht der Organisator beim Aufbau eines Unternehmens (Erstorganisation) oder im Rahmen von Reorganisationsuntersuchungen vor dem Problem, für welche Organisationsstruktur er sich entscheiden soll. Dies beinhaltet zugleich die Frage nach den Kriterien seiner

Ausgewählte Effizienzansätze[91]

| Ansatz | Vertreter | Kurzbeschreibung | Nominaldefinition |
|---|---|---|---|
| Ziel-Ansatz | Barnard 1938, Georgopoulos u. Tannenbaum 1957, Price 1968 | Grundlagen der Effizienzbetrachtung sind die als Ziele interpretierbaren Aspekte der Leistungsfähigkeit einer Unternehmung. Im Mittelpunkt steht die direkte bzw. indirekte Ermittlung der von einer Unternehmung tatsächlich angestrebten Ziele. | Grad ihrer Zielerreichung |
| Managerial-Effectiveness-Ansatz | Campbell u. a. 1970, Reddin 1970, Mahoney u. Weitzel 1969 | Grundlagen der Effizienzbetrachtung ist die Effizienz der die Unternehmung führenden Schlüsselpersonen. Voraussetzung für die Effizienzbeurteilung ist die Analyse von Verhaltenserwartungen, tatsächlichem Verhalten und Entscheidungssituation. | Situationsgerechte Erfüllung möglichst vieler Verhaltenserwartungen |
| System-Ressourcen-Ansatz | Yuchtman u. Seashore 1967 | Grundlagen der Effizienzbetrachtung sind die Transaktionsbeziehungen zwischen System und Umwelt sowie das Ausmaß, in dem ein System mit anderen um knappe Ressourcen konkurriert. | Stärke/Schwäche der Verhandlungsposition, die ein System gegenüber seiner Umwelt bzw. einem Umweltsegment erreicht |
| Einsatzhalter-Ansatz | Friedlander u. Pickle 1968, Gross 1964 | Grundlagen der Effizienzbetrachtung sind neben der Interessenbefriedigung unternehmensinterner Gruppen die Zufriedenstellung von Interessen für die Unternehmung relevanter Einsatzhalter (z. B. Aktionäre, Kunden, Banken) | Grad der Zufriedenstellung von Interessen gesellschaftlich relevanter Gruppen |

91 Welge, M. K. Fessmann, K.-D., a. a. O., Sp. 579

Strukturierungsentscheidung, mit deren Hilfe die Effizienz einer Organisationsstruktur beurteilt werden kann.

Die Effizienz kann definiert werden als „ein umfassendes, durch ein relationales Moment gekennzeichnetes Prädikat, mit dem in organisatorischer Hinsicht Gestaltungsprozesse oder deren Ergebnisse in abstufbaren Merkmalen qualifiziert werden können.“[92] Die organisatorische Effizienzforschung hat eine Vielzahl von Ansätzen entwickelt. Die am häufig genanntesten sind in der vorstehenden Übersicht zusammengestellt worden.

Auf der Ebene der Kriterien, mit denen diese Effizienzinhalte gemessen werden, sind die Unterschiede der verschiedenen Ansätze kaum noch feststellbar.

Die gegenwärtige Effizienzbetrachtung erweitert den Zuammenhang zwischen Organisationsstruktur und Effizienz um die Komponente Situation und geht damit von einer monovariablen Betrachtung zu einer multivariablen über, denn eine effektive Organisationsstruktur kann nur in Bezug auf die jeweilige Situation — u. a. Marktverhätlnisse, Technologie, Abhängigkeiten von anderen Institutionen — gestaltet werden[93]. Diese erweiterte Betrachtungsweise muß in den Bewertungskriterien Berücksichtigung finden.

231 Bewertungskriterien in der Literatur

Aufgrund der Vielzahl der Effizienzsätze und der durchgeführten empirischen Untersuchungen werden in der Literatur eine Vielzahl von Bewertungskriterien diskutiert[94]. In den folgenden Ausführungen können daher nur einige der entwickelten Kriterienkataloge beispielhaft dargestellt werden.

Hill, W., Fehlbaum, R. und Ulrich, P. untergliedern das übergeordnete organisatorische Ziel „Gesamtrationalität“ der Organisation in instrumentale und sozio-emotionale Rationalität. Instrumentale und sozioemotionale Rationalität sollen als Bewertungskriterien für eine Organisationsstruktur Verwendung finden. Bei der instrumentalen Rationalität wird zwischen der Produktvität erster Ordnung, die den „Betrag der Or-

92 Welge, M. K., Fessmann, K.-D., Organisatiorische Effizienz, in: Handwörterbuch der Organisation, 2. Aufl., Stuttgart 1980, Sp. 577.

93 vlg. Wollnik, M. Einflußgrößen der Organisation, in: Handwörterbuch der Organisation, 2. Aufl. Stuttgart 1980, Sp. 599 f.

94 vgl. Welge, M. K., Fessmann, K.-D., a. a. O., Sp. 581 ff.

ganisation an die Erhöhung der Produktivität von in wesentlichen immer gleich ablaufenden Systemprozessen[95]" beinhaltet und der Produktivität zweiter Ordnung, die den „Beitrag der Organisation an die Erhöhung der Produktivität von Systemprozessen, deren Ablauf ständigen Veränderungen unterworfen ist[96]," kennzeichnet, unterschieden.

Als Voraussetzungen für eine hohe Produktivität erster Ordnung (Produktivität I) werden genannt[97]:

- Routinisierung von Input-, Transformations- und Outputprozessen,
- harmonische Auslastung der Kapazitäten,
- wirtschaftliche Aufgabenerfüllung,
- keine Spannungen und Konflikte zwischen den Systemmitgliedern,
- Verläßlichkeit der Systemmitglieder in bezug auf die geforderte Leistung,
- Erhaltung der Präsenz der Systemmitglieder im System.

Zu den Voraussetzungen für eine hohe Produktivität zweiter Ordnung (Produktivität II) zählen:

- flexible Gestaltung der Kapazitäten,
- schnelle Informationsaufnahme und -auswertung von Bedingungsveränderungen und Entwicklung von wirksamen Reaktionen,
- Realisierung der Entscheidungen über notwendige Änderungen,
- innovatives und spontanes Verhalten der Systemmitglieder,
- Bereitschaft der Systemmitglieder zur Anpassung.

Die Voraussetzungen einer hohen Produktivität I und II sollen mit operationalen Indikatoren meßbar gemacht werden.

Die sozio-emotionale Rationalität ist das Ergebnis der individuellen Bedürfnisbefriedigung der Systemmitglieder innerhalb des Systems. Sie ist einerseits durch die Sicherheit der Systemmitglieder, gegen Ungewißheiten abgeschirmt zu sein, gekennzeichnet. Das bedeutet, daß weitgehende Regelungen bezüglich der zu erfüllenden Aufgaben, der einzusetzenden Verfahren und der Beziehungen der Systemmitglieder untereinander gegeben sein müssen. Andererseits ist die Selbständigkeit der Systemmitglieder eine Voraussetzung für eine sozio-emotionale Rationalität, die die Fähigkeit einer Organisation bezeichnet, „die Arbeitssituation der

95 Hill, W., Fehlbaum, R., Ulrich, P., a. a. O., Bd. 1, S. 163
96 ebenda, S. 164
97 ebenda, S. 163/164

*Abb. 27:*

Bewertungskriterien nach Hill, W., Fehlbau, R., Ulrich, P.

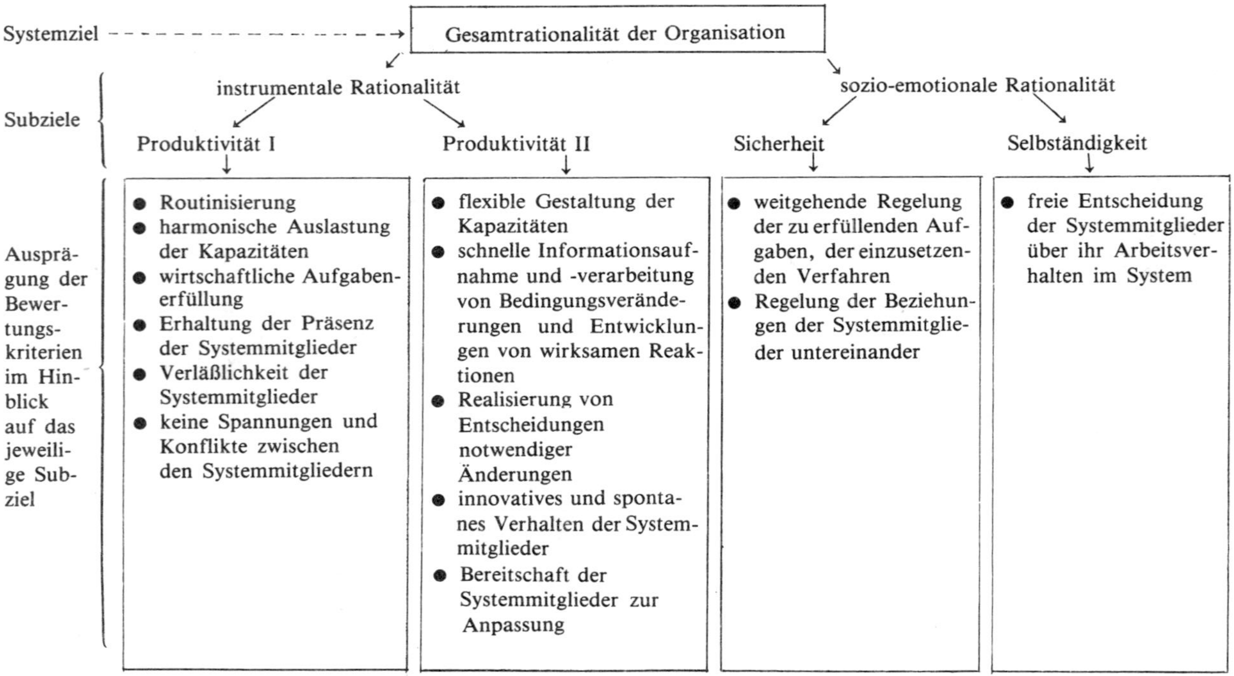

Systemmitglieder so zu gestalten, daß sie nach ihrem freien Ermessen über ihr Arbeitsverhalten im System entscheiden können."[98]

Sowohl zwischen der Produktivität erster Ordnung und der zweiter Ordnung als auch zwischen Sicherheit und Selbständigkeit herrschenden konkurrierende Beziehungen. Im Einzelfall müssen diese Bewertungskriterien situativ gewichtet werden.

Als Bewertungsgrundlage für Organisaionsstrukturen fordert Frese, E.[99] die Ableitung von Subzielen, die als Bewertungskriterien verwandt werden können. Er fordert, daß diese Subziele aus dem Systemziel „Erfolg der Unternehmung im Markt[100]" abgeleitet werden müssen und unterstellt, daß der Gesamterfolg der Unternehmung vom Ausmaß der Ressourcennutzung, der Berücksichtigung von Marktinterdependenzen bei Entscheidungen, der Reaktionsschnelligkeit der Unternehmung bei laufenden Veränderungen im Entscheidungsfeld und der Innovationsfähigkeit im Hinblick auf mittel- und langfristige Änderungen im Entscheidungsfeld abhängt.

Ausgehend von diesen Überlegungen werden folgende Subziele als Bewertungskriterien abgeleitet[101].

1. Nutzung vorhandener Ressourcen: Auswirkung einer organisatorischen Strukturmaßnahme auf die Ausnutzung der Ressourcen. Diese ist abhängig von der Regelung der Entscheidungskompetenz über den Einsatz der Ressourcen.
2. Berücksichtigung von Marktinderdepenzen: Das ist der Koordinationsaufwand, den eine Organisationsstruktur bei entstehenden Marktinterdependenzen erfordert. Dieser Koordinationsaufwand hängt davon ab, inwieweit durch die Kompetenzaufteilung zwischen den Entscheidungsträgern Marktinterdependenzen entstehen.
3. Dispositionsfähigkeit: Reaktionsschnelligkeit, die eine Organisationsstruktur gewährleistet, um Veränderungen im Rahmen des Produktions- oder Absatzprogramms aufgrund einer veränderten internen oder externen Situation durchzuführen.
4. Innovationsfähigkeit: Anpassungsfähigkeit des Produktions- und Absatzprogramms, die eine Organisationsstruktur bei Umschichtungen am Markt gewährleistet.

---

98 ebenda, S. 168

99 vgl. Frese, E., Grundlagen der Organisation — Die Organisationsstruktur der Unternehmung, Wiesbaden 1980, S. 321

100 ebenda, S. 329

101 vgl. ebenda, S. 330

Diese Subziele müssen in Form von operationalen Indikatoren meßbar gemacht werden.

Wie Frese, E. gehen Fuchs-Wegner, G. und Welge, M. K.[102], davon aus, daß die Anpassungsfähigkeit des Unternehmens als Voraussetzung für seine Überlebensfähigkeit ein übergeordnetes Beurteilungskriterium für eine Organisationsstruktur sein muß. Die Umwelt kann verschiedene Grade der Anpassungsfähigkeit, denen unterschiedliche Verhaltenstypen zugeordnet werden können, von einer Organisation fordern. Zur Beschreibung des jeweiligen Grades der Anpassungsfähigkeit werden die Strukturvariablen — Grad der Arbeitsteilung, Rollenspezialisierung, Standardisierung und Zentralisation — benutzt. Unter Arbeitsteilung wird die verrichtungsorientierte Segmentierung des betrieblichen Aufgabenkomplexes und die Zuordnung auf Aktionseinheiten verstanden und unter Rollenspezialisierung der Einsatz von Spezialisten im Unternehmen subsumiert. Die Standardisierung umfaßt die organisatorischen Regelungen für die Durchführung betrieblicher Prozesse (Verfahrensvorschriften), die Zentralisation bezieht sich auf die Regelung der Entstehungskompetenzen sowie auf die verrichtungsorientierte Zentralisation.

Der erste Verhaltenstyp, die Effizienz im Gleichgewicht, setzt Bedingungen voraus, die ein Minimum an Anpassungsfähigkeit infolge konstanter Nachfrage am Markt und konstanter technischer Verhältnisse vom Unternehmen fordert. Diesem Verhaltenstyp werden folgende Ausprägungen der Strukturvariablen zugeordnet: hoher Grad funktionaler Arbeitsteilung, weitgehende Standardisierung und starke Zentralisation von Entscheidungen. Eine Rollenspezialisierung ist nicht erforderlich[103].

Die „operative Anpassungsfähigkeit“ stellt die Forderung an das Unternehmen, auf Einflüsse zu reagieren, die nur die mengenmäßige Seite des Leistungsprogramms betreffen. Diese Unternehmen handeln damit weitgehend unter konstanten externen und internen Bedingungen. Dies bedingt die folgende Ausprägung der Strukturvariablen: ausgeprägte funktionale Arbeitsteilung, weitgehende Standardisierung und stärkere Dezentralisierung. Eine Rollenspezialisierung ist nicht erforderlich.

Durch die „strategische Anpassungsfähigkeit“ wird eine Unternehmung in die Lage versetzt, sowohl qualitative als auch quantitative Anpassun-

102 vgl. Fuchs-Wegner, G. Welge, M. K., Kriterien für die Beurteilung und Auswahl von Organisationskonzeptionen, in: Zeitschrift für Organisation, 43. Jg. 1974, S. 71 ff., 163 ff.
103 vgl. ebenda, S. 73

gen des Leistungsprogramms durchzuführen. Dies erfordert sowohl eine hohe Flexibilität des gesamten Systems als auch das Vorhandensein der Voraussetzungen für Innovation und Kreativität. Damit korrespondieren folgende Ausprägungen der Strukturvariablen: Geringe funktionale Arbeitsteilung, Aufgabengliederung produktorientiert, geringe Standardisierung in Bezug auf strategische Aufgabenerfüllungen. Zur Wahrnehmung und Analyse der Umwelteinflüsse sind eine verstärkte Entscheidungsdezentralisation und eine höhere Rollenspezialisierung nötig.

Der vierte mögliche Verhaltenstyp, die „strukturelle Anpassungsfähigkeit", wird von einem Unternehmen gefordert, das ständig organisatorischen Änderungen aufgrund der Umweltbedingungen (z. B. neue Technologien, Märkte und Aufgabenstellungen) ausgesetzt ist. Um diese Anpassungen ohne Störungen des betrieblichen Prozesses durchführen zu können, ist eine geringe Standardisierung, aber ein hoher Grad der Entscheidungsdezentralisation sowie eine erweiterte Rollenspezialisierung erforderlich.

Als ergänzende Bewertungskriterien werden Synergie, Slack, Koordination und Konflikt berücksichtigt und in Beziehung zu den verschiedenen Anpassungsformen gesetzt. Unter Synergie wird der Effekt verstanden, daß durch Kombination von Einzelaktivitäten eine Gesamtwirkung erreicht wird, die größer ist als die Summe der Einzelaktivitäten[104]. Slack ist die Differenz zwischen den eingesetzten und den tatsächlichen zur Zielerreichung benötigten Ressourcen, charakterisiert mithin eine Unwirtschaftlichkeit[105]. Die Koordination umfaßt alle Maßnahmen, die die Ressourcen auf die Teilbereiche des Planungsprozesses verteilen und die die Entscheidungen der Instanzen auf das Gesamtziel der Unternehmung ausrichten. Technokratische, personenorientierte und strukturelle Koordinationsformen sind möglich. Als weiteres Beurteilungskriterium wird der Konflikt berücksichtigt, der durch Ziel- und Orientierungsinhomogenität sowie Interessenüberschneidungen der Organisationsmitglieder entsteht. Der Abbau von Konflikten erfordert den Einsatz von Ressourcen. Konfliktlösungs- und Verhandlungsprozesse erschweren die Anpassung der Unternehmung an ihre Umwelt.

Schematisch läßt sich dieses Bewertungssystem wie folgt darstellen:

104 vgl. E. Frese, Grundlagen der . . ., a. a. O., S. 330
105 vgl. E. Grochla, Unternehmensorganisation, Reinbek 1972, S. 158

*Abb. 28:*
Bewertungskriterien nach Fuchs-Wegener, G. u. Welge, M. K.

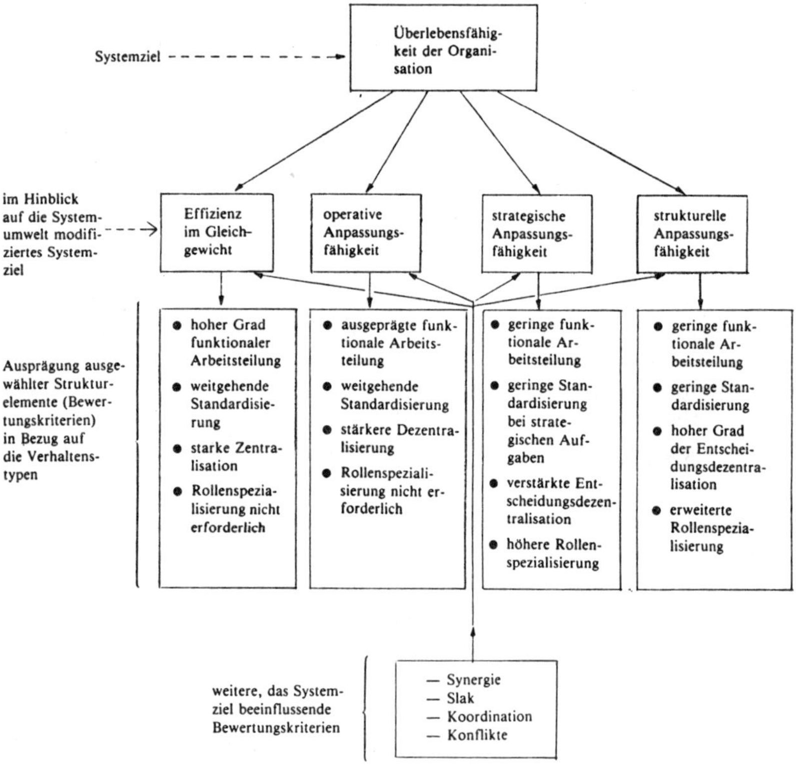


## 232 Praktische Durchführung der Effizienzermittlung

Wie die vorstehenden Ausführungen, die nur einen Einstieg in das weite Feld der Effizienzbeurteilung von Organisationsstrukturen darstellen, bereits zeigen, sind die Effizienzforschung und die empirischen Untersuchungen noch nicht zu einem allgemein akzeptierten System der Beurteilung gelangt. Dieser Tatbestand führt für die praktische Effizienzbeurteilung von unterschiedlichen Organisationsstrukturen zu folgenden Problemen:

- eindeutige Identifizierung von Systemzielen
- Ableitung von Subzielen
- Identifizierung der Auswirkungen unterschiedlicher Ausprägungen von Strukturelementen auf den Zielerreichungsgrad[106].

Hinzu kommt noch ein meßtheoretisches Problem, nämlich die Operationalisierung der Bewertungskriterien in Form von Indikatoren[107].

Unabhängig von der Schwierigkeit des Fehlens einer wissenschaftlich begründeten Effizienzbeurteilung von Organisationsstrukturen besteht für den Organisator in einer konkreten Situation die Notwendigkeit, sich für eine der möglichen Strukturierungsalternativen zu entscheiden. Will er sich nicht auf seine Intuition verlassen und soll die Entscheidung überprüfbar sein, muß er Kriterien für seine Strukturierungsentscheidung finden und sich einer Entscheidungshilfe bedienen.

Die in der Literatur dargestellten Bewertungskriterien stellen für den Organisator einen Katalog dar, aus dem er im Hinblick auf seine konkrete Situation die Bewertungskriterien auszuwählen hat, die nach seiner Beurteilung von ihrer Bedeutung her Berücksichtigung finden müssen, d. h. die Auswahl der Bewertungskriterien ist in erster Linie vom Organisator aufgrund seiner Erkenntnisse und Erfahrungen vorzunehmen, wobei ihm die vorliegenden theoretischen Erörterungen nur unterstützende Hinweise geben können.

Da die Bewertungskriterien in den meisten Fällen keiner kardinalen Messung zugängig sind, bietet sich die ordinale Messung mit Hilfe der Scoring-Methode an[108]. Vorteile dieses Verfahrens liegen in der Möglichkeit der Berücksichtigung quantizierbarer und qualitativer Bewertungsfaktoren, in der Transparenz und in einer gewissen Objektierung der Entscheidungsfindung[109]. Mit dieser Vorgehensweise ist zwar das Problem der Effizienzbestimmung unterschiedlicher Organisationsstrukturen nicht gelöst, jedoch ein Weg für die Findung einer „befriedigenden" Organisationsstruktur gegeben.

106 vgl. Frese, E., Grundlagen der . . ., a. a. O., S. 331
107 vgl. Welge, M. K., Fessmann, K.-D., a. a. O., Sp. 589/590
108 vgl. Bhasi, G., Ringle, G., Die Bestimmung der optimalen Organisationsform mit Hilfe der Scoring-Methode, in: Zeitschrift für Organisation, 50. Jg. 1981, S. 212
109 Zur Scoring-Methode siehe Wittlage, H., Methoden und Techniken . . ., a. a. O., S. 213 ff.

*Literatur*


| | |
|---|---|
| Bahsi, G., Ringle, G., | Die Bestimmung der optimalen Organisationsform mit Hilfe der Scoring-Methode, in: ZfO, 50 Jg. 1981, S. 208-214 |
| Bleicher, K., | Organisation — Formen und Modelle, Gießen 1981 |
| Frese, E., | Grundlagen der Organisation, Die Organisationsstruktur der Unternehmung, Wiesbaden 1980, S. 320 ff. |
| Fuchs-Wegner, Welge, M. K., | Kriterien für die Beurteilung und Auswahl von Organisationskonzeptionen, in: ZfO, 43. Jg. 1974, S. 71-82, 163-170 |
| Grabatin, G., | Effizienz von Organistionen, Berlin-New York 1981 |
| Grochla, E., Welge M. K., | Zur Problematik der Effizienzbestimmung von Organisationsstrukturen, in: ZfbF, 27. Jg. 1975, S. 273-289. |
| Grochla, E., Thom, N., | Auswahl von Organisationsformen, in: Handwörterbuch der Organisation, 2. Aufl., Stuttgart 1980, Sp. 1494-1517 |
| Hill, W., Fehlbaum, R., Ulrich, P., | Organisationslehre — Ziele, Instrumente und Bedingungen sozialer Systeme, 2 Bde, 3. Aufl., Bern-Stuttgart 1981 |
| Hummel, T., | Organisation und Kreativität — Organisationsstrukturelle Vorausssetzungen einer erfolgreichen Ideengenerierung, in: ZfO, 50. Jg. 1981, S. 438-446 |
| Kasper, H., | Innovation und Organisation — Ein Überblick über organisationsstrukturelle Bedingtheiten des Innovationsgeschehens, in: WiSt, 11. Jg. 1982, S. 573-578 |
| Keßler, A., | Die Entscheidung zwischen Funktional- und Divisional-Organisation — Darstellung und Bewertung betrieblicher Gesamtstrukturen, Berlin 1976 |
| Kieser, A., | Zur wissenschaftlichen Begründbarkeit von Organisationsstrukturen, in: ZfO, 40. Jg. 1971, S. 239-249 |
| Welge, M. K., Fessmann, K.-D., | Organisatorische Effizienz, in: Handwörterbuch der Organisation, 2. Aufl., Stuttgart 1980, Sp. 577 ff. |
| Wollnik, M., | Einflußgrößen der Organisation, in: Handwörterbuch der Organisation, 2. Aufl., Stuttgart 1980, Sp. 592-613 |

# 3 Gestaltung der Ablauforganisation

## 30 Vorbemerkung

Bei der Gestaltung der Aufbauorganisation handelt es sich u. a. um die Bildung von Aufgabenkomplexen, deren Übertragung auf Personen und Sachmittel sowie um die Einrichtung eines Kommunikationssystems. Für das sozio-technische System Unternehmung ist aber nicht allein die Zuordnung von Aufgaben entscheidend, sondern auch deren Erfüllung, die sich in Raum und Zeit vollzieht.

Der Prozeß der Aufgabenerfüllung stellt den Inhalt der Ablauforganisation dar. „Elemente der Ablauforganisation sind Arbeitsgänge, d. h. entweder Informationsverarbeitungstätigkeiten oder Operationen an realen Objekten oder allgemein gesagt Verrichtungen oder Verrichtungsfolgen, die Aufgabenträger an Objekten vornehmen[110].“ Die raumzeitliche Strukturierung dieser Verrichtungen oder Verrichtungsfolgen bildet das Schwergewicht der Gestaltung. „Als Teile dieser raumzeitlichen Strukturierung lassen sich die Bestimmung von Arbeitsgängen und ihre Zusammenfassung zur Arbeitsfolgen, die Leistungsabstimmung, die Regelung der zeitlichen Belastung von Arbeitsträgern und die Ermittlung der kürzesten Durchlaufwege nennen. Letztes Ziel der raumzeitlichen Strukturierung ist die Erreichung der kürzesten Durchlaufzeit aller Bearbeitungsobjekte durch die Unternehmung. Unter Berücksichtigung optimaler Auslastung aller Stellen, die bestimmte Objekte im fortschreitenden Arbeitsprozeß passieren müssen, soll der Arbeitsablauf so gestaltet werden, daß alle Objekte mit optimaler Geschwindigkeit die Unternehmung durchlaufen[111].“

Die raumzeitliche Strukturierung der Arbeitsabläufe hängt nun weitgehend von deren Regelbarkeit ab. Es können folgende Stufen der Regelbarkeit von informationellen, aufgabenbezogenen Arbeitsabläufen unterschieden werden[112] (Unter einem informationellen Arbeitsab-

---

110 Schmidt, G., Organisation, Methoden und Techniken, Gießen 1974, S. 147

111 Kosiol, E., a. a. O., S. 187; Gutenberg spricht in diesem Zusammenhang, kürzeste Durchlaufzeit bei optimaler Auslastung der Kapazitäten, vom Dilemma der Ablauforganisation, vgl. Gutenberg, E., 4. Aufl., a. a. O., S. 157

112 vgl. Nordsieck, F., a. a. O., S. 34 ff.

lauf wird die Be- und Verarbeitung von Daten/Informationen verstanden. Aus pragmatischen Gründen wird das Handling der materiellen Datenträger — eingentlich ein materieller Arbeitsprozeß — in den informationellen Arbeitsprozeß einbezogen. Aufgabenbezogen bedeutet, daß die zeitlich parallel und nacheinander vollzogenen Tätigkeiten zur Erfüllung einer Aufgabe, die an unterschiedlichen Arbeitsplätzen durchgeführt wurden, in der Betrachtung berücksichtigt werden):

1. Stufe: Freier Arbeitsablauf

Die Aufgabenerfüllung ist durch keinerlei organisatorische Regelungen bestimmbar.

2. Stufe: Inhaltlich gebundener Arbeitsablauf

Die zur Aufgabenerfüllung erforderlichen Arbeitsleistungen sind inhaltlich bestimmbar. In der Regel können zusätzlich die einzusetzenden Sachmittel sowie der Ort der Aufgabenerfüllung angegeben werden.

3. Stufe: Abfolgegebundener Arbeitsablauf

Die zur Aufgabenerfüllung erforderlichen Arbeitsleistungen sind zusätzlich in ihrer Abfolge regelbar. Mit der Reihenfolge der Arbeitsleistungen wird der Weg des zu bearbeitenden Objektes fixiert.

4. Stufe: Zeitlich gebundener Arbeitsablauf

Auf dieser Stufe tritt zu den Komponenten der Reihenfolge der Verrichtungen und der Fixierung des Weges des zu bearbeitenden Objektes noch die Zeitbestimmung für die einzelnen Arbeitsleistungen hinzu. Die Arbeitsleistungen werden zeitlich aufeinander abgestimmt.

5. Stufe: Taktmäßig gebundener Arbeitsablauf

Die vorkommenden Arbeitsleistungen werden planmäßig vorbestimmt und taktmäßig aufeinander abgestimmt (Fließarbeit).

Die Stufe der Regelbarkeit einer Aufgabenerfüllung hängt einmal von der Art der Aufgabe ab. Realisationsprozesse weisen einen höheren Grad der Regelbarkeit auf als Entscheidungsprozesse. Weiterhin ist die Gleichartigkeit sowie die Häufigkeit der Aufgabenerfüllung von Bedeutung. Mit steigender Gleichartigkeit und Häufigkeit der Aufgabenerfüllung nimmt ebenfalls der Grad der Regelbarkeit (Organisierbarkeit) zu.

Der Organisator muß bei der raumzeitlichen Strukturierung der Abläufe den Gesichtspunkt der Regelbarkeit beachten, um sowohl eine Unter- als auch eine Überorganisation zu vermeiden.

Analog zur Gestaltung der Aufbauorganisation mit ihren Phasen der Aufgabenanalyse und -synthese wird in der Ablauforganisation zwischen den Phasen der Arbeitsanalyse und der Arbeitssynthese unterschieden.

Im Vordergrund der weiteren Ausführungen steht die raumzeitliche Strukturierung von Realisationsprozessen. „Die hierbei zu erkennenden generellen Gestaltungsprobleme und ihre Lösungsansätze sind jedoch auch für Entscheidungsprozesse repräsentativ, wenn bei diesen sich wiederholende, determinierbare Routineprozesse vorliegen[113]."

## 31 Arbeitsanalyse

Bevor auf die Durchführung der Arbeitsanalyse eingegangen werden kann, ist es erforderlich, die Grundlagen der Arbeitsanalyse darzustellen.

### 310 Grundlagen der Arbeitsanalyse

Im Rahmen der Aufgabenanalyse wird die Gesamtaufgabe des Unternehmens in Teilaufgaben höherer und niedrigerer Ordnung zerlegt, wobei die sachlichen Gliederungskriterien – Objekt, Verrichtung – und die formalen Kriterien – Rang, Phase, Zweckbeziehung – bzw. deren Kombination die Grundlage bilden. Die Gliederungstiefe bestimmt sich dabei u. a. nach dem Untersuchungsziel.

Aus diesen so gewonnenen Teilaufgaben ist nicht ersichtlich, daß die zur Erfüllung notwendigen Verrichtungen in einem bestimmten sachlichen, räumlichen und zeitlichen Zusammenhang stehen. Zu diesem Zwecke bedarf es einer weiteren Zerlegung dieser Teilaufgaben, der Arbeitsanalyse. Die Arbeitsanalyse stellt damit eine verlängerte erfüllungsbezogene Aufgabenanalyse dar[114].

Die in der Aufgabenanalyse gewonnenen Teilaufgaben niedrigster Ordnung bilden somit den Ausgangspunkt für die Arbeitsanalyse. Der

113 Grochla, E., Unternehmensorganisation, a. a. O., S. 121
114 vgl. Kosiol, E., a. a. O., S. 189

Übergang von der Aufgaben- zur Arbeitsanalyse liegt dabei in keinerlei Weise auf einem bestimmten Gliederungsniveau fest, ist er doch abhängig von der Tiefe der Aufgabenanalyse. Er ist damit nicht absolut fixierbar, sondern grundsätzlich auf verschiedenen Stufen ansetzbar. Er ist immer da zu sehen, wo die Frage nach dem „Was“ (Was ist der Inhalt der Aufgabe? ) in die die Frage des „Wie“ (Wie ist die Aufgabe im Einzelnen zu erfüllen? ) übergeht. Bei der gebundenen Organisationsarbeit – hierbei wird von einem bestehenden Istzustand ausgegangen – wird damit der Übergangspunkt weitgehend durch den Grad der Aufgabenteilung im Unternehmen bestimmt.

Wie bei der Aufgabengliederung kommen sowohl die sachlichen als auch die formalen Gliederungskriterien als Basis der Analyse in Frage. Dabei sind die drei formalen Gliederungskriterien Rang, Phase und Zweckbeziehung von untergeordneter Bedeutung, im Vordergrund stehen die Sachkriterien[115].

In der praktischen Organisationsarbeit findet die eindimensionale Kombination der beiden Sachkriterien Verrichtung und Objekt Verwendung. Damit folgt die Praxis nicht dem Einwand, daß durch dieses Vorgehen bereits in der Analyse synthetische Überlegungen vorweggenommen und damit nicht alle möglichen Alternativen in die spätere Prozeßstrukturierung eingehen werden[116]; denn durch die Gliederung nach der Verrichtung wird im strengen Sinne auch das Objekt bestimmt (vgl. die Ausführungen zur Aufgabenanalyse aufgrund des sachlichen Kriteriums Verrichtung).

### 311 Durchführung der Arbeitsanalyse

Die Teilaufgaben niedrigster Ordnung sind der Ausgangspunkt der Arbeitsanalyse, d. h. sie stellen damit die Arbeitsteile höchster Ordnung dar, den Arbeitsgang. Durch eine sukzessive Zerlegung dieser Arbeitsteile höchster Ordnung gelangt man über Arbeitsteile mittlerer Ordnung, Gangstufe, zu Arbeitsteilen niedrigster Ordnung, Gangelement. Dabei kann unter einem Gangelement die Gliederungsstufe verstanden werden (Grad der Zerlegung), in die noch zerlegt werden muß, um eine spätere sachgerechte (zielgerichtete) Prozeßstrukturierung vornehmen zu können.

115 vgl. Kosiol, E. , a. a. O. , S. 193
116 vgl. Kosiol, E. , a. a. O. , S. 192; Schwarz, H. , a. a. O. , S. 143

Das nachfolgende Schaubild zeigt die sukzessive Zerlegung einer Teilaufgabe niedrigster Ordnung (Arbeitsgang) in Gangstufe und Gangelement.

*Abb. 29*
Arbeitsanalyse

| *Arbeitsgang* (Arbeitsteil höchster Ordnung = Teilaufgabe niedrigster Ordnung) | *Gangstufe* (Arbeitsteil mittlerer Ordnung) | *Gangelement* (Arbeitsteil niedrigster Ordnung) |
|---|---|---|
| Kundenbestellung bearbeiten bis zur Auftragsbestätigung | Kundenbestellung entgegennehmen | Brief öffnen<br>mit Eingangsstempel versehen<br>an Sachbearbeiter weiterleiten |
| | Prüfung der Kundenbestellung | formale Prüfung (Kd.Nr., Art.Nr., Bezeichnung, usw.)<br>sachliche Prüfung (Mengen, Preis, Liefertermine, usw.) |
| | Prüfung der Bonität des Kunden | Ermittlung offener Posten<br>Ermittlung des Kreditvolumens<br>Entscheidung über Belieferung |
| | Prüfung der Liefermöglichkeiten | Ermittlung disponibler Lagerbestände<br>Ermittlung disponibler, in Fertigung befindlicher Erzeugnisse<br>Liefertermin bestimmen |
| | Auftragsbestätigung bearbeiten | Schreiben der Auftragsbestätigung<br>Versenden der Auftragsbestätigung |

Im Gegensatz zu dieser dreistufigen Gliederung finden sich in der Literatur Vorschläge weitergehender Art. So unterscheidet Nordsieck sieben Stufen in seinem Arbeitsgliederungplan[117], nach den Vorschlägen des Verbandes für Arbeitsstudien Refa e. V. wird der Arbeitsablauf

117 Vgl. Nordsieck, F. , a. a. O. , S. 40 ff.

in fünf Stufen untergliedert[118]. Die Zerlegung in Arbeitsgang, Gangstufe und Gangelement scheint hingegen aus organisatorischer Sichtweise differenziert genug zu sein, sofern nicht arbeitsphysiologische Aspekte, der Einsatz von Arbeitsmitteln und Unterlagen oder Bearbeitungszeitermittlungen aufgrund bestimmter Methoden z. B. MTM (Methods-Time Measurement), MCD (Master Clerical Data), WF (Work Factor), UOC (Universal Office Control) im Vordergrund stehen[119].

Wie weit zerlegt werden soll, liegt sowohl in der Zielsetzung, die mit der Arbeitsanalyse verfolgt werden soll, als auch in der Vorgehensweise des Organisators bzw. in der Anwendung der von ihm verwandten Methoden begründet. Die Praxis zeigt, daß die Arbeitsanalyse im Verwaltungsbereich (Bürotätigkeiten) weit wenig tief geht als im Fertigungsbereich.

Ein Vergleich der in der Arbeitsanalyse gewonnenen Gangstufen bzw. Gangelemente – sie werden zusammengefaßt als Verrichtungen bzw. Tätigkeiten bezeichnet – ergibt, daß viele immer wiederkehren, so z. B. prüfen, ermitteln, entscheiden (vgl. Abb. 29). Behlert[120] hat in seinen Untersuchungen 45 solcher immer wiederkehrender Verrichtungen (Gangstufen, Gangelemente) für den Verwaltungsbereich gefunden, die im Rahmen der Istaufnahme im wesentlichen die Grundlage des Fragebogens über die Tätigkeiten der im Untersuchungsbereich beschäftigten Personen bilden (vgl. Anlage 6).

Es stellt sich nun die Frage, wann jeweils eine Gangstufe bzw. ein Gangelement beginnt, oder wann die vorhergehende Gangstufe bzw. das vorhergehende Gangelement endet. In der Praxis haben sich dafür folgende Regeln herausgebildet.

Der Beginn einer neuen Gangstufe bzw. eines neuen Gangelementes kann immer dann angenommen werden, wenn

- der Bearbeiter (Arbeitsträger) wechselt,
- das zu bearbeitende Objekt wechselt,
- das Arbeitsobjekt in mehrere Teile zerlegt wird,
- mehrere Arbeitsobjekte zu einem vereinigt werden,
- die Arbeitsmittel bzw. die Arbeitsunterlagen wechseln[121].

118 vgl. Das Refa-Buch, Bd. 1: Arbeitsgestaltung, 9. Aufl., München 1960, S. 56
119 vgl. Grochla, E., Unternehmensorganisation, a. a. O., S.125
120 vgl. Behlert, K., Vom Organisieren. Grundlagen der praktischen Organisationsarbeit, Stuttgart 1960
121 Acker, H. B., Organisationsanalyse, a. a. O., S. 79

Aus den vorstehenden Darlegungen ist ersichtlich, daß es sich bei der Arbeitsanalyse um kein starres System handelt. „Das Augenmerk des Organisators ist allein auf den Arbeitsgang als personaler Erfüllung von Aufgaben gerichtet; denn zur Strukturierung des Arbeitsprozesses (Arbeitssynthese, d. Verf.) ist der Arbeitsgang für ihn der entscheidende Angriffspunkt. Auf der Ebene des Arbeitsganges hat er einen Ordnungszusammenhang zu schaffen, der für alle Bearbeitungsobjekte die günstigste Durchlaufzeit durch die Unternehmung und (oder) für die Arbeitssubjekte mit ihren Arbeitsmitteln die günstigste Beschäftigung ermöglicht[122]“.

Diese Aussage ist dahingehend zu erweitern, daß sie auch für die Gangstufe und das Gangelement zutreffend ist; denn der Inhalt der Gangstufe und des Gangelementes ist davon abhängig, inwieweit in der Aufgabenanalyse gegliedert wurde, da der Arbeitsgang als Ausgangspunkt der Arbeitsanalyse gleich der Teilaufgabe niedrigster Ordnung in der Aufgabenanalyse ist.

Bei der gebundenen Organisationsarbeit bedeutet daher die Durchführung der Arbeitsanalyse, ermitteln

- der einzelnen Verrichtungen im Rahmen der Aufgabenerfüllung (des Arbeitsprozesses),
- der Stellen, die die einzelnen Verrichtungen durchführen,
- des Objektflusses durch das Unternehmen.

Eine weitere analytische Voraussetzung für die raumzeitliche Strukturierung des Arbeitsprozesses ist die Ermittlung der für die verschiedenen Verrichtungen erforderlichen Arbeitszeiten. In diese Analyse sind neben den reinen Bearbeitungszeiten Verteil- sowie Erholungszeiten zu berücksichtigen. Zur Anwendung kommen hier die Methoden der Zeiterfassung und der Vorgabezeitermittlung (Refa-Verfahren und Verfahren vorbestimmter Zeiten, MTM, WF, WOC, MCD). Auf die Darstellung der technischen Einzelheiten dieser Verfahren soll verzichtet werden, da sie über die hier zu behandelnde organisatorische Problemstellung hinausgehen[123].

---

122 Kosiol, E. , a. a. O. , S. 200

123 Zu den Verfahren der Zeitermittlung siehe, Wittlage, H., Methoden und Techniken. . ., a. a. O., S. 79 ff.

*Literatur*


| | |
|---|---|
| Grochla, E., | Unternehmensorganisation, Hamburg 1974, S. 125 ff., |
| Heinisch, J., Sämann, W., | Planzeitwerte im Büro. Möglichkeiten des Aufbaus und der Anwendung, Berlin-Köln-Frankfurt a. M. 1973 |
| Hill, W., Fehlbaum, R., Ulrich, P., | Organisationslehre, 2 Bde, Bern und Stuttgart 1974, S. 298 ff., |
| Kosiol, E., | Unternehmensorganisation, 2. Aufl., Wiesbaden 1976, S. 192 ff. |
| Nordsieck, F., | Betriebsorganisation, 4. Aufl., Stuttgart 1962, S. 28 ff., |
| Schwarz, H., | Betriebsorganisation als Führungsaufgabe, 6. Aufl., München 1973, S. 142, |
| Zander, E., | Handbuch der Gehaltsfestsetzung, 3. Aufl., Heidelberg 1972, S. 201 ff. |


## 312 Fallstudie 7:

## Die Ackbo AG

### 1. Das Unternehmen Ackbo-AG

Die Ackermann und Bode AG ist Hersteller von Werkzeugmaschinen. Zum Zeitpunkt der Untersuchung beläuft sich der jährliche Umsatz auf rd. DM 40,0 Mio. Es werden insgesamt 210 Personen beschäftigt (Weitere Angaben zum Unternehmen siehe Fallstudie S. 45 ff.).

### 2. Organisationsauftrag

In der letzten Zeit ergaben sich zunehmende Schwierigkeiten bei der internen Abwicklung der Bestellung von Halbzeug und Bauteilen. Diese Schwierigkeiten wirkten sich z. T. in der Verzögerung der Produktion und daraus resultierend in einer Nichteinhaltung von Lieferfristen aus. Durch eine Reorganisation des Ablaufes „Bestellung von Halbzeug und Bauteilen“ sollen diese Schwierigkeiten beseitigt werden.

### 3. Durchführung der Untersuchung

Da sich der Organisationsauftrag auf die Verbesserung des Arbeitsablaufes „Bestellung von Halbzeug und Bauteilen“ bezieht, steht am Beginn der organisatorischen Tätigkeit eine Arbeitsanalyse. Durch sie sollen folgende Fakten ermittelt werden:

a) die einzeln durchgeführten Verrichtungen des Arbeitsprozesses,
b) die Stellen/Personen, die die einzelnen Verrichtungen durchführen,
c) der Objektfluß durch das Unternehmen.

Das Ergebnis der Arbeitsanalyse wird im folgenden verbal dargestellt. Basis der Analyse ist die dreistufige Gliederung in Arbeitsgang, Gangstufe und Gangelement. Die sich hierbei ergebenden Gangelemente werden nachfolgend in ihrer zeitlichen und sachlichen Reihenfolge dargelegt.

Verbale Beschreibung der Gangelemente

Der Lagerist überprüft aufgrund von Erfahrungswerten für den Mindestbestand bei Entnahmen von Halbzeug und Bauteilen den verbleibenden Bestand. Bei Unterschreiten der Erfahrungswerte füllt er eine Materialanforderung (Zweifachformular) aus und leitet sie an den Lagerleiter weiter. Der Lagerleiter überprüft die Materialanforderung sachlich und formal, legt die Kopie nach Material-Nr. ab, sammelt die Originale und leitet sie an den Einkauf weiter.

Im Einkauf werden die Materialanforderungen sortiert und an die zuständigen Einkäufer weitergeleitet. Der Einkäufer ermittelt aufgrund der vorliegenden Produktionsplanung (Stücklisten) den zukünftigen Bedarf und bestimmt aufgrund des noch vorhandenen Lagerbestandes die Bestellmenge. Anhand der Lieferantenstammdatei ermittelt er den Lieferanten. Er diktiert die Bestellung auf Band – das Diktat umfaßt neben der Lieferantenanschrift Art Nr., Art.-Bezeichnung, Menge, laufende Bestell-Nr. lt. Bestellbuch, Nr. der Materialanforderung, u. s. w. – und leitet den Tonträger an die Schreibkraft weiter.

Die Schreibkraft schreibt die Bestellung (Fünffach-Formularsatz) und leitet den Bestellformularsatz an den Einkäufer zurück.

Der Einkäufer überprüft formal und sachlich den beschrifteten Bestellformularsatz, vermerkt die Bestell-Nr. auf der Materialanforderung und setzt sein Handzeichen auf die erste Kopie. Er leitet den Formularsatz und die Materialanforderung an den Einkaufsleiter weiter.

Der Einkaufsleiter überprüft die Bestellung, unterschreibt und leitet den Vorgang an den Einkäufer zurück.

Der Einkäufer trennt den Formularsatz, das Original leitet er weiter an die Poststelle, die erste Kopie legt er nach Material-Nr. ab, die zweite Kopie kommt in die Schriftenwechselmappe, die dritte Kopie wird nach

Liefertermin abgelegt, die vierte Kopie leitet er an den Lagerleiter weiter.

In der Poststelle werden die Bestelloriginale kuvertiert, frankiert und abgesandt.

4. Fragen zur Fallstudie

a) Bei den dargelegten Verrichtungen handelt es sich um Gangelemente, um Arbeitsteile der niedrigsten Ordnung in der dreistufigen Arbeitsanalyse. Fassen Sie die sachlich zusammengehörenden Gangelemente zu Gangstufen zusammen und die sich ergebenden Gangstufen zum Arbeitsgang. Stellen sie die sich ergebenden drei Stufen der Arbeitsanalyse graphisch entsprechend der Abbildung 29 dar.
b) Zeigen Sie die Kriterien auf, auf deren Grundlage bei den Gangelementen und den Gangstufen jeweils ein Gangelement bzw. eine Gangstufe als beendet angesehen, bzw. der Beginn eines neuen Gangelementes bzw. einer neuen Gangstufe angenommen wird.
c) Welche Gliederungskriterien (Verrichtung, Objekt, Rang, Phase, Zweckbeziehung) liegen der Arbeitsanalyse zugrunde?

Die Antworten finden Sie auf Seite 228 ff.

### 313 Fallstudie 8:

### Arbeitsanalyse der Teilaufgabe „Verkauf an und Abrechnung mit einem Kunden“

Für die Einarbeitung in den Problemkreis der Ablauforganisation ist das Lesen von Beispielen zwar notwendig, es kann aber nur ein erster Schritt sein. Übung und die eigenen Erfahrungen sind für keinen Organisationsbereich von größerer Bedeutung als für die Analyse und die Strukturierung von Arbeitsabläufen. Aus diesem Grunde sollen Sie im folgenden aufgrund relativ weniger Angaben selbständig eine Arbeitsanalyse durchführen.

1. Gegenstand der Arbeitsanalyse

Analysiert werden soll die Aufgabe „Verkauf an und Abrechnung mit einem Kunden“ in einem Einzelhandelsgeschäft. Die Arbeitsmittel sind Blockzettel und Registrierkasse. Auf alle Verkäufe wird Rabatt in Form von Rabattmarken gewährt. Der Verkauf an den Kunden wird durch einen Verkäufer, die Abrechnung mit dem Kunden von einer Kassiererin vorgenommen.

2. Fragen zur Fallstudie

a) Stellen Sie die Arbeitsanalyse für die Teilaufgabe Verkauf an und Abrechnung mit dem Kunden in dreistufiger Form – Arbeitsgang, Gangstufe, Gangelement – dar.
b) Welche Gliederungskriterien haben Sie der Analyse zugrunde gelegt?
c) Zeigen Sie die Kriterien auf, auf deren Grundlage bei den Gangelementen und den Gangstufen jeweils ein Gangelement bzw. eine Gangstufe als beendet angesehen, bzw. der Beginn einer neuen Gangstufe bzw. eines neuen Gangelementes angenommen wird.

Die Antworten finden Sie auf Seite 230 f.

## 32 Arbeitssynthese

### 320 Grundforderungen der Arbeitssynthese

Aufbauend auf der Arbeitsanalyse wird der Arbeitsablauf durch die Zusammenfassung der analytisch gewonnenen Gangelemente zu Gangstufen und Arbeitsgängen gestaltet. Dabei stehen personale (arbeitsträgerbezogene), temporale und lokale Gesichtspunkte im Vordergrund. Man spricht dementsprechend von personaler Synthese (Arbeitsverteilung), temporaler Synthese (Arbeitsvereinigung) und lokaler Synthese (Raumgestaltung). Hierbei muß aber deutlich betont werden, daß es sich nur um verschiedene Aspekte ein und desselben Tatbestandes, der Ablaufgestaltung, handelt. Zwischen diesen Aspekten bestehen Wechselbeziehungen, die in der Praxis ihre simultane Berücksichtigung erfordern, d h. die Ablaufgestaltung hat gleichzeitig Zeit, Raum und Arbeitsträger zu berücksichtigen und nicht in sukzessiver Folge.

Durch die Berücksichtigung von Arbeitsträger, Zeit und Raum soll ein „optimaler" Ablauf erreicht werden. Letzterer zeichnet sich durch folgende Merkmale aus[124]:

124 vgl. Nordsieck, F., a. a. O., S. 44 f.; Blohm, H., Organisation, Information und Überwachung Wiesbaden 1969, S. 77

1. Nur die für die Aufgabenerfüllung notwendigen Gangelemente, Gangstufen und Arbeitsgänge dürfen Berücksichtigung finden (d. h. keine Doppelarbeiten, keine überflüssigen Kontrollen u. s. w.).

2. Der kürzeste Weg muß beschritten werden (d. h. Vermeidung langer Transportwege und nicht erforderlicher Liegezeiten, Stetigkeit in der Arbeitsfolge u. s. w.).

3. Der Ablauf muß sich zwangsläufig entwickeln, d. h., eine Gangstufe muß sich sachlich-logisch aus der vorhergehenden ergeben; die Reihenfolge der Gangstufen muß daher so gestaltet sein, daß nur solche Verrichtungen auf dem Wege zu einem Teilergebnis bzw. Ergebnis durchgeführt werden, die hierzu erforderlich sind.

*Beispiel:*
Bei der Bearbeitung einer Kundenbestellung ist zunächst die Bonität des Kunden zu prüfen, da alle anderen Verrichtungen bis zu dieser Entscheidung nicht erforderlich sind; werden vor dieser Entscheidung z. B. die Lieferfähigkeit, die Lieferbedingungen u. s. w. geprüft, so sind diese Verrichtungen bei einer fehlenden Bonität des Kunden nicht erforderlich gewesen.

4. Die qualitativen und quantitativen Anforderungen, die sich aus den gebildeten Gangstufen und Arbeitsgängen ergeben, sind auf die Kenntnisse (Wissen) und das Leistungsvermögen der gedachten Arbeitsträger abzustimmen (Abstimmung von Anforderungs- und Leistungsprofil).

5. Anschlußpunkte an oder von anderen Arbeitsabläufen sind zu berücksichtigen (d. h. die Interdependenz der Erfüllung der Teilaufgaben verlangt eine integrierte Verarbeitung).

Diese Kriterien „optimaler" Arbeitsläufe sind als Grundanforderungen an die Arbeitssynthese (Ablaufgestaltung) zu stellen.

### 321 Personale Synthese (Arbeitsverteilung)

Bei der Durchführung der personalen Synthese werden zwei Tatbestände geregelt, die Arbeitsteilung zwischen den Arbeitsträgern und die Arbeitsverteilung (Bestimmung der Arbeitspensen).

#### Arbeitsteilung[125]

Die Arbeitsteilung ergibt sich daraus, daß eine bestimmte Anzahl von Gangstufen bzw. Gangelementen, die insgesamt einen Arbeitsgang er-

125 Zu den folgenden Ausführungen siehe insbesondere die detaillierten Darlegungen in: Hill, Fehlbaum, Ulrich, Bd. 1, a. a. O., S. 298 ff.

geben, einer gedachten Person (Arbeitsträger) zur Ausführung übertragen werden. Dabei wird berücksichtigt, daß die meisten Arbeitsgänge wiederholt vorkommen.

Diese Arbeitsteilung beruht daher nicht auf einer Berufsspezialisierung (Job-Specialization), die bei der Aufgabenbildung als Basis der Stellenbildung zu berücksichtigen ist, sondern auf einer arbeitstechnischen Spezialisierung (Task-Specialization).

Bei der Entscheidung über den Grad der Arbeitsteilung hat der Organisator sowohl ökonomisch als auch humane Aspekte (vgl. die Ausführungen zu Punkt 2111) zu berücksichtigen. Die ökonomischen (organisatorischen) Aspekte, die weitgehend auf ein mechanistisches Denken zurückzuführen sind, fördern einen hohen Grad der Arbeitsteilung. Zu den ökonomischen Aspekten sind zu zählen:

- Erzielung eines Übungsnutzens durch eine häufige Wiederholung ein und derselben Verrichtung,
- Verringerung von Fluktuationsverlusten durch kurze Anlern- und Einarbeitungszeiten, leichte Ersetzbarkeit des einzelnen Arbeitsträgers,
- Einsatz gering qualifizierter Arbeitsträger, daraus resultierend ein geringerer Lohn- und Gehaltsaufwand,
- Einsatz technisch rationeller Verfahren (Teilautomation),
- Spezialisierung und Rationalisierung der Arbeitsplätze,
- Übertragung der Planung und Arbeitsvorbereitung auf Spezialisten führt zu systematischer und rationeller Koordination,
- Verkürzung der Durchlaufzeiten.

Diese ökonomischen Aspekte standen und stehen auch heute noch weitgehend im Vordergrund der Bestimmung des Grades der Arbeitsteilung. Die sozio-emotionalen Wirkungen, resultierend aus einem hohen Grad der Arbeitsteilung, die sich aufgrund der humanen Anforderungen der Arbeitsträger an ihre Tätigkeit ergeben, sind aber ebenfalls von großer Bedeutung für eine wirtschaftliche Aufgabenerfüllung; denn sie bestimmen im wesentlichen die Leistungsbereitschaft und damit die erbrachte Leistung der Arbeitsträger.

Ein hoher Grad der Arbeitsteilung führt u. a. bei den Arbeitsträgern zu folgenden negativen Auswirkungen sozio-emotionaler Art:

- geringe oder fehlende Motivation,
- Frustration,
- Verlust geistiger Fähigkeiten,
- einseitige psycho-physische Belastungen,
- Monotonie,
- geringes Maß sozialer Interaktionen,
- Entfremdung.

Diese negativen sozio-emotionalen Auswirkungen können nur dadurch vermieden werden, daß der Arbeitsinhalt im ausreichendem Maße den folgenden Anforderungen genügt:

- ein zulässiges Maß an Repetitivität, bestimmt durch das Interesse der Arbeitsträger an der Arbeit, darf nicht überschritten werden,
- Schaffung der Möglichkeit zum Erkennen des Sinnzusammenhanges der Arbeit (ein gewisser Vollendungscharakter der Arbeit muß erreicht werden),
- Einräumung eines notwendigen Maßes an Selbstkontrolle (Planung und Kontrolle der eigenen Tätigkeiten, Eigenbestimmung),
- Ermöglichung eines notwendigen Maßes sozialer Interaktionen.

Als Antworten auf diese Forderungen sind organisatorische Maßnahmen ergriffen worden wie Job Rotation, Job-Enlargement, Job-Enrichement und Bildung teilautonomer Arbeitsgruppen. Diese Maßnahmen unterscheiden sich dadurch, daß in einem unterschiedlichen Ausmaß Verrichtungen unterschiedlicher Art, Kontrolle und Entscheidung zu einem Komplex zusammengefaßt werden.

Job Rotation[126]

Beim Job Rotation handelt es sich um einen regelmäßigen oder systematischen Arbeits(platz)wechsel der Mitarbeiter. Der Grad der Arbeitsteilung (hoher Grad der Arbeitsteilung und monotone Wiederholung) sowie weitgehende Fremdkontrolle bleiben erhalten. Durch wechselnde Ausführung verschiedener Tätigkeiten soll die Arbeitszufriedenheit und die Motivation der Mitarbeiter erhöht werden. Die Effizienz dieser Kon-

126 zu den folgenden Ausführungen siehe Seiwert, L., Moderne Formen der Arbeitsorganisation, in: WiSt, 1979, S. 129 ff., S. 185 ff.

zeption wird entscheidend eingeschränkt durch den unveränderten Arbeitsinhalt (hoher Grad der Arbeitsteilung, fehlende Selbstkontrolle und Entscheidung).

Job Enlargement

Das Job Enlargement ist eine horinzontale, damit eine quantitative Erweiterung des Arbeitsumfanges, indem mehrere gleichartige bzw. ähnliche vor- und nachgelagerte Verrichtungen zu einem Arbeitskomplex zusammengefaßt werden. Der Grad der Arbeitsteilung wird zwar reduziert, weiterhin fehlen aber die Elemente der Selbstkontrolle und der Entscheidung. Kritisch wird zu dieser Vorgehensweise angemerkt, daß die die Motivation und Arbeitszufriedenheit beeinflussenden Faktoren Selbstkontrolle und Entscheidung unberücksichtigt bleiben.

Job Enrichement

Das Job Enrichemnt ist eine vertikale und damit inhaltliche Erweiterung des Arbeitskomplexes. Nicht nur gleichartige bzw. ähnliche vor- und nachgelagerte Tätigkeiten werden zu einer Einheit zusammengefaßt sondern auch inhaltlich unterschiedliche. Insbesondere wird die Selbstkontrolle an die Stelle der Fremdkontrolle der Arbeitsergebnisse gesetzt. Empirische Untersuchungen zeigten als Ergebnis eine nachhaltige Arbeitszufriedenheit und eine erhöhte Motivation, die zu einer besseren Leistung führten.

Teilautonome Gruppen

In teilautonomen Arbeitsgruppen werden Mitarbeiter zu einer Kleingruppe zusammengefaßt, die sachlich und zeitlich verknüpfte Verrichtungen wahrnehmen. Die Verrichtungen werden zu einem Arbeitskomplex zusammengefaßt, der durch Selbstkontrolle der Arbeitsergebnisse sowie durch übertragbare Entscheidungen ergänzt wird. Diese teilautonomen Gruppen ermöglichen dadurch ein Höchstmaß an persönlicher Freiheit, Eigeninitiative, Selbstentfaltung und Selbstverwirklichung.

Die praktischen Erfahrungen zeigen, daß die weitgehende Berücksichtigung der humanen Forderung der Arbeitsträger zu einer erhöhten Wirtschaftlichkeit der Aufgabenerfüllung führt[127].

127 So konnte das amerikanische Unternehmen AT & T (American Telephone & Telegraph Company) durch Job-Enrichement bei vorsichtiger Schätzung ca. 50 Mio. US Dollar einsparen, vgl. Siegert, W., Die Arbeit selbst ist der beste Anreiz, in: Handelsblatt vom 18. 11. 1974

Arbeitsverteilung (Arbeitspensum-Bestimmung)

Die Arbeitsverteilung beinhaltet die Zuteilung der Arbeitspensen auf die Arbeitträger. Dabei sind drei Faktoren zu berücksichtigen: der Aufgabenträger, die Arbeitsmittel und die Arbeitsmenge (Summe der zu bearbeitenden Objekte). In der Praxis steht die folgende Fragestellung im Vordergrund des Interesses:

„Welches Arbeitspensum (Objektmenge) kann bei gegebenem Leistungsvermögen des Arbeitsträgers und gegebenen Arbeitsmitteln diesem übertragen werden, sodaß eine wirtschaftliche Auslastung der Kapazitäten gegeben ist?"

Die mögliche Antwort auf diese Frage könnte lauten:

„Die tägliche Arbeitsverteilung an einzelne Arbeitssubjekte mit ihren Arbeitsmitteln soll möglichst so erfolgen, daß jeder Arbeiter vom Gesamtarbeitspensum den Teil zugewiesen erhält, den er unter normalen Bedingungen ohne Überlastung von Person oder (und) Maschine längere Zeit bewältigen kann (Normalpensum). Darüber hinaus sollen die Arbeitspensen die einzelnen Arbeitssubjekte gleichmäßig belasten[128]"

Die Forderung nach einer gleichmäßigen Belastung aller Arbeitssubjekte kann aber allein durch die Arbeitsverteilung nicht erreicht werden, da die Menge der zu bearbeitenden Objekte im Zeitablauf variiert. Es geht bei der Arbeitsverteilung im Rahmen der personalen Synthese mehr um eine mittel- bzw. langfristige kapazitative Abstimmung der Arbeitsträger[129] unter Berücksichtigung der einzusetzenden Sachmittel, die um eine kurzfristige Steuerung der Arbeitsmengenverteilung ergänzt werden muß. Letztere ist dispositiver Natur und besteht z. B. in der Verteilung der täglichen und wöchentlichen Arbeitsmengen (Summe der in diesem Zeitraum zu bearbeitenden Objekte) durch den Leiter einer Stelle/Abteilung auf die Mitarbeiter dieser Aktionseinheit.

128 Kosiol, E., a. a. O., S. 214/215

129 Die Ermittlung der personalen Kapazitäten ist Gegenstand der Personalbedarfsrechnung. Siehe hierzu: Wittlage, H., Quantitative Personalbedarfsrechnung im Verwaltungsbereich, in: Der graduierte Betriebswirt, 10. Jg. 1977, S. 5 ff; derselbe, Optimierung der quantitativen Personalbedarfsrechnung im Verwaltungsbereich, in: Der graduierte Betriebswirt, 10. Jg. 1977, S. 351 ff.

## 322 Temporale Synthese (Arbeitsvereinigung)

Die im Rahmen der personalen Synthese auf die verschiedenen Arbeitsträger verteilten Verrichtungen, die über die gemeinsame Teilaufgabe einen Sachzusammenhang aufweisen, bedürfen einer zeitlichen Abstimmung, um die Durchlaufzeit der zu bearbeitenden Objekte möglichst gering zu halten. Die Durchlaufzeit setzt sich dabei aus den Komponenten Bearbeitungs-, Liege- und Transportzeit zusammen. Die kürzeste Durchlaufzeit wäre dann gegeben, wenn nur Bearbeitungszeiten auftreten würden. Die dazu notwendigen Voraussetzungen – alle am Objekt arbeitenden Arbeitsträger benötigen für ihre Verrichtungen gleich hohe Bearbeitungszeiten, alle zu bearbeitenden gleichartigen Objekte erfordern gleich hohe Bearbeitungszeiten, es treten keine Transportzeiten auf bzw. sie sind nahezu gleich Null – sind in der Praxis kaum zu realisieren. Es gilt also in der temporalen Synthese, diesem Idealzustand möglichst nahe zu kommen.

Um eine entsprechende zeitliche Abstimmung durchführen zu können, müssen folgende Voraussetzungen gegeben sein (Vgl. hierzu auch die Ausführungen in Punkt 30 zur Regelbarkeit von Arbeitsabläufen):

- Angabe des Zeitpunktes des Arbeitsprozessbeginns,
- Vorgabe der erforderlichen Zeiten für die verschiedenen Verrichtungen, mindestens in Form von Durchschnittswerten,
- festliegende Reihenfolge der verschiedenen Verrichtungen bzw. Möglichkeiten der Bestimmung dieser Reihenfolge,

Beim Vorliegen aller dieser Voraussetzungen wird die temporale Synthese in den folgenden Stufen durchgeführt[130]:

1. Reihung von Arbeitsgängen (Gangfolgen),
2. Bestimmung der Gangfolge (Taktabstimmung),
3. Abstimmung von Gangfolgen (Rhythmusabstimmung),
4. Zeitliche Verschiebung von Gangfolgen (Minimierung organisatorischer Läger).

zu 1. Die Reihung der Arbeitsgänge eines Arbeitsträgers zu Gangfolgen wird aufgrund der verfahrensmäßigen Zwangsläufigkeit vorgenommen. Liegt eine solche nicht vor, sind die Arbeitsgänge so zu reihen, daß die erforderlichen Liege- und Transportzeiten möglichst gering sind. Es

130 vgl. Kosiol, E. , a. a. O. , S. 216 ff.

wird mithin die Reihenfolge der gleichen bzw. ungleichen Verrichtungen am gleichen oder an verschiedenen Objekten innerhalb der Erfüllung einer Teilaufgabe festgelegt (siehe Abb. 30).

*Abb. 30*
Reihung von Arbeitsgängen (Gangfolgen)

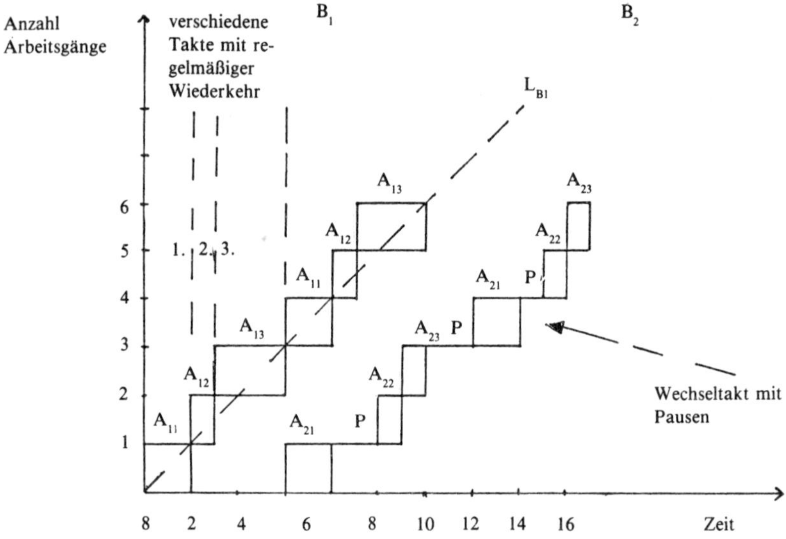


$B_1$ = Arbeitsträger 1
$B_2$ = Arbeitsträger 2 2
$A_{ij}$ = j-te Verrichtung des i-ten Arbeitsträgers
P = Pause
$L_{B1}$ = Leistungsgerade des Arbeitsträgers B 1

zu 2. Bei der Taktabstimmung geht es um die Abstimmung der erforderlichen Zeiten für die verschiedenen Verrichtungen (Arbeitsgänge) innerhalb einer Gangfolge. Unter dem Takt einer Gangfolge wird das Zeitintervall zwischen Beginn und Ende eines Arbeitsganges verstanden. Arbeitspausen werden dem vorhergehenden Arbeitsgang zugeordnet (s. Abb. 31).

$$L = \frac{M}{T} \, ;$$

L = Arbeitstakt bzw. Durchschnittsleistung,
M = Anzahl der bearbeiteten Objekte,
T = benötigte Gesamtzeit,

*Abb. 31:*
Bestimmung der Gangfolgen (Taktabstimmung)

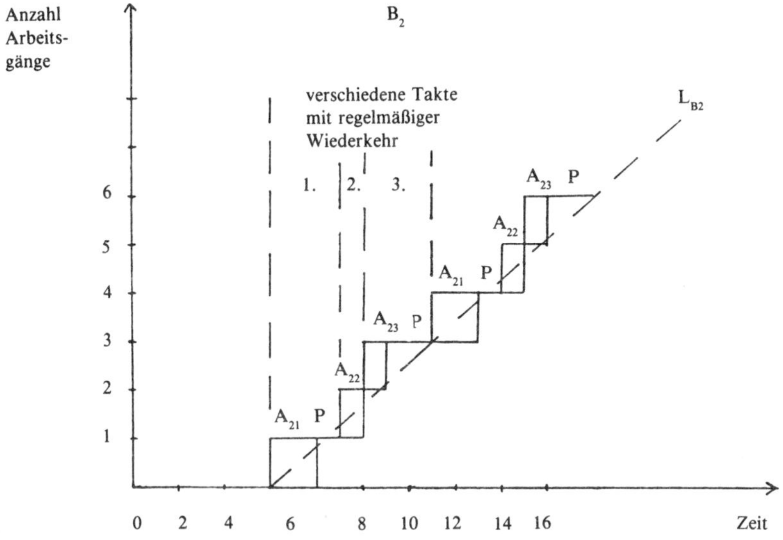


$B_2$ = Arbeitsträger B2
Aij = j-te Verrichtung des i-ten Arbeitsträgers
P = Pause
$L_{B2}$ = Leistungsgerade des Arbeitsträgers B2

In der benötigten Gesamtzeit sind die Verteilzeiten zu berücksichtigen.

zu 3. Bei der Rythmusabstimmung werden die Takte der Gangfolgen verschiedener Arbeitsträger aufeinander abgestimmt. Eine vollständige Abstimmung ist dann erreicht, wenn die Takte bzw. die Durchschnittsleistungen aller Gangfolgen gleich sind, d. h.

$$L_1 = L_2 = L_3 = \ldots\ldots\ldots = L_n = \frac{M_1}{T_1} = \frac{M_2}{T_2}\ \frac{M_3}{T_3} = \ldots\ldots\ldots = \frac{M_n}{T_n};$$

Da aber die Takte der Gangfolgen in den meisten Fällen ungleich sind, ist eine Abstimmung auf den Leistungsengpaß – es ist die Gangfolge mit der niedrigsten Durchschnittsleistung – vorzunehmen. Sie besteht in der Einlegung von Arbeitspausen in den Gangfolgen höherer Durchschnittsleistungen.

*Abb. 32:*

Abstimmung von Gangfolgen (Rhythmusabstimmung) und zeitliche Verschiebung von Gangfolgen (Minimierung organisatorischer Läger)

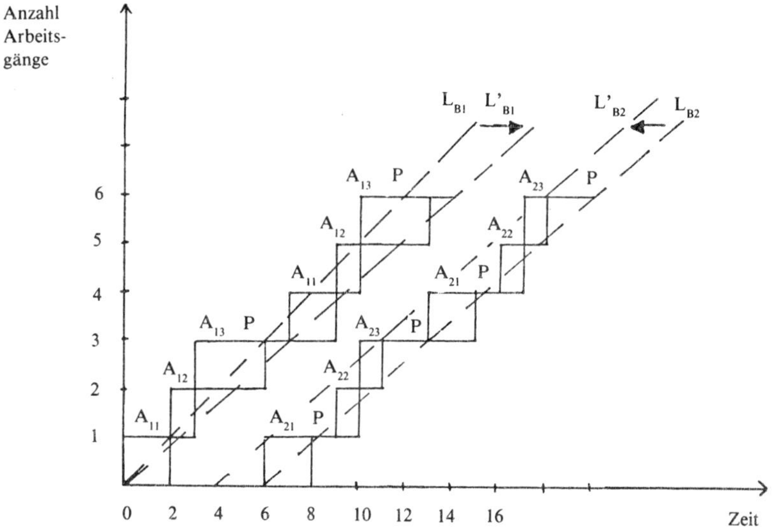


$B_1$ = Arbeitsträger B1
$B_2$ = Arbeitsträger B2
$A_{ij}$ = j-te Verrichtung des i-ten Arbeitsträgers
P = Pause
$L_{B1}$ = Leistungsgerade des Arbeitstragers B1
$L'_{B1}$ = durch Rhythmusabstimmung sich ergebende Leistungsgerade des Arbeitsträgers B1
$L'_{B2}$ = zeitlich verschobene Leistungsgerade des Arbeitsträgers B2

zu 4. Takt- und Rythmusabstimmung erbringen zwar einen reibungslosen Objektfluß, die Durchlaufzeit ist dadurch aber noch nicht minimiert worden. Der Grund liegt in der Einlegung von Arbeitspausen bei der Rythmusabstimmung und der sich daraus ergebenden Lagerbildung (organisatorische Läger). Im letzten Schritt der temporalen Synthese wird daher versucht, durch eine zeitliche Verschiebung der Gangfolgen diese Lagerbildung zu vermindern und damit die Durchlaufzeit zu reduzieren (siehe Abb. 32).

Mehrere in einem Arbeitsprozeß hintereinander angeordnete Gangfolgen sind auch nach dem vorstehenden Verfahren im Verwaltungsbereich nicht vollständig aufeinander abstimmbar, weil unbeeinflußbare Störungen wie Telefonate, Besuche u. s. w. nicht entsprechend ihrem Auftreten berücksichtigt werden können. Es sind dann, um nicht vertretbare Verzögerungen zu vermeiden, zusätzliche organisatorische Maßnahmen zu ergreifen wie z. B. der Einsatz von Springern.

### 323 Lokale Synthese (Raumgestaltung)

Neben dem personalen und dem zeitlichen ist noch der lokale Aspekt, der Ort der Aufgabenerfüllung, für die Ablaufgestaltung von Bedeutung. Innerhalb der lokalen Synthese können drei Teilprobleme unterschieden werden, nämlich die Anordnung der Arbeitsplätze, die Arbeitsplatzgestaltung und die Gestaltung der Arbeitsumwelt.

Durch eine dem Objektfluß entsprechende Arbeitsplatzanordnung soll erreicht werden, daß keine oder nur kurze Transportzeiten für die zu bearbeitenden Objekte anfallen. Zu berücksichtigen sind hierbei die einsetzbaren Transportmittel, die baulichen Gegebenheiten sowie die Tatsache, daß an den Arbeitsplätzen verschiedenartige Objekte bearbeitet werden. Im Fertigungsbereich führen diese Überlegungen zu den Organisationstypen Werkstattfertigung bzw. Fließfertigung, im Verwaltungsbereich z. B. zu der Einrichtung von Einzel- und Großraumbüros.
Während bei der Arbeitsplatzanordnung die Verminderung der Transportzeiten im Vordergrund steht, geht es bei der Arbeitsplatzgestaltung und der Gestaltung der Arbeitsumwelt um eine weitgehende Berücksichtigung arbeitswissenschaftlicher Erkenntnisse im Hinblick auf eine Verkürzung der Bearbeitungszeiten.

Verwiesen sei hier auf die Grundsätze zur zweckgerechten Gestaltung von Arbeitsplätzen nach Refa[131] sowie auf die Schaffung günstiger Arbeitsumweltbedingungen wie Temperatur, Luftfeuchtigkeit, Licht, Farbgebung und Geräuschpegel[132].

Arbeitsplatz- und Arbeitsumweltgestaltung sollen die objektiven Voraussetzungen für eine hohe Leistungsbereitschaft und ein hohes Leistungsvermögen der Arbeitsträger schaffen.

---

131 vgl. Das Refa-Buch, Bd. 1, a. a. O. , S. 75 ff. und 121 ff.
132 vgl. Wittlage, H., Methoden und Techniken. . ., a. a. O., S. 75 ff.

*Literatur*

| | |
|---|---|
| Friedmann, G., | Grenzen der Arbeitsteilung, Frankfurt a. M. 1959, S. 51-81 |
| Goossens, Fr., | Innerbetrieblicher Arbeitsplatzwechsel, in: Handwörterbuch des Personalwesens, Stuttgart 1975, Sp. 306-314 |
| Grochla, E., | Unternehmensorganisation, Hamburg 1972, S. 128 ff. |
| Hill, W., Fehlbaum, R., Ulrich, P., | Organisationslehre, 2 Bde, 3. Aufl., Bern und Stuttgart 1981, S. 298 ff. |
| Kosiol, E., | Unternehmensorganisation, 2. Aufl., Wiesbaden 1976, S. 211 ff. |
| Kubicek, H., | Dimensionen der Humanisierung des Arbeitslebens, in: Die Betriebswirtschaft, 39. Jg., 1979, S. 663 ff. |
| Maher, J. R., (Hrsg.) | Job Enrichment-Motivierung durch Arbeitsgestaltung, Zürich 1976 |
| Neuberger, O., | Theorien der Arbeitszufriedenheit, Stuttgart 1974 |
| ders., | Messung der Arbeitszufriedenheit, Stuttgart 1974 |
| Nordsieck, F., | Betriebsorganisation, 4. Aufl., Stuttgart 1962, S. 43 ff. |
| Reber, G., | Die minimale personale Arbeitsaufgabe; Überlegungen zur Bestimmung einer Untergrenze der Arbeitsteilung, in: WiSt 1974, S. 217 ff. |
| Rahmert, W., Weg, F. J., | Organisation teilautonomer Gruppenarbeit. Betriebliche Projekte-Leitregeln zur Gestaltung, München-Wien 1976 |
| Schwarz, H., | Betriebsorganisation als Führungsaufgabe, 6. Aufl. München 1973, S. 143 ff. |
| Seiwert, L., | Moderne Formen der Arbeitsorganisation, in: WiSt 1979, S. 129 ff., 185 ff. |
| Ulrich, E., | Arbeitswechsel und Aufgabenerweiterung, in: REFA-Nachrichten 25. Jg., 1972, S. 265-275 |

## 324 Fallstudie 9:

## Kritische Untersuchung des Arbeitsablaufes „Bewilligung eines Vorschusses an einen Angestellten“

### 1. Schilderung des Ablaufes

Der Angestellte reicht seinen Antrag auf Vorschuß beim Abteilungsleiter der Personalabteilung ein. Dieser zeichnet den Antrag ab und leitet ihn an den zuständigen Sachbearbeiter weiter. Der Sachbearbeiter prüft die Vollständigkeit des Antrages und gibt ihn bei Unvollständigkeit an den Antragsteller zurück. Bei Vollständigkeit der Angaben zieht er die Personalakte des Antragstellers und ermittelt laufende oder bereits getilgte Vorauszahlungen. Anhand der Vorschußrichtlinien prüft er, ob eine Vorschußgewährung möglich ist. Dann zieht er die Personalkarteikarte, ermittelt anhand des Bruttogehaltes die Tilgungsraten und füllt den Bewilligungsvordruck aus (Personalien, Vorschußhöhe, Laufzeit, Tilgungsraten). Er erstellt die Mitteilung an den Antragsteller (enthält dieselben Daten wie der Bewilligungsvordruck). Er diktiert die Daten der Auszahlungsanweisung auf Tonband und leitet den Tonträger an den zentralen Schreibdienst. Anschließend stellt er die Personalkarteikarte ab, die Personalakte, den Antrag einschließlich Bewilligungsvordruck und die Mitteilung an den Antragsteller legt er in die Mappe „laufende Anträge".

Die geschriebene Auszahlungsanweisung kommt über den Botendienst vom Schreibdienst an den Sachbearbeiter zurück. Dieser entnimmt der Mappe „laufende Anträge" die zugehörigen Unterlagen und leitet sie an den Abteilungsleiter weiter, die Auszahlungsanweisung legt er in der Mappe „laufende Anträge" ab. Der Abteilungsleiter prüft den Antrag, den Bewilligungsvordruck, die Mitteilung an den Antragsteller und zeichnet alle Unterlagen ab. Er leitet den Antrag, den Bewilligungsvordruck und die Mitteilung an den Antragsteller an den Bereichsleiter als Vorgesetzten des Antragsstellers weiter.

Dieser zeichnet den Bewilligungsvordruck ab und läßt die Mitteilung an den Antragsteller von diesen abzeichnen. Antrag, Bewilligungsvordruck und Mitteilung an den Antragsteller gehen an den Abteilungsleiter zurück. Dieser gibt diese Unterlagen mit der Personalakte an den zuständigen Sachbearbeiter weiter.

Der Sachbearbeiter schickt die Mitteilung an den Antragsteller ab, zeichnet die Auszahlungsanweisung ab und leitet diese mit den Antrag und Bewilligungsvordruck an den Abteilungsleiter.

Dieser zeichnet die Auszahlungsanweisung ebenfalls ab und leitet alle Unterlagen an den Sachbearbeiter zurück.

Dieser prüft den Vorgang auf Vollständigkeit und gibt den gesamten Vorgang mit der Auszahlungsanweisung an die Kasse.

Die Kasse zahlt gegen Vorlage der Mitteilung an den Antragsteller und gegen Quittierung auf dem Bewilligungsvordruck den Vorschuß aus. Der Vorgang geht an den Abteilungsleiter und dieser leitet nach Kenntnisnahme der Auszahlung den Vorgang an die Gehaltsbuchhaltung weiter.

Die Gehaltsbuchhaltung notiert die monatlichen Tilgungsraten auf dem Gehaltskonto und gibt alle Unterlagen an den Sachbearbeiter zurück. Dieser trägt den gezahlten Vorschuß in die Personalakte ein, stellt diese ab und gibt alle anderen Unterlagen in die Ablage.

Alle erforderlichen Transporte werden durch einen innerbetrieblichen Botendienst durchgeführt.

2. Frage zu Fallstudie

a) Stellen Sie den verbal dargelegten Arbeitsablauf mit Hilfe der modifizierten Arbeitsablaufkarte dar (Anlage 7).
b) Zeigen Sie die Punkte im Arbeitsablauf auf, die Ihres Erachtens nicht den Anforderungen an einen optimalen Ablauf genügen.
c) Entwickeln Sie einen verbesserten Arbeitsablauf und stellen Sie diesen mit Hilfe der modifizierten Arbeitsablaufkarte dar.

Die Antworten finden Sie auf Seite 231 ff.

### 325 Fallstudie 10:

Kritische Untersuchung des Arbeitsablaufes „Anfrage- und Angebotsbearbeitung“

1. Unternehmen

Der im folgenden dargestellte Arbeitsablauf ist einem Unternehmen entnommen, das Bauteile für Werkzeugmaschinen herstellt. Die Bauteile werden aufgrund von Kundenzeichnungen hergestellt. Das Unternehmen entwickelt selbst keine Bauteile, berät aber auf Wunsch die Kunden bei der Entwicklung neuer Bauteile.

2. Darstellung des Arbeitsablaufes „Anfrage- und Angebotsbearbeitung“

Der Ablauf ist nachfolgend mit Hilfe der modifizierten Arbeitsablaufkarte dargestellt.

3. Fragen zur Fallstudie

a) Welche Stellen im Arbeitsablauf entsprechen nicht den Forderungen an einen optimalen Arbeitsablauf? Beachten Sie auch die benutzten Arbeitsmittel und -unterlagen.
b) Stellen Sie aufgrund der erkannten Schwachstellen einen verbesserten Arbeitsablauf in Form der Arbeitsablaufkarte dar.

Die Antworten finden Sie auf Seite 235 f.

## Arbeitsablauf zu Fallstudie 10

| Betrieb X Abt. Marketing<br>Sachgebiet Vertrieb | Arbeitsablaufdarstellung | Ist - Stand [X] Vorgeschl.-Regelung [ ]<br>Aufgestellt am 2. 3. 83 durch ______ |
|---|---|---|
| Arbeitsvorgang | Anfrage- und Angebotsbearbeitung | |

| Tätigkeitsstufe Nr. | Bearbeitung | Weiterleitung | Prüfung | Aufenthalt | Ablage | Weg in m | Zeit in Min | Vordruck | Beschreibung der einzelnen Tätigkeitsstufen (was wird getan?) | Bearbeiter (wer tut was?) P | LA | SB | K | T | |
|---|---|---|---|---|---|---|---|---|---|---|---|---|---|---|---|
| 1 | 2 | 3 | 4 | 5 | 6 | 7 | 8 | 9 | 10 | 11 | | | | | |
| 1 | ○ | ▶ | □ | D | ▽ | | | | Kundenanfragen an Leiter Akquisition leiten | ● | | | | | |
| 2 | ○ | ▶ | □ | D | ▽ | | | | an zuständigen Sachberater geben | | ● | | | | |
| 3 | ● | ▷ | □ | D | ▽ | | | | Preis, Fertigungsmöglichkeiten, Termine prüfen | | | ● | | | |
| 4 | ● | ▷ | □ | D | ▽ | | | | Bonität des Anfragers feststellen | | | ● | | | |
| 5 | ○ | ▶ | □ | D | ▽ | | | | bearbeitete Anfrage an Leiter Akquisition geben | | | ● | | | |
| 6 | ○ | ▷ | ■ | D | ▽ | | | | Überprüfung der Sachbearbeitung | | ● | | | | |
| 7 | ● | ▷ | □ | D | ▽ | | | | Entscheidung über weitere Bearbeitung | | ● | | | | |
| 8 | ○ | ▶ | □ | D | ▽ | | | | Rückgabe an Sachbearbeiter | | ● | | | | |
| 9 | ● | ▷ | □ | D | ▽ | | | | bei negativer Entscheidung Absage an Anfrager | | | ● | | | |
| 10 | ● | ▷ | □ | D | ▽ | | | | bei positiver Entscheidung Projekt eröffnen | | | ● | | | |
| 11 | ○ | ▶ | □ | D | ▽ | | | | Unterlagen an Kalkulation | | | ● | | | |
| 12 | ● | ▷ | □ | D | ▽ | | | | Überprüfung, ob Unterlagen ausreichend | | | | ● | | |
| 13 | ○ | ▶ | □ | D | ▽ | | | | wenn nicht, zurück an Akquisition | | | | ● | | bei ausreichenden |
| 14 | ○ | ▶ | □ | D | ▽ | | | | Unterlagen an Technik zur Vervollständigung | | | ● | | | Unterlagen folgt |
| 15 | ● | ▷ | □ | D | ▽ | | | | Erstellung der Konstruktionsunterlagen | | | | | ● | Tätigkeitsstufe 18 |
| 16 | ○ | ▶ | □ | D | ▽ | | | | Gesamter Vorgang an Akquisition | | | | | ● | auf |
| 17 | ○ | ▶ | □ | D | ▽ | | | | Gesamter Vorgang an Kalkulation | | | ● | | | Tätigkeitsstufe 12 |
| 18 | ● | ▷ | □ | D | ▽ | | | | Kalkulieren | | | | ● | | |
| 19 | ○ | ▶ | □ | D | ▽ | | | | Kalkulation plus Unterlagen an Akquisition | | | | ● | | |
| 20 | ● | ▷ | □ | D | ▽ | | | | Erstellen einer Angebotsübersicht | | | ● | | | |
| 21 | ● | ▷ | □ | D | ▽ | | | | Festlegen Angebotspreis | | | ● | | | |
| 22 | ● | ▷ | □ | D | ▽ | | | | Angebot erstellen (2fach) | | | ● | | | |
| 23 | ○ | ▶ | □ | D | ▽ | | | | Gesamter Vorgang an Leiter Akquisition | | | ● | | | |
| 24 | ○ | ▷ | ■ | D | ▽ | | | | Überprüfung Angebot | | ● | | | | |
| 25 | ● | ▷ | □ | D | ▽ | | | | Angebot abzeichnen | | ● | | | | |
| 26 | ○ | ▶ | □ | D | ▽ | | | | Angebot an Poststelle (Original) | | ● | | | | |
| 27 | ○ | ▶ | □ | D | ▽ | | | | Restlicher Vorgang an Sachbearbeiter | | ● | | | | |
| 28 | ○ | ▷ | □ | D | ▼ | | | | Ablage in Mappe laufende Angebote | | | ● | | | |
| 29 | ● | ▷ | □ | D | ▽ | | | | nacharbeiten (Kunden auf Angebot ansprechen) | | | ● | | | |
| | ○ | ▷ | □ | D | ▽ | | | | | | | | | | |
| | ○ | ▷ | □ | D | ▽ | | | | | | | | | | |
| | ○ | ▷ | □ | D | ▽ | | | | | | | | | | |
| | ○ | ▷ | □ | D | ▽ | | | | *Legende:* | | | | | | |
| | ○ | ▷ | □ | D | ▽ | | | | P = Poststelle | | | | | | |
| | ○ | ▷ | □ | D | ▽ | | | | LA = Leiter Akquisition | | | | | | |
| | ○ | ▷ | □ | D | ▽ | | | | SB = Sachbearbeiter in der Akquisition | | | | | | |
| | ○ | ▷ | □ | D | ▽ | | | | K = Kalkulation | | | | | | |
| | ○ | ▷ | □ | D | ▽ | | | | T = Technik | | | | | | |
| | ○ | ▷ | □ | D | ▽ | | | | | | | | | | |
| | ○ | ▷ | □ | D | ▽ | | | | | | | | | | |
| | ○ | ▷ | □ | D | ▽ | | | | | | | | | | |
| | ○ | ▷ | □ | D | ▽ | | | | | | | | | | |
| | | | | | | | | | | | | | | | |

# 4 Informale Organisation

## 40 Vorbemerkung

Sowohl die Organisationstheorie als auch die praktische Organisationsarbeit können sich nicht darauf beschränken, effiziente Soll-Strukturen (Ordnungsschemata) allein unter dem sachlichen Aspekt der Zweck-Mittel-Beziehung zu konstruieren und dabei den Menschen und sein reales Verhalten unberücksichtigt zu lassen. Zwar stehen im Vordergrund der Überlegungen Ablauf und Wirkungsgrad des betrieblichen Handlungssystems in Abhängigkeit von der Gebilde- und Prozeßstruktur, aber der Mensch und sein Verhalten sind dennoch von großer Bedeutung. „Doch geht es .... nicht um die Erklärung der menschlichen Verhaltensphänomene als solcher schlechthin, sondern um die Feststellung faktischer (empirisch gültiger) Gesetzmäßigkeiten über die Wirkungsweise der organisatorischen Struktur auf die Aufgabenerfüllung. Das menschliche Verhalten wird dabei miterfaßt, und zwar in seinen Auswirkungen, d. h. also als Verhaltensresultat. Die soziologischen und psychologischen Phänomene bzw. Erkenntnisse werden so in die Rolle erklärungsrelevanter Randbedingungen gedrängt, was auf keinen Fall bedeutet, daß man sie nicht kennen und berücksichtigen müßte[133]."

Darüber hinaus ist zu beachten, daß in der Realität eine reine Soll-Struktur nicht auffindbar ist, sondern lediglich ein betriebliches Handlungssystem als Resultat aus konzipierter Soll-Struktur und realem menschlichen Verhalten." Die tatsächliche Organisationsstruktur ist somit das je bestehende Gefüge von Wechselbeziehungen. Sie ist das Ergebnis sowohl der offiziellen als auch der inoffiziellen Strukturen[134]."

Somit sind die informalen Erscheinungen nicht als Ergänzung der formalen Betriebsorganisation zu sehen, sondern es ist das Aufeinandertreffen dieser Elemente unter dem Aspekt einer gegenseitigen Wechsel-

133 Wild, J., Neuere Organisationsforschung in betriebswirtschaftlicher Sicht, Berlin 1967, S. 16, vgl. Krüsselberg, H.-G., Organisationstheorie, Theorie der Unternehmung und Oligopol, Berlin 1965, S. 31, Hoffmann, F., Entwicklung der Organisationsforschung, Wiesbaden 1973, S. 37

134 Hall, R. H., Die dimensionale Natur bürokratischer Strukturen, in: Bürokratische Organisation, hrsg. von Mayntz, R., Köln-Berlin 1968, S. 81. Rühli versteht dagegen die informale Organisation als die tatsächlich vorhandenen Verhältnisse. Siehe Rühli, E., Unternehmenspolitik I, Bern und Stuttgart 1973, S. 108

wirkung zu betrachten[135]. Dahrendorf stellt den Gesichtspunkt der Ergänzung in den Vordergrund seiner Überlegungen. „Demnach reicht die formelle Betriebsorganisation, also die funktionale Zuordnung und die skalare Über- und Unterordnung der arbeitsgeteilten Positionen, allein nicht aus, um das schwierige Werk der Integration des Sozialsystems Betrieb zu vollbringen. Allerorten bedarf die geplante institutionelle Struktur der *Ergänzung* durch die vergleichsweise spontanen Strukturen des Verhaltens. Für die Integration des Betriebes sind hier vor allem die Bildung informaler Gruppen und die sozio-ökonomische Schichtung von Bedeutung[136]."

Die Betrachtungsweise unter dem Aspekt der Wechselbeziehungen erweist sich als umfassender, da nicht nur Einflüsse informaler Faktoren auf die Organisation, sondern auch die Tatsache berücksichtigt wird, daß diese Faktoren häufig erst durch oder als Reaktion auf formale Tatbestände entstehen. Dabei lassen sich die informalen Erscheinungen aber weder aus dem Organisationszweck ableiten, noch auf diesen zurückführen[137]. Durch die Nichtbeachtung dieses Tatbestandes ist die sog. „human-relations-Bewegung" gescheitert, da sie die „informale Organisation" so beeinflussen wollte, daß sie vollkommen auf den formalen Organisationszweck ausgerichtet wird[138].

## 41 Formen informaler Erscheinungen

In der Literatur werden die informalen Erscheinungen[139] – darunter sollen die menschlichen Verhaltensphänomene subsumiert werden, die nicht durch betrieblich-organisatorische Regelungen bestimmt sind – häufig unter den Begriffen „informelle" bzw. „informale" Organisation zusammengefaßt[140] und dabei z. T. nur einseitg als System „informaler

135 Vgl. Miller, D. C., Form, W. H., Unternehmung, Betrieb und Umwelt (Industrial Sociology), deutsche Übertragung von K. G. Specht, in: Der Mensch im Betrieb, hrsg. von Ch. Gasser, K. Hax, Bd. 5, Köln und Opladen 1957, S. 126.

136 Dahrendorf, R., Sozialstruktur des Betriebes, Wiesbaden 1972, S. 38

137 Vgl. Luhmann, N., Zweck-Herrschaft-System, Grundbegriffe und Prämissen Max Webers, in: Bürokratische Organisation, hrsg. von R. Mayntz, Köln-Opladen 1968, S. 40

138 Vgl. Luhmann, N., a. a. O., S. 40

139 Vgl. Grün, O., Informale Erscheinungen in der Betriebsorganisation, Berlin 1966, S. 21

140 Vgl. u. a. König, R., Die informellen Gruppen im Industriebetrieb, in: Organisation, TFB-Handbuchreihe, Bd. 1, hrsg. von Schnaufer, E., Agthe, K., Berlin und Baden-Baden 1961, S. 55 ff., Miller, D. C., Form, W. H., a. a. O.

Gruppen" gesehen[141]. Dieser Begriff will als nicht zutreffend erscheinen, da die Organisation als formal geplanter Komplex anzusehen ist, die informalen Erscheinungen hingegen nicht formalisierbar und planbar sind, sondern aus spontanen Entschlüssen der Mitarbeiter des Betriebs entstehen[142].

Deshalb wird hier der Begriff „informale Erscheinungen" verwendet.

## 410 Informale Gruppen

Eine Gruppe umfaßt „eine Reihe von Personen, die in einer bestimmten Zeitspanne häufig miteinander Umgang haben", deren Anzahl derart begrenzt ist, daß die Personen direkt zueinander in Verbindung treten können (face-to-face-relation)[143]. Die informalen Gruppen im Betrieb sind zusätzlich dadurch gekennzeichnet, daß ihre Beziehungen formalorganisatorisch nicht geplant sind. Sie bilden sich aufgrund gegenseitiger Sympathien der Mitarbeiter, gemeinsamer sozialer Faktoren wie Alter, Geschlecht, Beruf, Herkunft u. ä. oder gleicher Interessen, die häufig mit dem betrieblichen Geschehen in keinem Zusammenhang stehen. Auch Mitglieder formal gebildeter betrieblicher Aktionseinheiten (Arbeitsgruppe, Team, Stelle, Abteilung) neigen dazu, informale Gruppen zu bilden, wobei der räumliche Aspekt keinen unbedeutenden Einfluß ausübt. Die zur Bildung informaler Gruppen führenden unterschiedlichen Faktoren lassen erkennen, daß der einzelne Mitarbeiter durchaus mehreren informalen Gruppen angehören kann.

Ein weiteres Merkmal informaler Gruppen ist ihre Stabilität. Verfolgen sie einen bestimmten Zweck (z. B. betrieblicher Sportverein, Cliquen), so ist ihr Bestehen in der Regel dauerhafter und von einzelnen Mitgliedern unabhängiger als dies bei loseren Verbindungen (Tischgemeinschaften, Plaudergruppen) der Fall ist[144]. Diese weniger stabilen informalen Gruppen werden aufgrund der im Betrieb begrenzten Möglichkeiten der Kontaktaufnahme überwiegen.

---

141 Vgl. Hill, W., Fehlbaum, R., Ulrich, P., Organisationslehre, Bd. 2, 3. Aufl. Bern-Stuttgart 1981, S. 421

142 Vgl. Dahrendorf, R., a. a. O., S. 40; zu den Problemen,die sich aufgrund der Unterscheidung in formale Organisation und informale Gruppen ergeben, siehe Kruse, L., Gruppen und Gruppenzugehörigkeit, in: Handbuch der Psychology, 7. Bd., 2. Halbbd., hrsg. von Graumann, C. F., Göttingen 1972, S. 1565 ff., Irle, M., Verhalten in organisierten Gruppen, in: Handbuch der Psychologie, a. a. O., S. 1867 ff.

143 Vgl. Homans, G. C., Theorie der sozialen Gruppe (The Human Group), deutsche Übersetzung von Gruner, R., 5. Aufl., Köln und Opladen 1970, S. 29

144 Vgl. Mayntz, R., Die soziale Organisation des Industriebetriebes, Stuttgart 1969, S. 72 f.

### 411 Informale Kommunikation

Die informale Kommunikation ist gekennzeichnet durch die Weitergabe von Informationen, die entweder durch die betriebliche Aufgabenerfüllung nicht bedingt sind (Gespräche persönlichen Inhalts oder über Ereignisse im Betrieb) oder aber formalen Gehalt besitzen, jedoch abweichend von den geplanten Kommunikationswegen weitergegeben werden. Darüber hinaus bezeichnet Mayntz auch eine formale Kommunikation als informal, wenn dem Empfänger verzerrte Informationen übermittelt werden[145]. Hier wird aber übersehen, daß die formale Organisation Informationsverluste, -filterungen sowie Falschübermittlungen bei der Gestaltung des betrieblichen Kommunikations- und Informationssystems in Form von Kontrollen und anderen Regelungen berücksichtigt. Daher kann die Übermittlung verzerrter Informationen nicht der informalen Kommunikation zugerechnet werden.

Die Beschaffenheit der informalen Kommunikationen wird von Fall zu Fall unterschiedlich sein, sie ist aber eng verknüpft mit der formalen Organisation[146]. Die enge Verknüpfung ist dadurch bedingt, daß für das Entstehen der informalen Kommunikation die formale Organisation Möglichkeiten der Kontaktaufnahme bieten muß. Mitglieder informaler Gruppen, die gleichzeitig mehreren Gruppen angehören, fördern in hohem Maße die informale Kommunikation.

### 412 Informale Normen

Informale Normen sind Verhaltenserwartungen, die die Einstellungen der Mitglieder informaler Gruppen wiedergeben[147]. Sie regulieren zum einen das Verhalten der Gruppenmitglieder zueinander (interne Normen), zum anderen das Verhalten gegenüber den formalen Regelungen (externe Normen)[148] bezüglich Leistung, Weitergabe von Informationen u. ä.. Die internen Normen können den externen ganz oder partiell entsprechen, können aber auch von diesen vollkommen abweichen.

Die internen Normen regeln mithin den „gegenseitigen Anspruch auf Kameradschaftlichkeit, Hilfsbereitschaft und Solidarität“[149]. Allerdings

145 Vgl. Mayntz, R., a. a. O., S. 45 f.
146 Vgl. Miller, D. C., Form, W. H., a. a. O., S. 124
147 Vgl. Mayntz, R., a. a. O., S. 52
148 Vgl. Miller, D. C., Form, W. H., a. a. O., S. 124
149 Lepsius, R. M., Strukturen und Wandlungen im Industriebetrieb — Industriesoziologische Forschung in Deutschland —, hrsg. vom RKW, München 1960, S. 25

ist die Wirksamkeit dieser internen Normen abhängig von den Faktoren Rangstufe, formale Position und Status der Gruppenmitglieder[150]. Konflikte können dann leicht entstehen, wenn Mitarbeiter des Betriebes informalen Gruppen unterschiedlicher interner Normen angehören und die internen von den externen Normen abweichen.

### 413 Sozialer Status

Jeder Betrieb besitzt ein individuelles Statussystem, das geprägt wird von allgemeinen gesellschaftlichen Wertvorstellungen (umweltbedingter Einfluß) und spezifisch innerbetrieblichen Faktoren. Formale Kriterien (Rangordnung und Einkommensstruktur des Betriebes) und informale Faktoren (Dauer der Betriebszugehörigkeit, Ausbildung, Beruf, soziale Herkunft) bestimmen gemeinsam den sozialen Status im Betrieb[151], der von allen informalen Erscheinungen am stärksten formal beeinflußt ist. Dieses findet seinen Ausdruck darin, daß der Betrieb das Statussystem nicht nur anerkennt, sondern durch betriebliche Maßnahmen begründet und erhält[152]. Darüber hinaus können Statusunterschiede auch durch rein informale Faktoren bedingt sein, die sich in besonderen Vorrechten gegenüber Kollegen oder in erhöhten Respekterwartungen ausdrücken.

### 414 Informaler Führer

Informale Führer sind solche Personen, die aufgrund subjektiver Tatbestände eine von der Gruppe anerkannte Autorität in Bezug auf die betriebliche Leistungserstellung und/oder die persönlichen Beziehungen ausüben[153]. Entscheidend für die informale Führerschaft ist die Einhaltung der Gruppennorm sowie eine überdurchschnittliche Interaktion und Kommunikation zu den Gruppenmitgliedern[154]. Ein Führerwechsel ist oft situationsbedingt und hängt von der Stabilität und dem Gefüge der Gruppe ab.

150 Vgl. Mayntz, R., a. a. O., S. 55
151 Vgl. ebenda, S. 49
152 Vgl. Miller, D. C., Form, W. H., a. a. O., S. 162
153 Vgl. Mayntz, R., a. a. O., S. 59 ff.
154 Vgl. Homans, G. C., a. a. O., S. 156, Krüsselberg, H.-G., Betriebsstruktur und Lohnanreizsystem, in: Kölner Zeitschrift für Soziologie und Sozialpsychologie, 10. Jg., 1958, S. 631

Die vorstehend skizzierten informalen Erscheinungen versucht man, mit den Methoden der empirischen Sozialforschung (Beobachtung, Interview, soziometrischer Test, Gruppendiskussion) zu erfassen[155].

Bei diesen Methoden wird aber auf kleine Gruppen abgestellt, wodurch der vollständige Tatbestand informaler Erscheinungen nicht ermittelt werden kann. „Typisch wird dies bei den soziometrischen Gruppenuntersuchungen sichtbar, bei denen etwa unterstellt wird, daß sich die wesentlichen Sozialbeziehungen ausschließlich zwischen den Mitgliedern einer Gruppe abspielen, etwa einer kleinen Gruppe in einer Abteilung des Betriebes, die gleichzeitig dem formalen Betriebsplan entspricht und eine informelle Gruppe mit persönlichen Vertrauensverhältnissen geworden ist . . . . In der soziometrischen Analyse erhalten wir zunächst zumeist nur allgemeine Hinweise darauf, wobei diese oft genug in dem Allgemeinbegriff einer vagen „Loyalität" zum Betrieb als Ganzem untergehen oder einem ebenso undeutlichen Begriff der betrieblichen „Integration". Damit entschwinden aber jene Beziehungsnetze, die über die Grenzen der Abteilungen und Werkstätten, ja auch über die durch die Betriebshierarchie errichteten Barrieren hinweggreifen und etwa für das informelle „Kommunikationssystem" im Betrieb von grundlegender Bedeutung sind"[156].

Eine weitere Schwierigkeit der praktischen Anwendung der obigen Methoden, dies gilt insbesondere für die Befragung und den soziometrischen Test, ist darin zu sehen, daß die informalen Erscheinungen in der Individualsphäre der Mitarbeiter des Betriebes begründet sind und die entsprechenden Informationen gar nicht oder nur unvollständig bzw. verfälscht zur Verfügung gestellt werden[157].

---

155 Vgl. Mayntz, R., Holm, K., Hübner, P., Einführung in die Methoden der empirischen Sozialforschung, Köln und Opladen 1969; Stirn, H., Die informelle Arbeitsgruppe, in: Die Gruppe in Praxis und Forschung, Schriftenreihe für Gruppenforschung und Gruppenpflege, Heft 1, Hrsg. Paul, H., Steinmetz, P. H., Dortmund 1952; Olmsted, M. S., Die Kleingruppe, Soziologische und sozialpsychologische Aspekte (The small Group), deutsche Übersetzung von Krause-Lang, M., Freiburg im Breisgau 1971; Atteslander, P., Methoden der empirischen Sozialforschung, Sammlung Göschen Bd. 4229, 2. Aufl., Berlin und New York 1971; Bornemann, E., Die Gruppe im Betrieb, in: Zentralblatt für Arbeitswissenschaft und soziale Betriebspraxis, 1952, S. 86

156 König, R., a. a. O., S. 77

157 Vgl. Schmidt, G., Organisation — Methode und Technik, 4. Aufl., Gießen 1981, S. 190

## 42 Auswirkungen informaler Erscheinungen

### 420 Auswirkungen auf die Gebildestruktur (Aufbauorganisation)

Auswirkungen der informalen Erscheinungen ergeben sich für jene Bereiche der aufbauorganisatorischen Gestaltung, die insbesondere durch zwischenmenschliche Kontakte charakterisiert sind: die Bildung von Aktionseinheiten, die Gestaltung des Informations- und Kommunikationssystems sowie der Führungs- und Leitungsbeziehungen.

Bildung von Aktionseinheiten

Im betrieblichen Fertigungsbereich wurden häufig aus produktionstechnischen Gründen Arbeitsgruppen gebildet, bei denen positive Auswirkungen informaler Erscheinungen wirksam wurden. Für den Verwaltungsbereich der Unternehmungen wird dieser Aspekt bei der Bildung von Aktionseinheiten in den Formen der teamorientierten Organisationsstrukturen – System überlappender Gruppen, Colleague Model, Teams als Ergänzung des traditionellen Organisationsmodells – besonders mit der Zielsetzung berücksichtigt, eine verbesserte Kooperation, Koordination und Motivation zu erreichen. Verstärkte Kooperationsfähigkeit und -bereitschaft werden auf die zwischenmenschlichen Beziehungen innerhalb der Gruppe zurückgeführt[158]. Die Aktionseinheiten (Stellen, Abteilungen) müssen daher aufgrund häufiger, arbeitsplatzbedingter Kontakte, gemeinsamer Interessen und Ziele den Aufbau und die Pflege informaler Gruppenbeziehungen ermöglichen. Der Einfluß formaler Faktoren (Arbeitsbedingungen, Entlohnung usw.) darf dabei aber nicht ignoriert werden.

Eine negative Auswirkung der Gruppenbeziehung kann in der Bedrohung der individuellen Handlungsfreiheit der Gruppenmitglieder gesehen werden[159]. Sie findet ihren Ausdruck darin, daß sich jedes Gruppenmitglied weitgehend an die internen Normen der informalen Gruppe zu halten hat. Abweichendes Verhalten wird mit Sanktionen wie Ausschluß aus der Gruppe oder schikanösen Behandlungen geahndet. Dies ist besonders gravierend, wenn formale und informale Gruppen überein-

158 Vgl. Dahrendorf, R., Industrie- und Betriebssoziologie, 2. umgearbeitete und erweiterte Auflage, Berlin 1962, S. 88; Stirn, H., Arbeiten in kleinen Gruppen, in: Arbeit und Leistung – Zeitschrift für angewandte Arbeits- und Personalwissenschaft, 1973, S. 74

159 Vgl. Stirn, H., Die informelle Arbeitsgruppe, a. a. O., S. 82 f.

stimmen, da dann kaum Möglichkeiten bestehen, sich den Sanktionen zu entziehen.

Bei den teamorientierten Organisationsstrukturen sollen die positiven Auswirkungen der verstärkten Kooperationsfähigkeit und -bereitschaft noch dadurch gefördert werden, daß Entscheidungen gemeinschaftlich getroffen werden.

Hierbei kann aber durch Meinungsverschiedenheiten in der Gruppe die Entscheidungsfindung nicht unerheblich verzögert werden und die Effektivität der Teamarbeit in Frage gestellt sein.

Die positiven Auswirkungen informaler Gruppen kommen nur dann zum Tragen, wenn die Bildung der Aktionseinheiten den notwendigen Freiheitsraum für die Entstehung persönlicher Beziehungen ermöglicht. Es muß dabei berücksichtigt werden, daß nicht jeder Mitarbeiter aufgrund seiner individuellen Veranlagung die Voraussetzungen für eine positive Gestaltung der Gruppenbeziehung besitzt. Ideal wäre zwar bei der Besetzung von Stellen und Abteilungen, die Mitarbeiter so auszuwählen, daß sie sich bezüglich ihrer Persönlichkeits- und Leistungswerte ergänzen[160]. Dieses Ziel zu erreichen, scheint aber aus folgenden Gründen nicht gegeben zu sein: erstens sind die Möglichkeiten einer entsprechenden Beurteilung der Mitarbeiter begrenzt, zweitens wird eine entsprechende Gruppenbildung durch den Mitarbeiterwechsel eingeschränkt.

Informations- und Kommunikationssystem

Das Vorhandensein der für die Aufgabenerfüllung erforderlichen Informationen hängt von der Qualität des betrieblichen Kommuniktionssystems ab, das den Informationsaustausch formalen Inhalts über formal vorgeschriebene Kommunikationskanäle zwischen den Aktionseinheiten des Unternehmens regelt. Kommunikationskanäle sind dabei zu verstehen als „physikalisch und technisch realisierbare, organisatorisch zulässige oder vorgeschriebene Sende- und Empfangsmöglichkeiten zwischen den Stellen“[161].

Ein Abweichen von diesem formalen Kommunikationssystem liegt dann vor, wenn Instanzen bei der Informationsübermittlung übersprungen

160 Vgl. Zastrow, I., Gruppenarbeit im Betrieb – Innere Gruppenleistung und Selbstbestimmung am Arbeitsplatz, in: Zeitschrift für Organisation, 26. Jg., 1957, S. 50

161 Wild, J., a. a. O., S. 133 f.

werden, der Sender also den hierarchischen Weg nicht einhält und direkt mit dem Empfänger in Verbindung tritt. Diese informale Kommunikation hat zweifellos den Vorteil, daß eine schnellere Informationsübermittlung erfolgt, Informationsverluste weitgehend vermieden werden und bei eventuellen Unklarheiten eine sofortige Rückfrage möglich ist.

Weiterhin ist in der Praxis feststellbar, daß sich informale Kommunikationswege eingespielt haben, über die regelmäßig Informationen an bestimmte Personen weitergegeben werden, obwohl dafür keine formalen Regelungen vorliegen. Dies kann vorteilhaft sein, wenn dadurch die oft unzureichende Kommunikation von unten nach oben verbessert wird, nicht selten stellt sie aber eine zusätzliche unnötige Belastung für die Mitarbeiter dar.

Um die Vorteile nutzen zu können, die eine informale Kommunikation vor allem bei nicht routinemäßigen Aufgabenerfüllungen besitzen kann, wird vorgeschlagen, informale Kommunikationssysteme, insbesondere für die oberen Führungsschichten, zu bilden[162]. Damit liegt u. E. aber keine informale Kommunikation mehr vor.

Ein wesentlicher Bestandteil der abwärts gerichteten formalen Kommunikation besteht in der Weitergabe von Anweisungen. Inhalt der abwärts gerichteten informalen Kommunikation sind neben persönlichen Mitteilungen insbesondere Informationen über die wirtschaftliche Situation des Unternehmens und organisatorischer Änderungen[163]. An diesen Informationen haben die Mitarbeiter ein großes Interesse, da ihre wirtschaftliche und berufliche Zukunft eng mit der betrieblichen Entwicklung verknüpft ist. Diese Informationen sollten auf formalem Wege den Mitarbeitern zugeleitet werden, da sie aufgrund der engen Verknüpfung von formalem und informalem Kommunikationssystem nicht geheim gehalten werden können und zum anderen dadurch Gerüchten mit ihren negativen Folgen vorgebeugt werden kann[164].

Durch die aufwärts gerichtete Kommunikation erhalten die Mitarbeiter die Möglichkeit, Beschwerden, Wünsche und Änderungsvorschläge den Instanzen mitzuteilen. Die informalen Erscheinungen wirken sich hier in Form der Filterung aus, die besonders dann relevant wird, wenn

162 Vgl. Stratoudakis, P., Das Kommunikationssystem als organisatorisches Problem, in: ZfB 1962, S. 213
163 Vgl. Lepsius, R. M., a. a. O., S. 60 f.
164 Vgl. Miller, D. C., Form, W. H., a. a. O., S. 147

der offizielle Kommunikationsweg über mehrere Instanzen führt und informale Beziehungen zwischen diesen bestehen. Denn wenn nur eine Stelle die Information unvollständig oder ungenau weitergibt, wird der Informationsgehalt beeinträchtigt. Allerdings werden Informationsfilterungen häufig erforderlich, um eine Überlastung der Kommunikationsnetze zu vermeiden[165].

Ein Großteil des informalen Kommunikationsflusses verläuft quergerichtet auf formal nicht vorgesehenen Wegen, da zwischen den hier kommunizierenden keine Statusunterschiede bestehen und eine weitgehende Übereinstimmung der betriebsorientierten Interessen vorliegt. Eine derartige Kommunikation kann für den Arbeitsablauf förderlich sein, wenn sich die Beteiligten gegenseitig Anregungen und Ratschläge im Hinblick auf die Aufgabenerfüllung geben[166].

### Führungs- und Leitungssystem

Eine betriebliche Führung und Leitung ist erforderlich, um die Verhaltensweisen und Willensrichtungen der Mitarbeiter im Hinblick auf das Gesamtziel der Unternehmung auszurichten. Durch die damit verbundenen Anordnungs-, Überwachungs- und Kontrollfunktionen sind direkte Beziehungen zwischen Vorgesetzten und Untergebenen bedingt, die durch formal nicht geregelte persönliche Kriterien beeinflußt werden.

Nach Nordsieck gilt es, „das Leitungsverhältnis . . . soweit wie möglich von den persönlichen Belangen nach dem Grundsatz der Sachlichkeit freizuhalten“[167]. Bei konsequenter Befolgung dieser Regel ergibt sich dann die Situation, daß der Vorgesetzte die Gruppe im eigentlichen Sinne nicht mehr führt, sondern vorwiegend aufgabenbezogen tätig wird und somit nur noch schwer eine Beziehung zu dem sozialen Leben der Untergebenen findet[168]. Diese Entfremdung trägt dazu bei, daß sich informale Führer bilden, die eine integrierende und stabilisierende Funktion in der Gruppe ausüben. Die von den Gruppenmitgliedern anerkannte Autorität des informalen Führers führt dazu, daß sich übergeordnete Instanzen nicht an den offiziellen Vorgesetzten wenden, son-

165 Vgl. Luhmann, N., Funktionen und Folgen formaler Organisation, in: Schriftenreihe der Hochschule Speyer, Bd. 20, 2. Aufl., Berlin 1972, S. 211

166 Vgl. Mayntz, R., Die soziale Organisation . . . . , a. a. O., S. 80

167 Nordsieck, F., Rationalisierung der Betriebsorganisation, 2. überarb. Aufl. von „Grundlagen der Organisationslehre“, Stuttgart 1955, S. 35

168 Vgl. Whitehead, T. N., Führung in der freien Gesellschaft (Leadership in a free society), deutsche Übersetzung von Nipperdy, O., in: Der Mensch im Betrieb, Bd. 3, Hrsg. Gasser, C., Hax, K., Köln und Opladen 1955, S. 77 f.

dern an den informalen Führer[169]. In speziellen Situationen mag dieses Vorgehen von Vorteil sein, ein häufiges Übergehen des formalen Führers führt jedoch dazu, daß dessen Autorität in der Gruppe nicht mehr anerkannt wird. Abweichend von der Nordsieck aufgestellten Regel sollte die formale Organisation daher die Voraussetzungen dafür schaffen, daß sich die Funktionen des formalen und informalen Führers vereinigen lassen.

Durch die z. T. sich widersprechenden Anforderungen seitens der Unternehmensleitung und der Untergebenen an die Vorgesetzten sind diese sowohl formalen als auch informalen Situationen ausgesetzt[170]. Entsprechend muß der Vorgesetzte situationsbedingt formale und informale Beziehungen zu seinen Unterstellten aufnehmen. Dies ist aber nicht immer möglich, da jeder Vorgesetzte dieses Wechselspiel nicht beherrscht, die Untergebenen darauf nur z. T. eingehen.

## 421 Auswirkungen auf die Prozeßstruktur (Ablauforganisation)

### Kooperative Zusammenarbeit

Das Problem der Kooperation ergibt sich aufgrund der Arbeitsteilung und der Arbeitsvereinigung im Betrieb. Weiterhin ist die Kooperation als eine soziale Verknüpfungsform der im Betrieb Tätigen anzusehen. Damit werden wiederum die interpersonalen Beziehungen relevant.

Ein System freier kooperativer Zusammenarbeit wird im Unternehmen erforderlich, da sich das hierarchische System „für die vielfältigen Notwendigkeiten und Formen der Kontaktaufnahme zwischen den Abteilungen quer durch das Gefüge der betrieblichen Abteilungsbildung hindurch als zu schwerfällig erweist“[171].

Obwohl diese freie kooperative Zusammenarbeit in ihrer Bedeutung formal anerkannt wird, kann sie mit dem Steuerungssystem der Unternehmensleitung in Konflikt geraten[172], was darauf zurückzuführen ist, daß in der betrieblichen Hierarchie fast ausschließlich Ein-Mann-Entscheidungen getroffen werden. Eine derartige Regelung wird umso schwieri-

169 Vgl. König, R., a. a.O., S. 112
170 Vgl. Luhmann, N., Funktionen und Folgen ...., a. a. O., S. 286
171 Gutenberg, E., Grundlagen der Betriebswirtschaftslehre, Bd. 1, Die Produktion, 19. Aufl., Berlin-Heidelberg-New York 1972, S. 263
172 Vgl. Bahrdt, H. P., Die Krise der Hierarchie im Wandel der Kooperationsformen, in: Bürokratische Organisation, Hrsg. Mayntz, R., Köln-Berlin 1968, S. 130

ger, je mehr mit zunehmender Spezialisierung für eine bestmögliche Entscheidungsfindung Detailwissen erforderlich wird, das jedoch selbst Vorgesetzte mit einer ‚großen Übersicht' kaum noch aufweisen. Diese Entwicklung verlangt eine verstärkte freie kooperative Zusammenarbeit.

Die Möglichkeiten und Formen der kooperativen Zusammenarbeit werden vornehmlich von den vorhandenen technischen Anlagen bestimmt. Es kann daher zwischen gefügeartiger und teamartiger Kooperation innerhalb verschiedener Arbeitsgruppen unterschieden werden[173].

Die gefügeartige Kooperation wird in vollem Umfange von technischen Gegebenheiten bestimmt, die Art und Weise der Zusammenarbeit dadurch im voraus festgelegen. Die Mitarbeiter werden zur Kooperation gezwungen. Dagegen ist es den Mitarbeitern bei der teamartigen Kooperation möglich, die zu leistende Arbeit gemeinsam zu verteilen und zudem in Grenzen räumlich und zeitlich ungebundener zu sein[174].

Die formal nicht regelbare, jedoch erforderliche kooperative Zusammenarbeit wird erst durch gute interpersonale Beziehungen ermöglicht. Allerdings ist zu beachten, daß die sich hierbei ergebenden informalen Gruppen auch mit dem Ziel einer Leistungsdrosselung kooperieren können, um z. B. Veränderungen im System zu verhindern[175].

Arbeitsleistung

Die Leistung der menschlichen Aktionsträger ist abhängig von deren Leistungsfähigkeit (Anlage, Entfaltung) sowie von der physischen und psychischen Leistungsbereitschaft. Die Leistungsbereitschaft hängt nicht nur von gegebenen finanziellen Anreizen ab, sondern wird auch von den individuellen Ziel- und Wertvorstellungen geprägt. Daraus entstehen unterschiedliche Motivationsstrukturen.

Nach Stirn sind informale Gruppen als „natürliche Bedingung menschlicher Arbeitsmotivierung" anzusehen, da sie den Mitarbeitern das wichtige Gefühl der Zufriedenheit, sozialer Befriedigung und Sicherheit vermitteln[176]. Ist diese These zutreffend, so ist zu fragen, ob diese informalen Auswirkungen auch leistungsmotivierend wirken müssen.

173 Vgl. Popitz, H. P., Bahrdt, H. P., Jüres, E. A., Kesting, H., Technik und Industriearbeit, Soziologische Untersuchungen in der Hüttenindustrie, Hrsg. Sozialforschungsstelle der Universität Münster, Bd. 16, Tübingen 1957, S. 178

174 Vgl. Popitz, H. P., Bahrdt, H. P., Jüres, E. A., Kesting, H., a. a. O., S. 178

175 Vgl. Hill, W., Fehlbaum, R., Ulrich, P., a. a. O. Bd. 1, S. 120 f.

176 Vgl. Stirn, H., Die informelle Arbeitsgruppe, a. a. O., S. 72 f.

Nach den Untersuchungen Mayos entstand vielfach die Auffassung, die Leistungserstellung könnte in erster Linie durch die Pflege der interpersonalen Beziehungen gesteigert werden, da sie die Arbeitsmoral der Mitarbeiter positiv beeinflussen würden. Weitere Untersuchungen zeigten jedoch, daß die Faktoren organisatorische Gestaltung des Arbeitsprozesses, Interesse an der Arbeit und umweltbedingte Einflüsse mitentscheidend sind[177]. Ob die interpersonalen Beziehungen leistungshemmend oder -fördernd wirken, hängt von der Einstellung der informalen Gruppen zur Arbeit und zum Betrieb ab[178].

## 43 Schlußfolgerungen

Das Vorhandensein informaler Erscheinungen in betrieblichen Organisationen ist bedingt durch das Verhalten der dort tätigen Menschen, das nicht nur von der formalen Organisation, sondern auch von ihren individuellen Wünschen und Vorstellungen bestimmt wird. Die interpersonalen Beziehungen wirken sich hier besonders aus, da sie einmal eine Integration des Mitarbeiters in das bestehende System erleichtern, zum anderen seine immateriellen Bedürfnisse befriedigen können. Die strukturelle und prozessuale Gestaltung des Unternehmens muß versuchen, diese Fakten positiv zu beeinflussen.

Darüber hinaus sind die informalen Erscheinungen für die praktische Organisationsarbeit von großem Gewicht, weil im Rahmen der Kommunikation, Koordination, Kooperation und Arbeitsleistung häufig keine detaillierten formal-organisatorischen Regelungen möglich sind. Die dadurch entstehenden Lücken werden bei guten interpersonalen Beziehungen informal geschlossen (Ergänzungsfunktion der informalen Organisation)[179]. Dies darf jedoch nicht zu der Schlußfolgerung führen, informale Erscheinungen können bei Bedarf zum Zwecke der formalen Zielerreichung eingesetzt werden, denn das interpersonale Beziehungsgefüge ist in der Regel instabil und dem Organisator nur unvollständig bekannt.

177 Vgl. Mayer, A., Die soziale Frage im Betrieb, in: ZfB 1954, S. 47 f.

178 Vgl. Dahrendorf, R., Sozialstruktur ..., a. a. O., S. 49

179 Grün, O. sieht darüber hinaus die informale Organisation als eine Alternative zur formalen Organisation. siehe, Grün, O., Informale Organisation, in: Handwörterbuch der Organisation, 2. Aufl., Stuttgart 1980, Sp. 884 ff.

*Literatur:*

| | |
|---|---|
| Dahrendorf, R. | Die Sozialstruktur des Betriebes, Wiesbaden 1972 |
| Grün, O. | Informale Erscheinungen in der Betriebsorganisation, Berlin 1966 |
| Hall, R. H. | Die dimensionale Natur bürokratischer Strukturen, in: Bürokratische Organisation, hrsg. von Mayntz, R., Köln-Berlin 1968 |
| König, R. | Die informellen Gruppen im Industriebetrieb, in: Organisation, TFB-Handbuchreihe, Bd. 1, hrsg. von Schnaufer, G., Agthe, K., Berlin und Baden-Baden 1961, S. 55 ff. |
| Kruse, L. | Gruppen und Gruppenzugehörigkeit, in: Handbuch der Psychologie, 7. Bd., 2. Halbbd., hrsg. von Graumann, C. F., Göttingen 1972, S. 1565 ff. |
| Maytnz, R. | Die soziale Organisation des Industriebetriebes, Stuttgart 1969 |
| Grün, O., | Informale Organisation, in: Handwörterbuch der Organisation, 2. Aufl., Stuttgart 1980, Sp 881 ff. |

# 5 Betriebliches Informationssystem

## 50 Vorbemerkung

In den folgenden Darlegungen sollen nur einige grundlegende Anmerkungen zum betrieblichen Informationssystem gemacht werden. Eine eingehende Behandlung dieses Problemkreises würde einerseits die Zielsetzung einer Einführung und Grundlegung bei weitem überschreiten, andererseits erfordert die kritische Auseinandersetzung mit den in der Literatur dargelegten Konzeptionen aus der Sicht ihrer Realisierbarkeit eine eigenständige Abhandlung.

## 51 Grundbegriffe

### 510 Information und Kommunikation[180]

Information:

Information und Kommunikation sind Begriffe von grundlegender Bedeutung innerhalb des betrieblichen Informationssystems. Der Informationsbegriff ist dabei von sehr komplexer Natur. Im Sinne der Wahrscheinlichkeitstheorie ist die Information eine Maßgröße für die Ungewißheit des Eintretens eines Ereignisses (Wahrscheinlichkeit). In diesem Sinne wird die Information auch als Informationsgehalt bezeichnet.

Die Informationstheorie (Nachrichtentheorie) betrachtet die Information rein formal. Die Information besteht danach aus mathematischen, physikalischen oder logistischen Zeichen, Sätzen, Wörtern, Stromimpulsen usw., die von einer Quelle erzeugt, von einem Sender in Signale umgesetzt und in dieser Form von einem Empfänger aufgenommen werden. Untersucht wird nur der syntaktische Aspekt der Zeichen bzw. Zeichenmengen, der Sätze, der Wörter usw..

Neben dem syntaktischen ist aber auch der semantische Aspekt von Bedeutung, denn die Zeichen stehen nicht nur zu anderen Zeichen in Beziehung, sondern auch zu ihrer Bedeutung. Ferner sind die bezeichneten Objekte zu berücksichtigen (sigmatischer Aspekt) sowie der Bezug zu den Systemen (zu deren Zielen, Zwecken), zwischen denen Zeichen ausgetauscht werden (pragmatischer Aspekt).

---

180 Zu den folgenden Ausführungen vgl.: Klaus, G., Wörterbuch der Kybernetik, Bd. 1, Frankfurt a. M.-Hamburg 1969, S. 269 ff.; Dreger, W., Management Informations System, Wiesbaden 1973, S. 54 ff.; Koreimann, D.S., Systemanalyse, Berlin-New York 1972, S. 24 ff.

Mithin sind folgende vier miteinander verbundene Ebenen im Hinblick auf den Informationsbegriff zu berücksichtigen:

Die vier Aspekte der Information

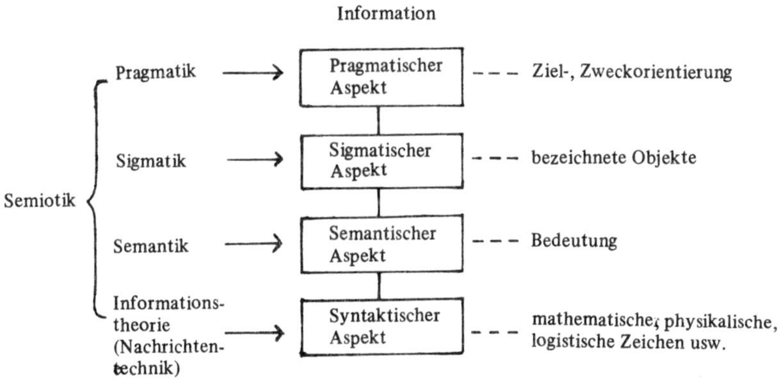


Die Unterscheidung zwischen Information und Daten auf der semantischen Ebene ist nicht eindeutig. So sind folgende Begriffsinhalte feststellbar:

- Daten sind Informationen, die bereits auf Speichermedien als Zwischenträger gespeichert und mit Hilfe von Büromaschinen/Datenverarbeitungsanlagen verarbeitet werden können[181],
- Daten sind große Ziffermengen aus Verwaltung und Wirtschaft[182]
- Daten sind Werte (Mengen, Beträge, Zeiten), die mit einem oder mehreren Zuordnungskriterien (Konto-Nr., Kostenstellen-Nr., Auftrags-Nr. usw.) versehen sind. Informationen sind demgegenüber Daten, die im Kommunikationsprozeß auftreten[183].

Anwendungsorientiert betrachtet kann unter betriebswirtschaftlichen Gesichtspunkten die Information als das Wissen verstanden werden, das ein Element des soziotechnischen Systems Unternehmung besitzen

181 Vgl. Klaus, G., a. a. O., S. 123
182 ebenda
183 vgl. Meffert, H., Informationssysteme, Grundbegriffe der EDV und Systemanalyse, Tübingen 1975, S. 92; Dreger, W., a. a. O., S. 57/58

muß, um seine Aufgaben sachgerecht erfüllen (richtige Entscheidungen) und um sich systemgerecht verhalten zu können[184].

Das betriebliche Informationssystem kann dann entsprechend beschrieben werden als der geordnete Zusammenhang zwischen Menschen, Sachmitteln und Methoden im Hinblick auf das Ziel, den Informationsbedarf aller Elemente des soziotechnischen Systems Unternehmung abzudecken[185].

Kommunikation:

Die Kommunikation umfaßt den Austausch von Informationen zwischen den Elementen (Mensch, Sachmittel) eines Systems bzw. zwischen Systemen, die Informationen aufnehmen, speichern, umformen usw. können. Der Elementarvorgang der Kommunikation läßt sich in Form der Kommunikationskette schematisch darstellen.

*Abb. 33:*
Schema einer Kommunikationskette[186]

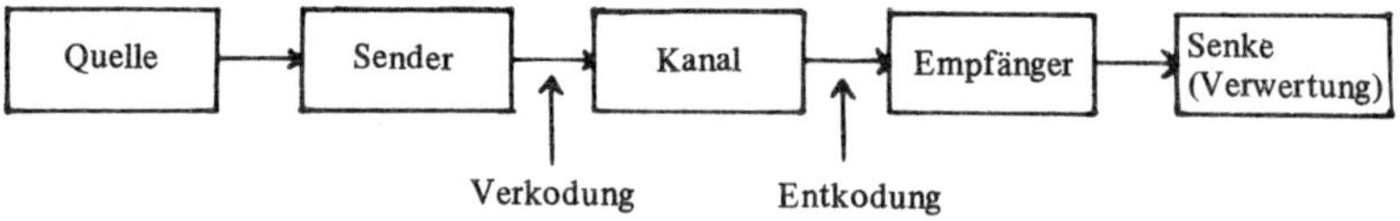


Entsprechend der Ein-Kanal-Struktur (Abb. 33) vollzieht sich auch die Kommunikation bei mehr als zwei Personen, doch ergeben sich hierbei Mehr-Kanal-Strukturen, die zu sehr unterschiedlich strukturierten Kommunikationsnetzen führen. Grundformen der Kommunikationsnetze sind die Kette, der Kreis, das Rad (Stern) und die Vollstruktur.

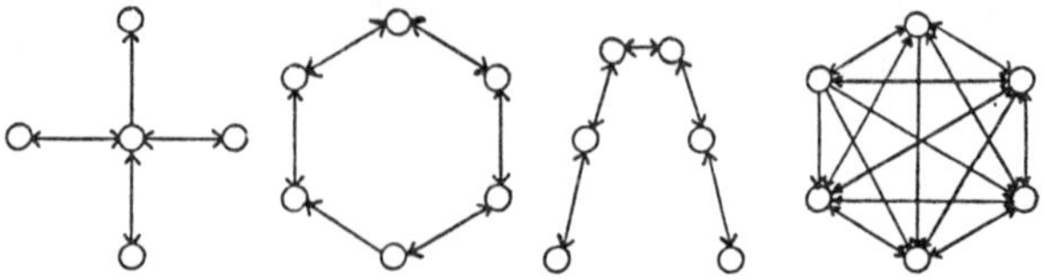

Rad (Stern    Kreis    Kette    Vollstruktur

184 vgl. Dreger, W., a. a. O., S. 55 Nach Wittmann ist Information zweckorientiertes Wissen, wobei der Zweck in der Vorbereitung des Handelns liegt, siehe Wittmann, W., Information, in: Handwörterbuch der Organisation, 2. Aufl., Stutgart 1980, Sp. 894

185 vgl. Koreimann, D. S., a. a. O., S. 24

186 Klaus, G., a. a. O., S. 306

Das Kommunikationsnetz eines Unternehmens setzt sich aus diesen Grundformen zusammen. So ist z. B. das Kommunikationsnetz der funktionalen Stablinienorganisation aus den Grundtypen Rad (Stern) und Kette aufgebaut.

### 511 Steuerung und Regelung

Das soziotechnische System Unternehmen ist im kybernetischen Sinn ein System von Regelkreisen, das aufgrund von Informationen gesteuert und geregelt wird. Steuerung, Regelung und Regelkreis sind damit wichtige Grundtatbestände informationeller Prozeßgestaltung.

Steuerung:

Unter Steuerung wird der Vorgang in einem dynamischen System verstanden, bei dem eine oder mehrere Eingangsgrößen (Input) Ausgangsgrößen (Output) aufgrund der dem System eigenen Gesetzmäßigkeiten beeinflussen. Auf das Unternehmen bezogen bedeutet dies, daß Informationen an Steuereinrichtungen Gegenmaßnahmen gegen Störungen auslösen, die sonst zu Abweichungen von vorgegebenen Sollgrößen führen würden. Eine Rückmeldung über den Erfolg der Gegenmaßnahmen sieht die Steuerung nicht vor. Der Wirkungsweg einer Steuerung wird in Form der Steuerkette dargestellt.

*Abb. 34:*
Schematische Darstellung der Steuerung

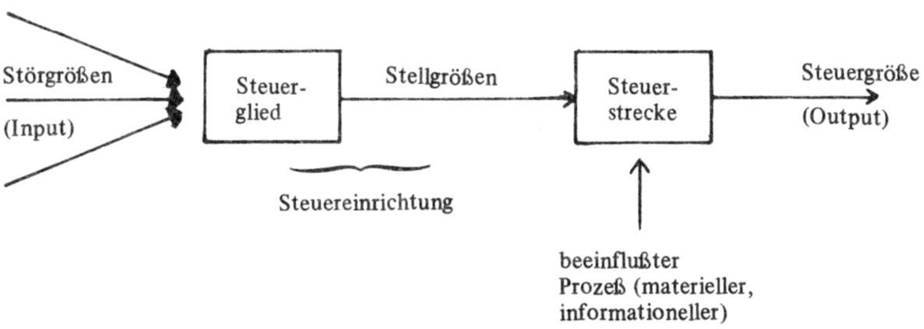


Die Steuerung kann in einem Unternehmen nur dann erfolgreich sein, wenn es sich um deterministische Prozesse handelt und alle relevanten Störgrößen mit ihren Auswirkungen bekannt sind.

*Abb. 35:*
Schematische Darstellung der Regelung[187]

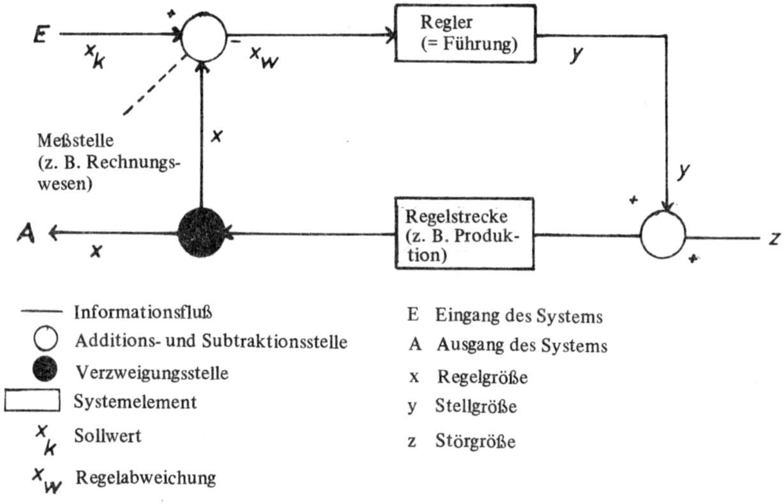


Regelung:

Bei der Regelung tritt zur Steuerung ergänzend die Rückkoppelung (feed back) hinzu, um die Stabilität des dynamischen Systems zu erhalten. Durch fortlaufende Eingriffe aufgrund von Informationen über Störungen (Störgrößen und ihre Auswirkungen) und den Erfolg der getroffenen Gegenmaßnahmen wird versucht, die vorgegebenen Sollgrößen zu erreichen (siehe Abb. 35)

Das Prinzip der Regelung ist im Unternehmen anwendbar, ohne daß alle Störgrößen und deren Auswirkungen im voraus bekannt sind.

Steuerung und Regelung treten im Unternehmen sowohl nebeneinander als auch kombiniert auf (Regelung mit Störgrößenaufschaltung).

## 512 Regelkreis

Wie bereits dargelegt, können die Beziehungszusammenhänge in einem Unternehmen als ein System von Regelkreisen aufgrund folgender Tatbestände[188] interpretiert werden:

187 Meffert, H., a. a. O., S. 15
188 vgl. Koreimann, D. S., a. a. O., S. 44

- Leitung und Führung eines Unternehmens sind den Steuer- und Kontrollmechanismen kybernetischer Systeme vergleichbar,
- das sozotechnische System Unternehmen ist fähig, aufgrund einer qualifizierten Informationsverarbeitung und -speicherung zu lernen,
- innere und äußere Störungen lösen Regelungsprozesse aus, um das Ziel der Stabilität in Bezug auf die inneren Bedingungen und das Wachstum sicherzustellen.

Die folgende Abbildung zeigte eine funktionsmäßig schematische Darstellung des betrieblichen Regelkreises:

*Abb. 36:*
Schema des betrieblichen Regelkreises

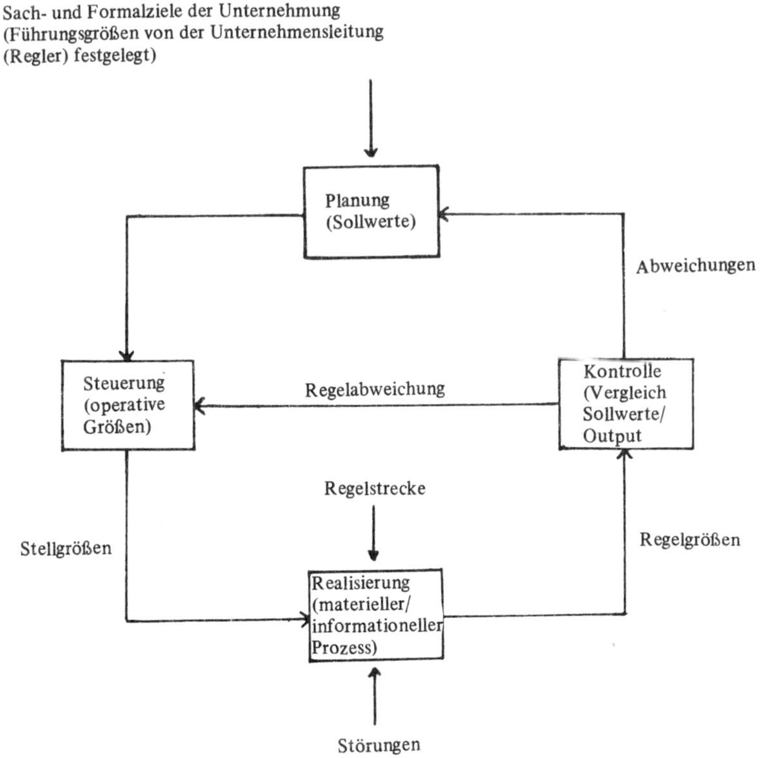

Da sich das System Unternehmung aus Teilsystemen zusammensetzt (Arbeitsteilung), zwischen den materiellen und informationellen Prozessen Interdependenzen bestehen, kann es nicht als ein einfaches Regelkreismodell dargestellt werden, sondern nur als ein Modell vermaschter Regelkreise (miteinander in Wechselwirkung stehender Regelkreise unterschiedlicher Ordnung).

## 52 Elemente eines Informationssystems

Als Elemente eines betrieblichen Informationssystems sind Daten, Sachmittel (Datenverarbeitungsanlagen) und Menschen (Mitarbeiter) anzusehen,

- Daten als Objekte des Verarbeitungsprozesses
- Sachmittel als datenverarbeitende Maschinen
- Menschen als Gestalter und Benutzer des Systems.

### 520 Daten

Als Daten können Folgen von Mengen- und Ordnungsinformationen angesehen werden. Da die Informationen zwischen allen Elementen des Systems ausgetauscht werden, darf nur eine endliche Menge von Zeichen benutzt werden, die von allen Kommunikationspartnern verstanden wird. Da im Rahmen der informationellen Prozesse Datenverarbeitungsanlagen eingesetzt werden, bestimmen diese Menge und Syntax der benutzten Zeichen. Die Zeichen können dabei Buchstaben, Ziffern und Sonderzeichen umfassen.

Aus Gründen der technischen Realisierbarkeit müssen die Daten für die maschineninterne Verarbeitung in einer Datenverarbeitungsanlage (EDVA) verschlüsselt werden. Der jeweilige Code beinhaltet die Vorschriften dieser Verschlüsselung. Für digitale EDVA bestehen eine Vielzahl solcher Codes. Der am häufigsten benutzte ist der EBCDI-Code (Extended Binary Coded Decimal Interchange). Das Hauptmerkmal dieses Codes ist die zeichenweise Umwandlung einer Zeichenfolge in Binärcodewörter, wobei für jedes Zeichen eine Bitkombination von 8 Bits (gleich einem Byte) verwendet wird.

Der Beziehungszusammenhang zwischen Daten und Speicherung ist aus folgender Gegenüberstellung ersichtlich:

| *Daten* | | *maschininterne Darstellung (Speicherung)* | |
|---|---|---|---|
| — | es besteht kein Entsprechungsverhältnis | Bit | (kleinste physische Einheit) |
| Zeichen | (Buchstabe, Ziffer Sonderzeichen) | Byte | (acht Bits, kleinste adressierbare Einheit) |
| Begriff | (eine Folge von Zeichen, z. B. Preis, Menge, Name) | Feld | (eine Zusammenfassung von Bytes, kleinste während der Verarbeitung benutzte Informationseinheit) |
| logischer Satz | (eine sachliche Einheit von Begriffen, die unter einen Ordnungsbegriff zusammengefaßt sind, z. B. Personalstammsatz) | physischen Satz | (Zusammenfassung mehrerer Datenfelder) |
| Datei | (unter einem Oberbegriff zusammengefaßte logische Sätze, vergleichbar mit einer Kartei, z. B. Personalstammdatei, Artikelstammdatei) | physisches Speichermedium | (Zusammenfassung physischer Sätze auf einem Speichermedium z. B. Platte, Band) |

## 521 Datenverarbeitungsanlage

Den Informationsbedarf der im Unternehmen Tätigen zu decken, ist ohne den Einsatz einer EDVA kaum noch sicherzustellen. Das heißt aber nicht, daß jedes Unternehmen eine eigene EDVA besitzen muß; es kann sich diesbezüglich der Dienste dritter bedienen z. B. unabhängiger oder herstellergebundener Rechenzentren. Wird zur Informationsverarbeitung eine EDVA eingesetzt, so spricht man von computergestützten Informationssystemen.

Die zwei Komponenten einer EDVA sind das Maschinensystem und das Programmsystem. Das Maschinensystem (Hardware) umfaßt die gesamte Technik der Maschine, die Zentraleinheit (Hauptspeicher, Steuerwerk, Arithmetik und Logik), die Kanäle (Übertragung von Befehlen und Daten), die Eingabe- und Ausgabeperipherie (Steuereinheiten, Lochkartenlesen, Drucker, Bildschirme usw.) und die externen Speicher (Platte, Band, Trommel usw.).

Das Programmsystem (Software) beinhaltet die gesamte Steuerung des Systems durch gespeicherte Programme. Bei diesen Programmen wird unterschieden zwischen Steuer- und Arbeitsprogrammen. Die Steuerprogramme setzen sich aus den Komponenten Data Management, Job-Control und Supervisor zusammen. Sie haben die Aufgabe, die Umstellung des Systems von einer Arbeit zu einer anderen zu erleichtern und den Programmablauf durch das System selbst steuern zu lassen.

Die Arbeitsprogramme – Benutzerprogramme, Übersetzer, Dienstprogramme und System-Verwaltungsprogramme – dienen der Durchführung der eigentlichen Aufgaben.

Die möglichen unterschiedlichen Hard- und Softwareausstattungen der EDVA bestimmen u. a. den Automatisierungs- und Integrationsgrad eines Informationssystems.

### 522 Menschen

Das optimale Zusammenwirken der Elemente Daten, EDVA und Mensch (Wahrnehmung dispositiver Kombinations- und Koordinationsaufgaben) innerhalb des Informationssystems erbringt erst den größtmöglichen Erfolg. Der Anteil des Elementes Mensch ist zwar während der eigentlichen Informationsverarbeitung relativ gering (bei vollautomatisiertem Informationssystem), desto wichtiger ist er bei der Entwicklung und Gestaltung von Informationssystemen. Weiterhin ist dem Mensch innerhalb eines Informationssystems aus folgenden Gründen ein großes Gewicht beizumessen:[189]

- Unfähigkeit der EDVA, schöpferische Denkakte zu vollziehen, die zur Erkenntnis komplexer Problemzusammenhänge und zur Formulierung origineller Problemlösungen führen,
- Unstrukturiertheit von Systemen (damit keine Programmierbarkeit gegeben),
- kognitives Informations-, Entscheidungs- und Lernverhalten des Menschen.

Mit diesen Aspekten ist der Mensch sowohl als Informationsgenerator als auch als Benutzer von Informationssystemen angesprochen.

## 53 Grundtypen von Informationssystemen

Die Grundtypen eines Informationssystems kann man nach den Kriterien Aufgabenstellung, Zielsetzung, Automatisierungs- und Integrationsgrad unterscheiden. Im Extremfall ergeben sich so viele Arten von Informationssystemen, wie es Kombinationen von Ausprägungen dieser Kriterien gibt.

189 vgl. Grochla, E., a. a. O., S. 113 f.,

## 530 Unterscheidung nach der Aufgabenstellung

Im Hinblick auf die Zielsetzung von Informationssystemen kann zwischen dispositiven und operativen Zielen unterschieden werden. Dispositive Informationssysteme verfolgen im Rahmen der Unterstützung der Management-Prozesse (Leitungssystem) insbesondere zwei Zielsetzungen:

- Routine-Entscheidungen weitgehend zu automatisieren,
- Komplexe Entscheidungen durch automatisierte Informationsbeschaffung und durch den Einsatz betriebswirtschaftlicher, statistisch-mathematischer Modelle zu unterstützen[190].

Weiterhin sind die dispositiven Informationssysteme dadurch charakterisiert, daß die relevanten Realprozesse im Sinne einer totalen Determiniertheit nicht strukturiert[191] und methodenintensiv sind.

Das hierarchisch untergeordnete operative Informationssystem ist datenintensiv und die relevanten Realprozesse sind im Hinblick auf die Determiniertheit strukturiert. Primär ist die Kontrollfunktion, d. h. die Informationsgewinnung über den tatsächlichen Prozeßablauf im Unternehmen und über eventuelle Abweichungen von den Plandaten.

Sowohl das dispositive als auch das operative Informationssystem kann in der Art eines reinen Informationssystems als auch in der Form eines Informations-Entscheidungssystems auftreten. Der Output eines reinen Informationssystems sind solche Informationen, die nicht selbst Entscheidungen darstellen, sondern in den Entscheidungsprozeß eingehen (z. B. Kosten-, Bilanz-, Finanz-, Marktinformationen)[192]. Der Output der Informations-Entscheidungssysteme sind hingegen konkrete Entscheidungen (z. B. optimale Bestellmengen, Stücklistenauflösung, kurz- und mittelfristige Fertigungsprogramme)[193].

## 531 Unterscheidung nach dem Grad der Automatisierung

Entsprechend den Stufen der Rationalisierung der Informationsverarbeitung kann man manuelle, teilautomatisierte und automatisierte Informationssysteme unterscheiden. Bei der manuellen Informations-

190 vgl. Koreimann, D. S., a. a. O., S. 26;
191 vgl. Dreger, W., a. a. O., S. 66
192 vgl. Meffert, H., a. a. O., S. 37
193 ebenda

verarbeitung werden die Operationen wie Schreiben, Rechnen, Vergleichen, Prüfen usw. vom Menschen durchgeführt.

Bei der Teilautomatisierung werden zusammenhängende Arbeitsstufen maschinell abgewickelt unter der Zurhilfenahme von Arbeitsmitteln wie programmierbare Tischrechner, Buchungs- und Lochkartenmaschinen (konventionelle Datenverarbeitung). Die Menschen führen hierbei die Bedienungs-, Kontroll- und Steuerungsfunktionen aus. Die automatisierte Informationsverarbeitung besteht dagegen in der Übernahme mehrstufiger Arbeitsprozesse durch Arbeitsmittel in Form der EDVA. Dem Menschen verbleibt lediglich die Bedienungsfunktion.

Die operativen Informationssysteme sind in einem größeren Maße der Automatisierung zugängig als die dispositiven Informationssysteme, da es sich bei den Objekten der ersteren um im weiten Umfange programmierbare Tatbestände handelt (strukturierte Systeme).

### 532 Unterscheidung nach dem Integrationsgrad

Die Unterscheidung der Informationssysteme nach dem Integrationsgrad stellt auf die informationellen Verknüpfungen der unterschiedlichen unternehmerischen und betrieblichen Aufgaben ab. Es wird unterschieden zwischen isolierten, teilintegrierten und vollintegrierten Informationssystemen, wobei sich die Unterscheidung auf die organisatorische und/oder auf die technische Komponente beziehen kann. Der organisatorische Aspekt bezieht sich auf die Art und den Umfang der Unternehmensbereiche, die mit dem Informationssystem abgedeckt werden. Der technische Aspekt berücksichtigt die Datengewinnung (einmalige oder mehrmalige Erfassung derselben Daten) und deren Speicherung (einmalige (Datenbank) oder mehrmalige Speicherung derselben Daten).

## 54 Informationssystem und Organisationsstruktur

Zwischen dem Informationssystem und der Organisationsstruktur eines Unternehmens bestehen enge Verbindungen zirkularer Art. Grundlage für die Struktur des Informationssystems sind einerseits die Beziehungen der Aktionseinheiten im Unternehmen untereinander (Gebildestruktur), die sich aus dem Aufgabenzusammenhang als Basis der gewählten Aufbauorganisation ergeben. Interpretiert man die Gebildestruktur als ein System vermaschter Regelkreise, so kann der Regler durch den Leiter der jeweiligen Aktionseinheit, die Regelstrecke durch ihren Aufgabenbereich, die Führungsgröße durch ihre Zielsetzung, die Rückkopplung durch die Kontrollberichte an den Leiter und die Stellgrößen durch dessen Anordnungen dargestellt werden[194].

Weiterhin ist die Gestaltung der Prozeßstruktur von großem Gewicht, da die Aufgabenträger im Rahmen der Aufgabenerfüllung eine Vielzahl von Informationen benötigen. Andererseits beeinflußt das Informationssystem mit seinen spezifischen Anforderungen die Gestaltung der Gebilde- und Prozeßstruktur.

Im folgenden sollen die Entwicklungstendenzen aufgezeigt werden, die sich aus dem Zusammenspiel von Organisationsstruktur und Informationssystem für die Gebilde- und Prozeßstruktur abzeichnen bzw. bereits in der Realität ergeben haben.

Dabei ist besonders zu berücksichtigen, daß der Mitarbeiter als sozialpsychologisch gelenktes Wesen nicht rein mechanistischen Betrachtungsweisen unterworfen werden kann.

### 540 Auswirkungen auf die Gebildestruktur

Durch den Einsatz von Informationssystemen unter der Verwendung von EDVA sind folgende Entwicklungstendenzen in der Gebildestruktur erkennbar

- Verringerung der Anzahl der Führungsebenen[195]; Routineentscheidungen werden nicht mehr durch das Management erarbeitet, sondern edv-maschinell im Rahmen von Informations-Entscheidungssystemen getroffen; weiterhin wird die übrige Entscheidungsfindung durch die Zurverfügungstellung verdichteter Informationen unterstützt;
- Informationszentralisation[196]: bisher dezentral erfüllte Informationsaufgaben in Form von informationstransformierender und -auswertender Akte werden zu einem Aufgabenkomplex zentralisiert;
- Straffung und Vereinfachung der Gebildestruktur durch Bildung größerer Aufgabenkomplexe[197] bedingt durch die Wahrnehmung

194 vgl. Schwarz, H., a. a. O., S. 25/26
195 vgl. Dreger, W., a. a. O., S. 30
196 vgl. Grochla, W., a. a. O., S. 116
197 vgl. Dreger, W., a. a. O., S. 30

mehrstufiger Arbeitsprozesse im Rahmen der Informationsverarbeitung durch die EDVA;

- Entscheidungszentralisation: „Im Gegensatz zur Informationsfunktion ist die Wirkung computergestützter Informationssysteme, d. h. im besonderen des Computers als Aktionsträger, auf die Entscheidungsstruktur zur Zeit noch Gegenstand sehr unterschiedlicher Interpretationen. Die entsprechende Diskussion wird unter Schlagworten Entscheidungszentralisation oder Entscheidungsdezentralisation geführt“[198].
- Verknüpfung bisher isolierter Unternehmensbereiche durch einen erhöhten Informationsaustausch und verbesserte Koordinationsmöglichkeiten durch den Einsatz eines Informationssystems.

### 541 Auswirkungen auf die Prozeßstruktur

Die Auswirkungen eines Informationssystems auf die Prozeßstruktur sind vor allen Dingen in folgenden Entwicklungstendenzen zu sehen:

- Verkürzung der Durchlaufzeiten, hier in erster Linie der Bearbeitungszeiten, durch die kurzfristige Zurverfügungstellung der für die Aufgabenerfüllung erforderlichen Informationen durch das Informationssystem,
- Rationalisierung der Arbeitsabläufe durch Übernahme informationstransformierender und -auswertender Akte durch das Informationssystem (Wegfall des Führens von Tabellen, Verzeichnissen, Karteien, Statistiken usw.),
- Verknüpfung bisher isolierter Arbeitsabläufe durch das Informationssystem,
- Übernahme der temporalen und lokalen Koordination der Arbeitsgänge innerhalb eines Arbeitsablaufes oder der sequentiell aufeinander folgenden Arbeitsabläufe durch das Informationssystem.

## 55 Schlußbemerkung

Auf der Basis der vorstehenden Ausführungen sind im Rahmen der Gestaltung eines Informationssystems im einzelnen folgende Probleme zu lösen:

198 Grochla, E., a. a. O., S. 113

1. Informationsbedarfsanalyse

Hier ist zu ermitteln, welche Informationen die einzelnen Aktionseinheiten im Unternehmen für ihre Entscheidungen benötigen. Dabei kommt dem Problem der Redundanz ein großes Gewicht zu.

2. Gestaltung der Berichsstruktur[199]

Hier stehen folgende Probleme zur Lösung an: Verknüpfung der Datenstruktur mit der Entscheidungsstruktur, zweckmäßige Verdichtung und Filterung der Informationen, Richtung des Informationsflusses usw..

3. Auswahl des Grundtyps

Unter Berücksichtigung des Informationsbedarfs und der Berichtsstruktur ist die Art der Informationsverarbeitung festzulegen. Alternativen sind: die Adaption manueller oder nichtautomatisierter Informationssysteme, mechanisierter und teilautomatisierter Informationssysteme und vollautomatisierter Informationssysteme. Es geht also um die Frage nach den einzusetzenden Arbeitsmitteln, insbesondere um den Einsatz von elektronischen Datenverarbeitungsanlagen unterschiedlicher Hard- und Softwareausstattung. Grundlage entsprechender Entscheidungen ist eine Kosten- und Nutzenanalyse der alternativen EDV-Systeme.

Abschließend muß auf einen wichtigen Tatbestand hingewiesen werden, der oft bei der Diskussion um die Einführung eines wie auch immer gearteten Informationssystems vernachlässigt wird. Ein Informationssystem kann nur dann erfolgreich eingesetzt werden, wenn die organisatorischen Voraussetzungen in Form einer zweckvoll gestalteten Gebilde- und Prozeßstruktur gegeben sind.

*Literatur*


| | |
|---|---|
| Dreger, W. | Management Informationssysteme, Wiesbaden 1973 |
| Grochla, E. | Unternehmensorganisation, Hamburg 1972, S. 105 ff. |
| Koreimann, D. S. | Methoden und Organisation von Management-Informations-Systemen, Berlin/New York 1971 |
| ders. | Systemanalyse, Berlin/New York 1972, S. 38 ff., S. 138 ff., S. 186 ff. |
| Meffert, H. | Informationssysteme, Grundbegriffe der EDV und Systemanalyse, Tübingen-Düsseldorf 1975 |
| Wittmann, W. | Information, in: Handwörterbuch der Organisation, 2. Aufl., Stuttgart 1980,Sp. 894 ff. |


199 vlg. Dreger, W., a. a. O., S. 87 f.

*Anlage 1*

Rasterbogen der Aufgabenanalyse

| | |
|---|---|
| Untersuchungs/ Bezugsbereich | |
| | |
| | |

| | |
|---|---|
| Tag der Aufnahme | |
| Bearbeiter | |
| Blatt Nr. von Gesamt | |

| 1 | 2 | 3 | 4 | 5 | 6 |
|---|---|---|---|---|---|
| | | | | | |
| | | | | | |
| | | | | | |
| | | | | | |
| | | | | | |
| | | | | | |
| | | | | | |
| | | | | | |
| | | | | | |
| | | | | | |
| | | | | | |
| | | | | | |
| | | | | | |
| | | | | | |

*Anlage 2*
Aufgabenstrukturbild

| | 1. Ordnung | 2. Ordnung | 3. Ordnung | 4. Ordnung |
|---|---|---|---|---|
| 1 | | | | |
| 2 | | | | |
| 3 | | | | |
| 4 | | | | |
| 5 | | | | |
| 6 | | | | |
| 7 | | | | |
| 8 | | | | |
| 9 | | | | |
| 10 | | | | |
| 11 | | | | |
| 12 | | | | |
| 13 | | | | |
| 14 | | | | |
| 15 | | | | |
| 16 | | | | |
| 17 | | | | |
| 18 | | | | |
| 19 | | | | |
| 20 | | | | |
| 21 | | | | |
| 22 | | | | |
| 23 | | | | |
| 24 | | | | |
| 25 | | | | |
| 26 | | | | |
| 27 | | | | |
| 28 | | | | |
| 29 | | | | |
| 30 | | | | |
| 31 | | | | |
| 32 | | | | |
| 33 | | | | |
| 34 | | | | |
| 35 | | | | |
| 36 | | | | |
| 37 | | | | |
| 38 | | | | |

| | |
|---|---|
| Untersuchungs/<br>Bezugsbereich | Tag der Aufnahme<br>Bearbeiter |

## *Anlage 3*

| Firma | STELLENBESCHREIBUNG | Blatt |
|---|---|---|

| Stelleninhaber | Name | Vorname |
|---|---|---|

| Stellennummer | Kostenstelle | Raum / Ort | Telefon |
|---|---|---|---|

01 Bezeichnung der Stelle

02 Rang des Stelleninhabers

03 Vorgesetzter

04 Unterstellte Mitarbeiter

051 Vertritt

052 Wird vertreten von

06 AUFGABEN DER STELLE

| Tritt in Kraft am | Nächste Überprüfung | Verteiler | |
|---|---|---|---|
| Unterschriften :<br>Stelleninhaber am | Vorgesetzter am | Organisation am | Anzahl Blätter insgesamt |

*Anlage 3*

| Stellennummer | | Blatt |
|---|---|---|
| | | |

07 Befugnisse des Stelleninhabers :

08 Schriftliche Informationen der Stelle :

09 Zusammenarbeit mit anderen Stellen :

10 Mitarbeiten in Ausschüssen, Besprechungen etc:

11 Einzelaufträge :

12 Anforderungen an Stelleninhaber :

in Anlehnung an: Schmidt, G., Organisation.
Methode und Technik, 4. Auflage
Gießen 1981, S. 311 ff.

*Anlage 4*
Funktionen-Diagramm

| Einkaufs-abteilung | Einkaufsleiter | Einkaufsassistent | Einkauf I (Metall) | Einkauf II (Elektro) | Einkauf III (Sonstiges) | Terminstelle | Rechnungsprüfung | Materiallager | Schreibstelle |
|---|---|---|---|---|---|---|---|---|---|
| Markterkundung | E | PA | A | A | A | | | | |
| Einkaufsplanung | E | × | × | × | × | | | | |
| Bedarfsprüfung | E | | × | × | × | | | | |
| Angebotseinholung | | | × | × | × | | | | |
| Vertreterempfang | × | | × | × | × | | | | |
| Bestellung | | | × | × | × | | | | |
| Lieferkontrolle | | | | | | × | | | |
| Rechnungsprüfung | | | | | | | × | | |
| Bestandsüberwachung | | | K | K | K | | | A | |
| Inventurbewertung | | | × | × | × | | | | |
| Korrespondenz | | | × | × | × | | | | × |

× = Gesamtfunktion (Planung + Ausführung + Kontrolle)
E = Entscheidung A = Ausführung
P = Planung K = Kontrolle

*Quelle:* Acker, H. B., Organisationsanalyse, Verfahren und Techniken praktischer Organisationsarbeit. 7. Aufl., Baden-Baden und Bad Homburg vor der Höhe 1973, S. 56;

*Anlage 5*
Return on Investment

Zusammenhang der den ROI beeinflussenden Faktoren

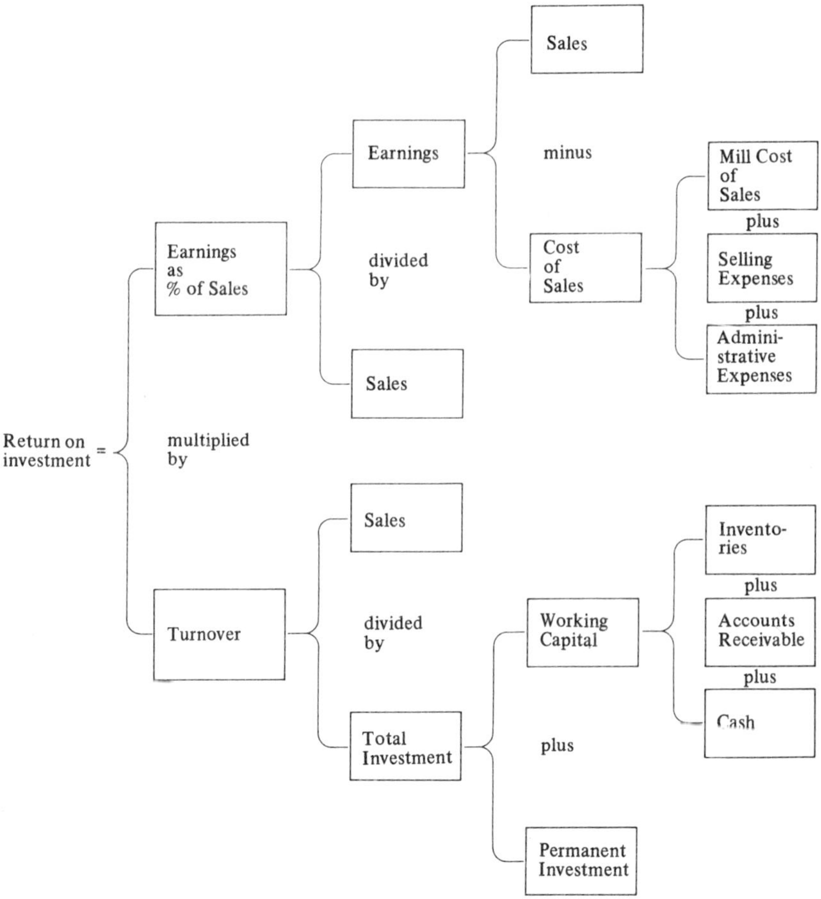

# Anlage 6
## Allgemeiner Fragebogen für Bürotätigkeiten

| Tätigkeiten → / Aufgaben ↓ | % | Monatl. Stunden | Planen | Bearbeiten | Belegvorb. f. EDV | Vorrechnen | Nachrechnen | Durchsehen/unterschr. | Überwachen | Prüfen | Telefonieren intern | Telefonieren extern | Besprechen intern | Besprechen extern | Diktieren | Diktat aufnehmen | Schreiben Korrespond. (und laufende Texte) | Schreiben Vordrucke | Schreiben Tab./Aufst. | Kartei führen | Listen führen | Eintragen in Bücher | Sortieren/Zusammenst. | Ablage sortieren | Ablage lochen | Ablegen | Fotokopieren | Botengänge | Sonstiges | | | | |
|---|---|---|---|---|---|---|---|---|---|---|---|---|---|---|---|---|---|---|---|---|---|---|---|---|---|---|---|---|---|---|---|---|---|
| | | | | | | | | | | | | | | | | | | | | | | | | | | | | | | | | | |
| | | | | | | | | | | | | | | | | | | | | | | | | | | | | | | | | | |
| | | | | | | | | | | | | | | | | | | | | | | | | | | | | | | | | | |
| | | | | | | | | | | | | | | | | | | | | | | | | | | | | | | | | | |
| | | | | | | | | | | | | | | | | | | | | | | | | | | | | | | | | | |
| | | | | | | | | | | | | | | | | | | | | | | | | | | | | | | | | | |
| | | | | | | | | | | | | | | | | | | | | | | | | | | | | | | | | | |
| | | | | | | | | | | | | | | | | | | | | | | | | | | | | | | | | | |
| | | | | | | | | | | | | | | | | | | | | | | | | | | | | | | | | | |
| | | | | | | | | | | | | | | | | | | | | | | | | | | | | | | | | | |
| | | | | | | | | | | | | | | | | | | | | | | | | | | | | | | | | | |
| | | | | | | | | | | | | | | | | | | | | | | | | | | | | | | | | | |
| | | | | | | | | | | | | | | | | | | | | | | | | | | | | | | | | | |
| | | | | | | | | | | | | | | | | | | | | | | | | | | | | | | | | | |
| | | | | | | | | | | | | | | | | | | | | | | | | | | | | | | | | | |
| | | | | | | | | | | | | | | | | | | | | | | | | | | | | | | | | | |
| | | | | | | | | | | | | | | | | | | | | | | | | | | | | | | | | | |
| | | | | | | | | | | | | | | | | | | | | | | | | | | | | | | | | | |
| | | | | | | | | | | | | | | | | | | | | | | | | | | | | | | | | | |
| Summe | 100 | | | | | | | | | | | | | | | | | | | | | | | | | | | | | | | | |

Abgabe-Termin: Arbeitsbereich: Name: Telefon:

## *Anlage 7*
### Modifizierte Arbeitsablaufkarte

| Betrieb ________ Abt. ________ Sachgebiet ________ | Arbeitsablaufdarstellung | Ist-Stand ☐ Vorgeschl. Regelung ☐ Aufgestellt am ______ durch ______ |
|---|---|---|

Arbeitsvorgang

| Tätigkeits-stufe Nr | Bearbei-tung | Weiter-leitung | Prüfung | Aufenthalt | Ablage | Weg in m | Zeit in Min | Vordruck | Beschreibung der einzelnen Tätigkeitsstufen (was wird getan?) | Bearbeiter (wer tut was?) |
|---|---|---|---|---|---|---|---|---|---|---|
| 1 | 2 | 3 | 4 | 5 | 6 | 7 | 8 | 9 | 10 | 11 |
| | ○ | ▷ | □ | D | ▽ | | | | | |
| | ○ | ▷ | □ | D | ▽ | | | | | |
| | ○ | ▷ | □ | D | ▽ | | | | | |
| | ○ | ▷ | □ | D | ▽ | | | | | |
| | ○ | ▷ | □ | D | ▽ | | | | | |
| | ○ | ▷ | □ | D | ▽ | | | | | |
| | ○ | ▷ | □ | D | ▽ | | | | | |
| | ○ | ▷ | □ | D | ▽ | | | | | |
| | ○ | ▷ | □ | D | ▽ | | | | | |
| | ○ | ▷ | □ | D | ▽ | | | | | |
| | ○ | ▷ | □ | D | ▽ | | | | | |
| | ○ | ▷ | □ | D | ▽ | | | | | |
| | ○ | ▷ | □ | D | ▽ | | | | | |
| | ○ | ▷ | □ | D | ▽ | | | | | |
| | ○ | ▷ | □ | D | ▽ | | | | | |
| | ○ | ▷ | □ | D | ▽ | | | | | |
| | ○ | ▷ | □ | D | ▽ | | | | | |
| | ○ | ▷ | □ | D | ▽ | | | | | |
| | ○ | ▷ | □ | D | ▽ | | | | | |
| | ○ | ▷ | □ | D | ▽ | | | | | |
| | ○ | ▷ | □ | D | ▽ | | | | | |
| | ○ | ▷ | □ | D | ▽ | | | | | |
| | ○ | ▷ | □ | D | ▽ | | | | | |
| | ○ | ▷ | □ | D | ▽ | | | | | |
| | ○ | ▷ | □ | D | ▽ | | | | | |
| | ○ | ▷ | □ | D | ▽ | | | | | |
| | ○ | ▷ | □ | D | ▽ | | | | | |
| | ○ | ▷ | □ | D | ▽ | | | | | |
| | ○ | ▷ | □ | D | ▽ | | | | | |
| | ○ | ▷ | □ | D | ▽ | | | | | |
| | ○ | ▷ | □ | D | ▽ | | | | | |
| | ○ | ▷ | □ | D | ▽ | | | | | |
| | ○ | ▷ | □ | D | ▽ | | | | | |
| | ○ | ▷ | □ | D | ▽ | | | | | |
| | ○ | ▷ | □ | D | ▽ | | | | | |
| | ○ | ▷ | □ | D | ▽ | | | | | |
| | ○ | ▷ | □ | D | ▽ | | | | | |
| | ○ | ▷ | □ | D | ▽ | | | | | |
| | ○ | ▷ | □ | D | ▽ | | | | | |
| | ○ | ▷ | □ | D | ▽ | | | | | |
| | ○ | ▷ | □ | D | ▽ | | | | | |
| | ○ | ▷ | □ | D | ▽ | | | | | |
| | | | | | | | | | | |

*Fallstudie 1* Aufgabenstrukturbild

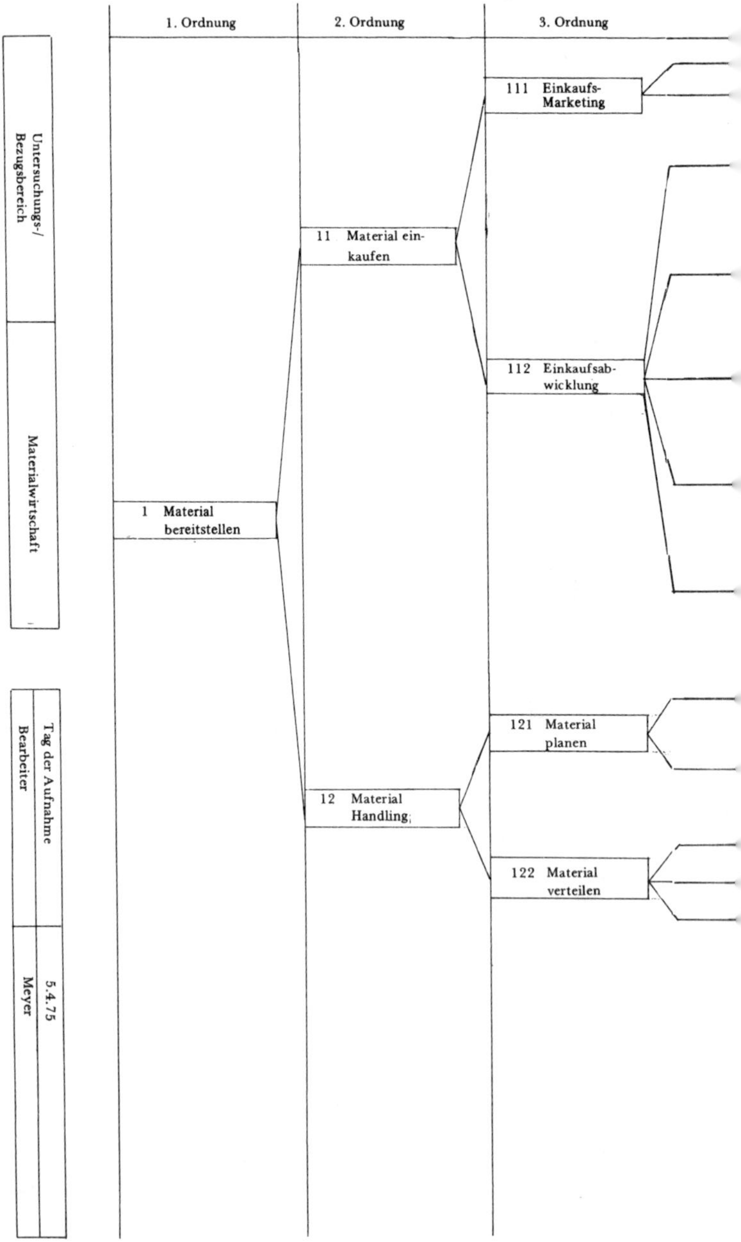

| 4. Ordnung | 5. Ordnung | 6. Ordnung | |
|---|---|---|---|
| 111.1 Einkaufswert-analyse | | | 1 |
| 111.2 Einkaufs-marktforschung | | | 2 |
| | 112.11 Planung | | 3 |
| 112.1 Rohstoffe | 112.12 Ausführung | | 4 |
| | 112.13 Kontrolle | | 5 |
| | 112.21 Planung | | 6 |
| 112.2 Hilfsstoffe | 112.22 Ausführung | | 7 |
| | 112.23 Kontrolle | | 8 |
| | 112.31 Planung | | 9 |
| 112.3 Betriebs-stoffe | 112.32 Ausführung | | 10 |
| | 112.33 Kontrolle | | 11 |
| | 112.41 Planung | | 12 |
| 112.4 Halbzeug und Baut. | 112.42 Ausführung | | 13 |
| | 112.43 Kontrolle | | 14 |
| | 112.51 Planung | | 15 |
| 112.5 Investitions-güter | 112.52 Ausführung | | 16 |
| | 112.53 Kontrolle | | 17 |
| | 121.11 Bedarf planen | | 18 |
| 121.1 Gebrauchs-material | 121.12 Disponieren | | 19 |
| | 121.13 Verwalten | | 20 |
| 121.2 Verbrauchs-material | 121.21 Disponieren | | 21 |
| | 121.22 Verwalten | | 22 |
| 122.1 Material annehmen | | | 23 |
| 122.2 Material ausgeben | | | 24 |
| 122.3 Material transp. | | | 25 |
| | | | 26 |
| | | | 27 |
| | | | 28 |
| | | | 29 |
| | | | 30 |
| | | | 31 |
| | | | 32 |
| | | | ↓ |
| | | | 38 |

## *Fallstudie 1*
## Rasterbogen der Aufgabenanalyse

| | |
|---|---|
| Untersuchungs-Bezugsbereich | Materialwirtschaff |

| | |
|---|---|
| Tag der Aufnahme | 5. 4. 83 |
| Bearbeiter | Meyer |
| Blatt Nr. von Gesamt | 1/1 |

| 1 | 2 | 3 | 4 | 5 | Gliederungs-Kriterium |
|---|---|---|---|---|---|
| 1 Material bereitstellen | | | | | |
| 11 Material einkaufen | 12 Material Handling | | | | Verrichtung, Und-Gliederung |
| 121. Material planen | 122. Material verteilen | | | | Verrichtung, Und-Gliederung |
| 121.1 Gebrauchsmaterial planen | 121.2 Verbrauchsmaterial planen | | | | Objekt Oder-Gliederung |
| 121.11 Gebrauchsmaterialbedarf planen 18 —— | 121.12 Gebrauchsmaterial disponieren 19 —— | 121.13 Gebrauchsmaterial verwalten 20 —— | | | Phase Und-Gliederung |
| 121.21 Verbrauchmaterial disponieren 21 —— | 121.22 Verbrauchsmaterial verwalten 22 —— | | | | Verrichtung Und-Gliederung |
| 122.19 Material annehmen 23 —— | 122.29 Material ausgeben 24 —— | 122.39 Material transportieren 25 —— | | | Verrichtung Und-Gliederung |
| 111 Einkaufs-Marketing | 112 Einkaufsabwicklung | | | | Verrichtung Und-Gliederung |
| 111.19 Einkaufswertanalyse 1 —— | 111.29 Einkaufsmarktforschung 2 —— | | | | Verrichtung Und-Gliederung |
| 112.1 Rohstoffe | 112.2 Hilfsstoffe | 112.3 Betriebsstoffe | 112.4 Halbzeug und fertig bezogene Bauteile | 112.5 Investitionsgüter | Objekt Oder-Gliederung |
| 112.11 Planung 3 —— | 112.12 Ausführung 4 —— | 112.13 Kontrolle 5 —— | | | Phase Und-Gliederung |
| 112.21 Planung 6 —— | 112.22 Ausführung 7 —— | 112.23 Kontrolle 8 —— | | | Phase Und-Gliederung |
| 112.31 Planung 9 —— | 112.32 Ausführung 10 —— | 112.33 Kontrolle 11 —— | | | Phase Und-Gliederung |
| 112.41 Planung 12 —— | 112.42 Ausführung 13 —— | 112.43 Kontrolle 14 —— | | | Phase Und-Gliederung |
| 112.51 Planung 15 —— | 112.52 Ausführung 16 —— | 112.53 Kontrolle 17 —— | | | Phase Und-Gliederung |
| | | | | | |

Lösung zur Fallstudie 1:

Die Ackbo AG (Aufgabenanalyse)

zu 1.

Die Aufgabe des Bezugsbereiches lautet „Material bereitstellen".

zu 2.

Die Lösung finden Sie im Rasterbogen auf der Seite 210.

zu 3.

Die Lösung finden Sie im Strukturbild auf den Seiten 208/209.

zu 4.

Der Organisator hat die Grundsätze der Aufgabenanalyse berücksichtigt:

- auf einer Ordnungsstufe wurde nur ein Gliederungskriterium angewandt,
- auf einer Ordnungsstufe ergeben sich nicht mehr als fünf Teilaufgaben,
- die Summe der Teilaufgaben einer Ordnungsstufe ergibt jeweils den vollständigen Inhalt der analysierten Aufgabe.

Lösung zur Fallstudie 2:

Die Terra-Handelsgesellschaft AG

zu 1: Aufgrund der Zeitbedarfsschätzung für die kleinsten Teilaufgaben, die sich aufgrund der Aufgabenanalyse ergaben, errechnet sich folgender Zeitbedarf:

| | | |
|---|---|---|
| Teilaufgaben mit einem Bezugszeitraum | Tag: | 0,5 Std. |
| Teilaufgaben mit einem Bezugszeitraum | Woche: | 60,0 Std. |
| Teilaufgaben mit einem Bezugszeitraum | Monat: | 292,0 Std. |
| Teilaufgaben mit einem Bezugszeitraum | Quartal: | 8,0 Std. |
| Teilaufgaben mit einem Bezugszeitraum | Jahr: | 28,0 Std. |

Die Zeitbedarfswerte der Bezugszeiträume Tag, Woche und Monat werden zu einem monatlichen Gesamtbedarfswert zusammengefaßt, da es sich hier um Aufgaben handelt, deren Zeitpunkt der Erledigung innerhalb eines Monats verschoben werden kann (Sofortarbeit mit Speicherung).

| | Std./Monat |
|---|---|
| Umrechnung des Bezugszeitraumes Tag: | |
| 0,5 Std./Tag x 20 Arbeitstage/Monat = | 10,0 |
| Umrechnung des Bezugszeitraumes Woche: | |
| 60 Std./Woche x 13 Wochen/Quartal : 3 Monate | 260,0 |
| Bezugszeitraum Monat | 292,0 |
| Gesamter Bedarf/Monat | 562,0 |
| | ===== |

Es ist mithin ein Zeitbedarf zur Erfüllung der im Istzustand wahrgenommenen Teilaufgaben von 562,0 Std/Monat abzudecken, der sich am Ende des Quartals um 8,0 Std. (Summe des Zeitbedarfs für in einem Quartal zu erledigende Teilaufgaben) und zusätzlich am Ende des Jahres um 28,0 Std. (Jahresarbeiten wie Ermittlung der Jahreswerte, Verbesserung und Erweiterung der Leistungsrechnung) erhöht.

zu 2: Die tarifliche Arbeitszeit beträgt 176 Std./Monat. Aufgrund der Ausfallzeiten in Höhe von 16 Std/Monat stehen effektiv pro Mitarbeiter nur 160 Std./Monat zur Verfügung. Damit ergibt sich eine zur Verfügung stehende Gesamtarbeitszeit von 3 x 160 Std. = 480 Std.

zu 3: Entsprechend den Berechnungen zu 1 ergibt sich ein monatlicher Zeitbedarf von 562,0 Std., zur Verfügung stehen aber nur 480,0 Std./ Monat. Damit ergibt sich ein ungedeckter Zeitaufwand von 82 Std./Monat, (562,0 Std. ./. 480,0 Std.), der sich zum Quartalsende um 8 Std. auf 90,0 Std. erhöht und zum Jahresende um weitere 28,0 Std. auf 118,0 Std. anwächst.

Bei dem Einsatz eines weiteren Sachbearbeiters würden 160,0 Std./Monat netto zusätzlich zur Verfügung gestellt, der Bedarf beträgt aber nur 82,0 Std./Monat (bzw. 90,0 zum Quartalsende und 118,0 Std. zum Jahresende). Damit wäre ein zusätzlicher Sachbearbeiter nur zur Hälfte ausgelastet. Die Personalanforderung ist damit in der gestellten Höhe nicht berechtigt.

Herr Müller macht daher der Geschäftsleitung folgenden Vorschlag:

In der Leistungsrechnung soll zusätzlich eine Halbtagskraft eingesetzt werden. Durch diese Maßnahme wird monatlich eine Kapazität von 80,0 Std. netto bereitgestellt (88,0 Std. tarifliche Arbeitszeit – 8,0 Std. Ausfallzeiten). Die restlichen nicht abgedeckten 2,0 Std. bedeuten pro

Sachbearbeiter (Ganztagskräfte) eine Mehrbelastung von 2,0 Minuten pro Tag (2 Std. = 120 Min., bei 3 Ganztagskräften pro Mitarbeiter 40 Min., bei ϕ 20 Arbeitstage/Monat = 2 Min./Tag/Mitarbeiter). Dieser Zeitbedarf ist durch den Abbau von vorhandenen Verlustzeiten (strengere Pausenregelung, verbesserte Leistungssteuerung, usw.) abzudecken.

Weiterhin ist zu überlegen, ob die Prüfung der Eingangsrechnungen, die in keinem Sachzusammenhang mit der Leistungsrechnung stehen, von einer anderen Stelle der Verwaltung übernommen werden soll. Die dadurch freigesetzte Arbeitszeit kann für die Teilaufgabe „Kommentierung" (Ordnungszahl 152), die bisher nicht wahrgenommen wird, verwandt werden.

Der zu Quartalsende bzw. Jahresende durch den Einsatz einer Halbtagskraft nicht abgedeckte Zeitbedarf kann durch einen erweiterten Einsatz der Halbtagskraft bzw. durch Überstunden der übrigen Sachbearbeiter kompensiert werden.

Lösung zur Fallstudie 3:

Die Unternehmung Goldener Stern GmbH

zu 5a

1. Zunächst ist der TVZ, da er nicht angegeben ist, sowohl für die Korrespondenten als auch für die Sachbearbeiter zu berechnen. Er ergibt sich aus dem Verhältnis Bearbeitungszeit lt. Aufgabenerhebung zur Bearbeitungszeit aufgrund der Zeitmessung.

TVZ für die Korrespondenten:

$$\frac{\text{2.100 Std/Monat lt. Aufgabenerhebung}}{\text{200 Anfragen/Monat} \times \text{2 Std.} + \text{500 Aufträge/Monat} \times \text{1 Std.} + \text{40 Reklamationen/Monat} \times \text{0,5 Std.}}$$

$$= \frac{\text{2.100 Std/Monat}}{\text{920 Std/Monat}} = 2{,}28;$$

TVZ für die Hilfssachbearbeiter:

$$\frac{\text{1.859 Std/Monat lt. Aufgabenerhebung}}{\text{200 Anfragen/Monat} \times \text{1,5 Std.} + \text{500 Aufträge/Monat} \times \text{0,75 Std.} + \text{40 Reklamationen/Monat} \times \text{1 Std.}}$$

$$= \frac{\text{1.859 Std/Monat}}{\text{715 Std/Monat}} = 2{,}6;$$

Personalbedarf an Korrespondenten:

$$\frac{200\ \text{Anfragen/Monat} \times 2\ \text{Std.} + 500\ \text{Aufträge/Monat} \times 1\ \text{Std.} + 40\ \text{Reklamationen/Monat} \times 0{,}5\ \text{Std.}}{176\ \text{Std/Monat tarifliche Arbeitszeit}}$$

$$\times\, 1{,}48 + \frac{364\ \text{Std/Monat für Verschiedenes}}{176\ \text{Std/Monat tarifliche Arbeitszeit}}$$

$$\times \frac{1{,}48\ (\text{NVZ})}{2{,}28\ (\text{TVZ})} = \frac{920\ \text{Std/Monat}}{176\ \text{Std/Monat}} \times 1{,}48 + \frac{364\ \text{Std/Monat}}{176\ \text{Std/Monat}} \times \frac{1{,}48}{2{,}28} = 7{,}74 + 1{,}34 = \underline{9{,}08\ \text{Personen.}}$$

Laut Personalbedarfsrechnung werden 9,08 Personen, rd. 9 Korrespondenten benötigt. Die Abrundung auf 9 Personen ist vertretbar, da 0,08 Personen 14 Std./Monat bedeuten, d. h. 1,56 Std. Mehrarbeit pro Korrespondent pro Monat. Bei Ansatz von 20 Arbeitstagen pro Monat bedeutet dies pro Arbeitstag 4,7 Minuten. Diese sind ohne Bedenken aufgrund einer Leistungssteigerung infolge der Beseitigung der organisatorischen Mängel bzw. durch eine weitere Übernahme von Arbeiten durch die Hilfssachbearbeiter zu kompensieren.

Personalbedarf an Hilfssachbearbeiter:

$$\frac{200\ \text{Anfragen/Monat} \times 1{,}5\ \text{Std.} + 500\ \text{Aufträge/Monat} \times 0{,}75\ \text{Std.} + 40\ \text{Reklamationen/Monat} \times 1\ \text{Std.}}{176\ \text{Std./Monat tarifliche Arbeitszeit}}$$

$$\times\, 1{,}48 + \frac{605\ \text{Std./Monat für Verschiedenes}}{176\ \text{Std. tarifl. Arbeitszeit}}$$

$$\times \frac{1{,}48}{2{,}6} = \frac{715\ \text{Std./Monat}}{176\ \text{Std./Monat}} \times 1{,}48 + \frac{605\ \text{Std./Monat}}{176\ \text{Std./Monat}} \times \frac{1{,}48}{2{,}6} = 6{,}01 + 1{,}96 = \underline{7{,}97\ \text{Personen}}$$

Laut Personalbedarfsrechnung werden 8 Hilfssachbearbeiter benötigt.

2. Der Personalüberbestand beträgt bei den Korrespondenten 5 Personen (14 ./. 9) und bei den Hilfssachbearbeitern 6 Personen (14 ./. 8).

zu 5 b: Die zukünftige Struktur des Vertriebsbereiches wird durch folgende Reorganisationsmaßnahmen bestimmt:

- Einrichtung eines zentralen Schreibbüros unter Einschluß des bisherigen Sekretariates des Vertriebsleiters. Dadurch ist es möglich, den Arbeitsanfall gleichmäßig auf die vorhandenen Schreibkräfte zu verteilen, da alle Schreibkräfte gepoolt werden. Somit bestimmt nicht mehr ausschließlich die Arbeitsweise eines Korrespondenten und eines Hilfssachbearbeiters den Arbeitsanfall für eine Schreibkraft. Weiterhin wird die Erledigung der Schreibarbeiten auch bei Ausfall einer Schreibkraft infolge Krankheit, Urlaub, u. s. w. sichergestellt. Dies war im Istzustand durch die feste Zuordnung der Schreibkräfte zu den Korrespondenten nur schwer zu erreichen. Das zentrale Schreibbüro wird direkt dem Vertriebsleiter (VL) unterstellt. Die Leiterin (LS) des zentralen Schreibbüros übernimmt in Personalunion die Sekretariatsarbeiten für den VL.

- Bildung einer Abteilung „Auftragsabwicklung", in der die bisher dem Vertriebsleiter direkt unterstellten Korrespondenten und die Hilfssacharbeiter zusammengefaßt werden. Die Abteilung wird von einem bisherigen Korrespondenten geleitet (LA), der dem Vertriebsleiter direkt unterstellt ist. Die Abteilung Auftragsabwicklung gliedert sich in zwei Arbeitsgruppen, bestehend aus jeweils vier Korrespondenten und vier Hilfssachbearbeitern. Einer dieser vier Korrespondenten übernimmt die Funktion eines Gruppenleiters. Die regional abgegrenzten Verkaufsgebiete werden zu zwei gleich großen Bereichen zusammengefaßt und jeweils einer dieser Gruppen zugeordnet. Durch diese Strukturierung ist eine Spezialisierung der Korrespondenten im Hinblick auf die Kunden möglich, zum anderen werden funktionsfähige Aktionseinheiten gebildet, d. h. Aktionseinheiten, die auch bei Ausfall eines Korrespondenten bzw. eines Hilfssachbearbeiters infolge von Krankheit, Urlaub, u. s. w. noch arbeitsfähig sind.
- Der Außendienst wird insofern reorganisiert, als die Reisenden in zwei Verkaufsbereiche zusammengefaßt werden, die jeweils von einem Außendienstbereichsleiter (LAB) geleitet werden. Durch diese Struktur wird einerseits die Steuerung des Außendienstes erleichtert, zum anderen wird, wie durch die vorstehenden anderen Maßnahmen, die Zahl der dem Vertriebsleiter direkt unterstellten Personen stark reduziert.
- Der Leiter des Versandes (VLS) bleibt wie bisher direkt dem Vertriebsleiter unterstellt.

Aufgrund der vorstehenden Maßnahmen ergibt sich das Organisationsschaubild in Abb. 37 für den Vertriebsbereich.

Zusammenfassend ist zu dieser Struktur des Vertriebsbereiches festzustellen:

- Die Leitungsspanne (Kontrollspanne) des Leiters des Vertriebs (VL) ist von 57 direkten Unterstellungsverhältnissen auf 5 reduziert worden. Damit soll erreicht werden, daß der VL in ausreichendem Maße seine Leitungs- und Führungsaufgabe wahrnehmen kann.

*Abb. 37*
Vertriebsbereich nach der Reorganisation

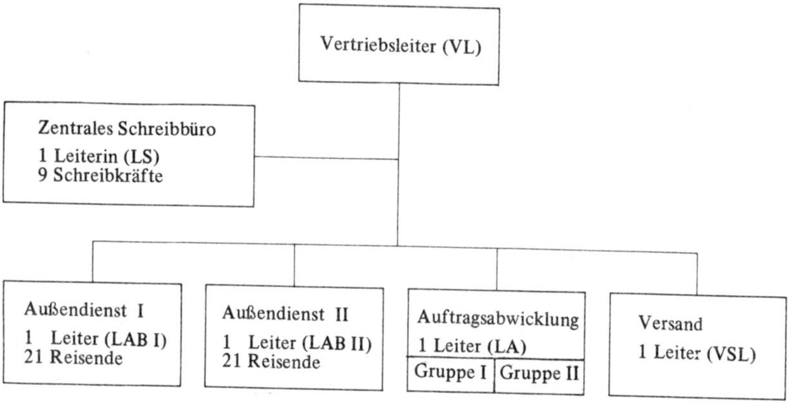


- Durch die Schaffung zweier Außendienstbereiche sowie der zentralen Auftragsabwicklung werden Aufstiegschancen einerseits für die Reisenden zum anderen für die Korrespondenten geschaffen.
- Der aufgrund der Personalbedarfsrechnung sich ergebende Personalüberbestand ist abgebaut worden bei gleichzeitiger Erhöhung der Arbeitsfähigkeit der Auftragsabwicklung aufgrund der Bildung funktionsfähiger Aktionseinheiten.

Lösung zur Fallstudie 4:

Die Firma Sakiemö GmbH

zu 3a: Der Grund für die einseitige Abhängigkeit der Unternehmung im Hinblick auf ihre Aktionsfähigkeit von der Person W. Newöl ist in erster Linie in der Entscheidungszentralisation zu sehen, die alle Kategorien der Entscheidungen – Gesamtunternehmens- und Bereichsentscheidungen – umfaßt.

Die erste organisatorische Maßnahme besteht mithin in der Delegation der reinen Bereichsentscheidungen auf die Mitarbeiter der zweiten Ebene, Werkleiter, Leiter der Verwaltung und Leiter der Werkdienste. Die um- und übergreifenden Bereichsentscheidungen und die Gesamtunternehmensentscheidungen sollten in einem neu zu schaffenden Gremium, der Geschäftsführung, bestehend aus dem Unternehmensleiter und den Abteilungsleitern, getroffen werden, wobei in Fragen der um- und übergreifenden Bereichsentscheidungen den

Abteilungsleitern Mitentscheidungs-, bei Gesamtunternehmensentscheidungen Beratungsrechte übertragen werden.

Dieser Übergang zu einer kollegialen Führung sichert auch bei Ausfall des Unternehmers W. Newöl die Handlungsfähigkeit des Unternehmens.

zu 3b: Durch die Delegation der reinen Bereichsentscheidungen an die Abteilungsleiter sowie durch die Mitentscheidung bzw. die Beratungsrechte bei den übrigen Entscheidungskategorien wird die erste Voraussetzung für die Wahrnehmung der Leitungs- und Führungsaufgaben durch die Abteilungsleiter geschaffen. Hinzutreten muß eine klare Abgrenzung der Aufgaben, der Kompetenz und der Verantwortung der Abteilungsleiter zueinander und zur Geschäftsleitung. Sie muß ihren schriftlichen Niederschlag finden in aussagefähigen Stellenbeschreibungen für diese Mitarbeiter.

Klare Aufgaben-, Kompetenz- und Verantwortungsabgrenzung verbunden mit einer kollegialen Führung ermöglichen erst die Entfaltung der Eigeninitiative auf der zweiten Ebene, den Abbau der Streitigkeiten zwischen den Werkleitern und dem Leiter der Werkdienste und die Gewinnung qualifizierter Mitarbeiter für diese Aufgaben.

zu 3c: Die Maßnahmen zur Verkürzung der Ausfallzeiten bestehen in der folgenden Reorganisation:

Die Lagerhaltung laufend benötigter und geringwertiger Ersatzteile wird in die Werke verlagert; das zentrale Ersatzteillager bevorratet nur hochwertige und nicht laufend benötigte Ersatzteile. Die Beschickung und Kontrolle der Werksläger wird vom Zentrallager durchgeführt

Kleinreparaturen werden von den Werken durchgeführt.

Planmäßige Durchführung vorbeugender Reparatur- und Instandhaltungsarbeiten durch den zentralen Werkdienst.

zu 3d: Aufbau einer aussagefähigen Kostenrechnung. Periodische Unterrichtung der Abteilungsleiter über die Kostenentwicklung ihrer Abteilungen verbunden mit einer Kostenanalyse, aus der die Ursachen für die aufgedeckten Unwirtschaftlichkeiten hervorgehen. Überführung der Istkosten- in eine Plankostenrechnung.

zu 3e: Den Schwierigkeiten im Fuhrpark kann nur durch eine zentrale Steuerung der Kraftfahrzeuge begegnet werden. Daher Errichtung einer Zentralstelle Fuhrpark im Standort D. Auf der Basis der Informationen

*Abb. 38*
Unternehmensstruktur nach der Reorganisation

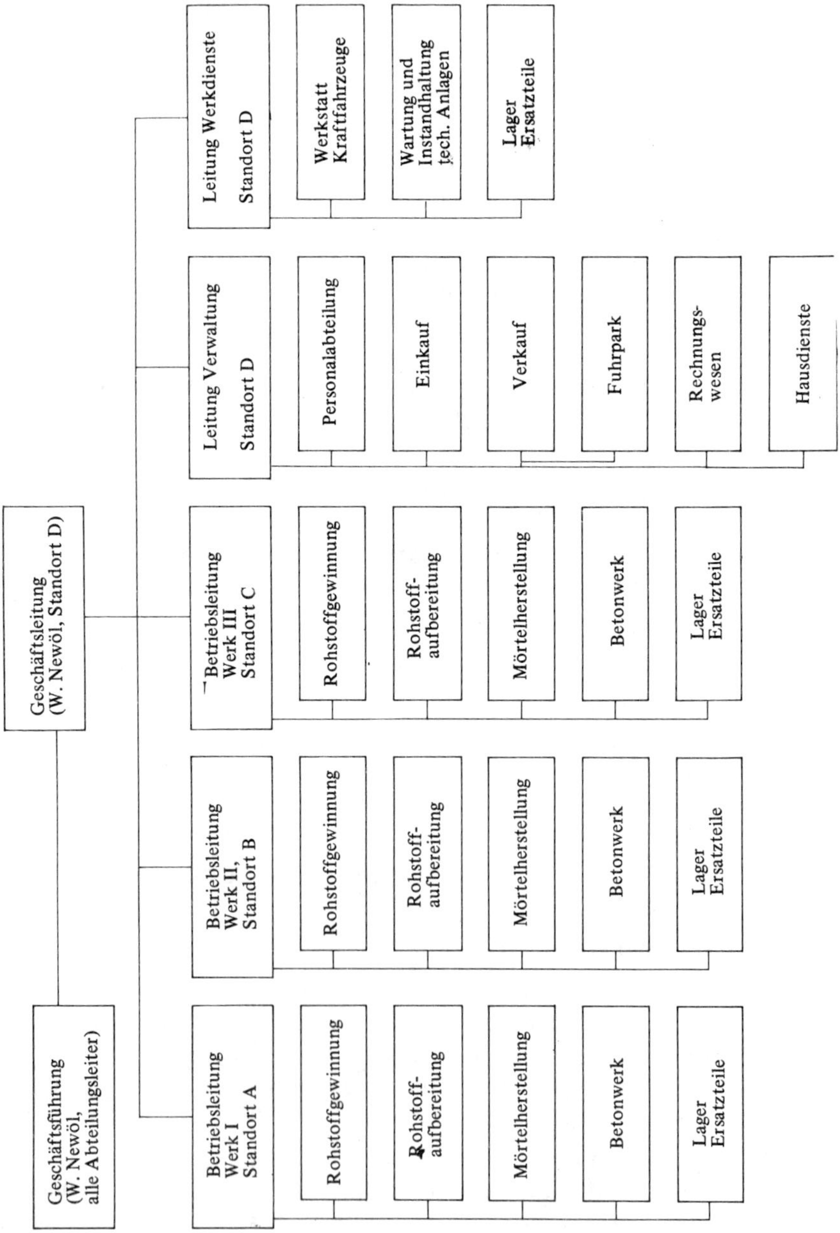

des Verkaufs werden die Kraftfahrzeuge unter der Zielsetzung, Abbau von Überkapazitäten und Erreichung hoher Fahrtleistungen, disponiert.

Dieser Zentralisation im Bereich des Fuhrparks steht eine Dezentralisation im Personalbereich gegenüber. Die zentrale Personalabteilung wird in bezug auf das Personal für die Werke in eine zentrale Dienstleistungsabteilung überführt, die die Betriebsleiter in Personalfragen unterstützt. Personaleinstellungen und Entlassungen werden von den Betriebsleitern durchgeführt.

zu 3f: Die Auswirkungen der vorstehend dargelegten Reorganisationsmaßnahmen auf die Gebildestruktur des Unternehmens finden in dem Organigramm Abb. 38 ihre Berücksichtigung.

Lösung zur Fallstudie 5:

Die Unternehmung Elto-Müller

zu 5a: Um die Vorteile einer divisionalen Organisation in Form der Profit-Center nutzen zu können, sind bestimmte Voraussetzungen erforderlich: eine entsprechende Unternehmensgröße, ein hoher Diversifikationsgrad und Autonomie der Bereiche als Basis einer wirksamen Erfolgskontrolle.

In bezug auf die Unternehmensgröße wurde in den 70er Jahren in der Organisationspraxis die Meinung vertreten, daß diese, gemessen an der Zahl der Beschäftigten, bei rd. 10.000 liegt, in den 60er Jahren lag sie noch bei 1.000. Eine allgemeingültige Aussage läßt sich heute wohl kaum noch machen. Da die Unternehmung Elto-Müller mit 2.000 Beschäftigten innerhalb dieser kritischen Werte liegt, ist ein Fehlen dieser Voraussetzung nicht festzustellen. Die Bedingung, die Produkte der Profit-Center dürfen keine Interdependenzen aufweisen, kann dann als erfüllt angesehen werden, wenn die in den Divisionen gefertigten und von ihnen vertriebenen Erzeugnisse keine oder nur geringe Überschneidungen aufweisen. Das Fertigungsprogramm und die vertriebenen Produkte der Profit-Center sind aber bei dem Unternehmen Elto-Müller identisch. Zudem überschneiden sich die Verkaufsgebiete. Damit ist die vorstehende Bedingung nicht gegeben.

Eine wirksame Erfolgskontrolle ist ebenfalls infolge eines fehlenden aussagefähigen Rechnungswesens nicht möglich, wie die Istaufnahme ergeben hat.

Zusammenfassend ist mithin festzustellen, daß die Voraussetzungen für eine divisonalisierte Organisation im vorliegenden Falle nicht im erforderlichen Umfange gegeben sind.

zu 5b: Zunächst sind die fehlenden Voraussetzungen für eine Divisionalisierung nicht beachtet worden. Zum anderen sind die folgenden Faktoren unberücksichtigt geblieben:

1. Die Wahrnehmung der Geschäftsleitung in Personalunion mit der Leitung eines Profit-Centers verstößt gegen den Grundsatz, daß eine Erfolgskontrolle nicht durch dieselbe Person erfolgen kann, die für den Erfolg verantwortlich ist. Weiterhin ergeben sich Interessenkonflikte in der Person des Geschäftsführers, da er einerseits das Unternehmen als Ganzes zu sehen und zu vertreten hat, zum anderen die partiellen Interessen des von ihm geleiteten Profit-Centers durchzusetzen wünscht. Zusätzlich zu diesen intrapersonalen Konflikten treten interpersonale Interessenkonflikte auf, d. h. Konflikte zwischen dem Geschäftsführer als Leiter eines Profit-Centers und den übrigen Leitern. Dieser Konflikt wirkt sich u. a., wie die Istaufnahmen zeigt, darin aus, daß Kontrollversuche der Geschäftsleitung unterlaufen werden.

2. Auch bei der Divisionalisierung ist dafür Sorge zu tragen, daß die Wahrnehmung ein und derselben Funktion durch die unterschiedlichen Divisionen nicht zu Doppelarbeiten bzw. zu Mehrarbeiten führt. Dies gilt besonders für den Verwaltungsbereich. Andererseits muß vermieden werden, daß bei unterschiedlicher Größe der Profit-Center bestimmte Funktionen gar nicht wahrgenommen werden.

   Diese Gesichtspunkte fanden im vorliegenden Fall keine Beachtung, wie die Istaufnahme zeigt. So besitzen alle Profit-Center eine eigene Personalabteilung mit dem Ergebnis unterschiedlicher Personalführung und -politik, unterschiedlicher Qualität der Mitarbeiter und ungleicher Gehalts- und Lohnniveaus. Die selbständige Wahrnehmung der Beschaffung führt zu mangelnder Auslastung der damit beschäftigten Spezialisten und zugleich zu Doppelarbeiten.

3. Andererseits werden die Funktionen Forschung, Entwicklung und technischer Kundendienst nicht bei allen Divisions wahrgenommen.

Zusammenfassend kann festgestellt werden, daß bei der Bildung der Profit-Center nicht nur die erforderlichen Voraussetzungen für eine Divisionalisierung unberücksichtigt blieben, sondern durch die vorstehend beschriebenen Tatbestände die Divisionalisierung keine Ertragsverbesserung erbringen konnte.

zu 5c: Unter der Prämisse der Beibehaltung der Divisionalisierung wären folgende Reorganisationsmaßnahmen erforderlich:

1. Um eine gewisse Unabhängigkeit der produzierten und vertriebenen Produkte zu erreichen, sind die Verkaufsgebiete eindeutig gegeneinander abzugrenzen, d. h. jedes Profit-Center agiert auf einem eigenem Markt.
2. Vereinheitlichung der Vertriebssysteme aller Profit-Center, um eine verbesserte Vertriebssteuerung zu ermöglichen.
3. Zentralisierung von Funktionen, die bei allen Profit-Centern wahrgenommen werden, bzw. die für alle von Bedeutung sind, insbesondere der Verwaltungsfunktion, in Form von zentralen Dienstleistungsabteilungen. Die Eigenständigkeit der Profit-Center darf dadurch nicht oder nur unwesentlich eingeschränkt werden, so daß eine Erfolgsermittlung pro Profit-Center weiterhin möglich ist. Dadurch werden Doppelarbeiten abgebaut, Spezialisten ausgelastet und Funktionen auch für solche Profit-Center wahrgenommen, die aufgrund ihrer Größe eben diese nicht wahrnehmen konnten, z. B. Forschung und Entwicklung.
4. Auflösung der Personalunion von Geschäftsführung und Leitung eines Profit-Centers. Dadurch wird eine Erfolgskontrolle aller Profit-Center durch eine unabhängige Instanz ermöglicht und intra- und interpersonelle Konflikte werden abgebaut.
5. Aufbau eines aussagefähigen Rechnungs- und Berichtswesens. Dieses ermöglicht erst die erforderliche Erfolgskontrolle der einzelnen Profit-Center sowie die Informationsgewinnung, aufgrund der Ge-

*Abb. 39*
Organisationsstruktur der Unternehmung Elto-Müller nach der Reorganisation bei divisionaler Gliederung

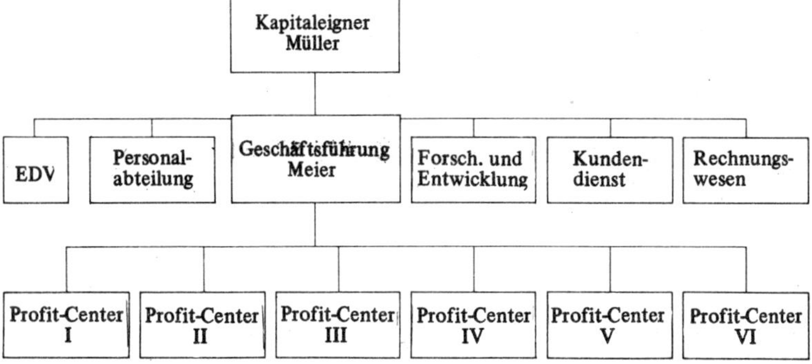

samtunternehmensentscheidungen getroffen und gegenüber den Profit-Centern sachlich begründet werden können.

Die sich aufgrund dieser Reorganisationsmaßnahmen ergebende Organisationsstruktur ist in dem Organigramm auf der Seite 221 dargestellt.

zu 5d: Um die bestehende Organisationsstruktur in eine funktionale Struktur zu überführen, sind folgende Reorganisationsmaßnahmen erforderlich:

1. Die Unternehmensspitze wird in eine kaufmännische und eine technische Geschäftsleitung aufgegliedert, die jeweils dem Kapitaleigner Müller direkt unterstellt ist. Dadurch wird es möglich, die zweite und dritte Führungsebene mit qualifiziertem Personal zu besetzen, da nunmehr nicht wie bisher sechs Leiter von Profit-Centern sondern nur noch zwei Top-Positionen zu besetzen sind.
2. Die bisherigen Divisionen werden als reine Produktionsbetriebe weitergeführt, d. h. sie werden zu Teilbereichen des Hauptbereiches Produktion.
3. Es wird ein einheitliches Vertriebssystem gebildet.
4. Auf der zweiten Ebene (Führungs-), d. h. innerhalb des kaufmännischen bzw. des technischen Bereiches werden funktionsorientierte Abteilungen gebildet. Damit wird Doppelarbeit bzw. Mehrarbeit, wie sie im Istzustand gegeben sind, beseitigt.

Die sich aufgrund dieser Reorganisationsmaßnahmen ergebende Organisationsstruktur ist in dem Organigramm auf der Seite 223 dargestellt.

Durch die Reorganisation in Form einer funktionalen Organisationsstruktur werden die im Istzustand festgestellten Mängel weitgehend beseitigt. Zudem werden die Vorteile funktionaler Spezialisierung zum Tragen kommen.

zu 5e: Ein Vergleich der unter den Punkten 5c und d entwickelten alternativen Reorganisationsmaßnahmen zeigt, daß eine Realisierung der funktionalen Organisation zu einer weitergehenden Beseitigung der im Rahmen der Istaufnahme festgestellten Mängel führt und zudem selbst durch eine Abgrenzung der Verkaufsgebiete für die einzelnen Profit-Center die erforderlichen Voraussetzungen für eine Divisionalisierung nicht geschaffen werden können. Weiterhin kommen nur in der funktionalen Organisationsstruktur die Vorteile funktionaler Spezialisierung voll zum Tragen. Der folgende tabellarische Vergleich der beiden Alternativen auf der Seite 224 bestätigt die Vorteilhaftigkeit der funktionalen Organisation im vorliegenden Fall.

*Abb. 40*

Organisationsstruktur der Unternehmung Elto-Müller bei funktionaler Gliederung

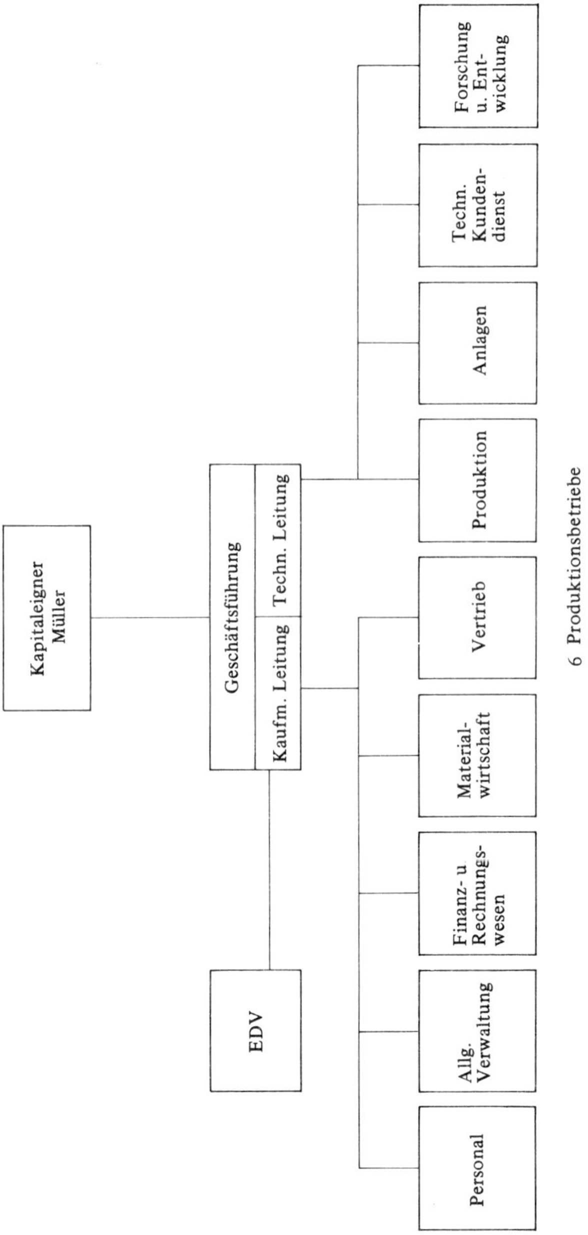

## Tabellarischer Vergleich der Reorganisationsvorschläge

| im Istzustand festgestellte Mängel | modifizierte divisionale Organisation | | | funktionale Organisation | | |
|---|---|---|---|---|---|---|
| | Mangel seitigt | Mängel teilweise beseitigt | Mängel nicht beseitigt | Mangel beseitigt | Mängel teilweise beseitigt | Mängel nicht beseitigt |
| 1. kein aussagefähiges Berichts- und Rechnungswesen | X | | | X | | |
| 2. Forschung und Entwicklung nur bei zwei Divisions | X | | | X | | |
| 3. kein einheitliches Vertriebssystem | X | | | X | | |
| 4. fehlende Voraussetzungen für Divisionalisierung | | | X | | nicht relevant | |
| 5. ungleiche Personalpolitik und -führung, ungleiches Gehalts- und Lohnniveau | X | | | X | | |
| 6. Technischer Kundendienst beschränkt auf eine Division | X | | | X | | |
| 7. Schwache Besetzung der zweiten Führungsebene | | | X | X | | |
| 8. Unterlaufen der Kontrolle durch die Geschäftsführung | | X | | X | | |
| 9. mangelnde Auslastung von Spezialisten für gleiche Funktionen, insbesondere im Beschaffungs- und Verwaltungsbereich | | X | | X | | |
| 10. sehr unterschiedliche Qualifikationen der gleiche Funktionen wahrnehmenden Mitarbeiter | | X | | X | | |

Lösung zur Fallstudie 6:

Die Maschinenfabrik M und K KG

zu 3a: Zunächst ist zu prüfen, ob die für eine Projektorganisation notwendigen Voraussetzungen (Merkmale) vorhanden sind. Die Aufgabe „Einsatz einer eigenen elektronischen Datenverarbeitungsanlage" stellt eine komplexes, kein routinemäßiges Problem dar. Weiterhin ist die Aufgabe zeitlich begrenzt und aufgrund der von der Unternehmensleitung gesetzten Nebenbedingungen losgelöst von abteilungs- und ressortpolitischen Denken zu lösen. Da mehrere Bereiche der Unternehmung tangiert werden, ist eine Lösung nur in Zusammenarbeit der entsprechenden Fachleute zu erreichen.

Aufgrund dieser Merkmale ist die Lösung der Aufgabe in Form der Projektorganisation möglich. Als Strukturform wird die Reine Projektorganisation vorgeschlagen, wobei der Leiter der Organisationsabteilung als Projektleiter einzusetzen ist.

Begründung:

Der Grundtyp der Projektkoordination ist aus folgenden Gründen in der Firma M und K KG nicht realisierungsfähig:

- die Unternehmensleitung will nicht mit Detailentscheidungen belastet werden; dies erfordert aber die Projektkoordination, da der Projektleiter keine Entscheidungs- und Anweisungsbefugnis besitzt.
- ein erfolgreiches Arbeiten des Projektleiters wird in dieser Form bei dem bekannten Verhalten des Leiters des Finanz- und Rechnungswesens nicht möglich sein.
- für dic Durchführung des Projektes werden bisher im Unternehmen nicht vorhandene Mitarbeiter erforderlich, da lediglich der Leiter der Organisationsabteilung fundierte Organisations- und EDV-Kenntnisse besitzt; für diese neuen Mitarbeiter ergeben sich bei der Projektkoordination Schwierigkeiten im Hinblick auf die Integration in die bereits bestehenden Abteilungen.

Eine Matix-Organisation empfiehlt sich aus folgenden Gründen nicht:

- die auch hierbei erforderliche gute Zusammenarbeit zwischen dem Projektleiter und dem Leiter des Finanz- und Rechnungswesens wird aufgrund der bisherigen Erfahrungen im Unternehmen M und K KG kaum möglich sein.

- die laufende Aufgabenerfüllung in den Funktionsabteilungen wird aufgrund der betrieblichen Gegebenheiten – knappe Personaldecke – stark beeinflußt, d. h. Erhöhungen der Durchlaufzeiten bzw. Nichterfüllung von Teilaufgaben wären die Folge, wenn Mitarbeiter der Funktionsabteilungen neben den bisherigen Aufgaben voll oder zeitweise am Projekt mitarbeiten.
- Schwierigkeiten in bezug auf die Integration der zusätzlich für die Durchführung des Projektes erforderlichen Mitarbeiter in die bestehenden Abteilungen; zudem besteht die Gefahr, daß aufgrund der „dualen" bzw. „differenzierten" Führung ein voller Einsatz der neu eingestellten Mitarbeiter für das Projekt nicht gewährleistet ist, insbesondere unter Berücksichtigung der knappen Personaldecke der Fachabteilungen.

Aus vorstehenden Überlegungen empfiehlt sich die Form der reinen Projekt-Organisation, für die des weiteren folgende Gründe sprechen:

- durch die Bildung einer eigenständigen Projektgruppe wird die laufende Aufgabenerfüllung der Fachabteilungen nur insoweit berührt, als sie als Informationsgeber benötigt werden.
- da der Projektleiter im Rahmen des durchzuführenden Projektes ungeteilte Entscheidungs- und Anweisungsbefugnis besitzt, vermindern sich die Schwierigkeiten mit den Funktionsmanagern, insbesondere mit dem Leiter des Finanz- und Rechnungswesens.
- ein von abteilungs- oder ressortpolitischen Denken weitgehend freier Projektablauf wird nur in dieser Konzeption gesichert.
- die Integration der zur Projektdurchführung notwendigen, neu einzustellenden Mitarbeiter in die zu bildende Projektgruppe ist leichter lösbar.

Zusammenfassend ist feststellbar, daß die Erfordernisse des Projektes sowie die von der Unternehmensleitung gesetzten Restriktionen und die betriebsindividuellen Gegebenheiten der Firma M und K KG nur eine Projektorganisation in der Form der reinen Projektorganisation zulassen.

Das Projektteam in der vorgeschlagenen Form, das mit der Planung und der Realisation des Einsatzes einer eigenen EDV-Anlage beauftragt wird, stellt somit ein bewußt geplantes, formales und für einen begrenzten Zeitraum vorhandenes Subsystem der Gesamtunternehmung dar.

| lfd. Nr. | Kennzeichnung der Phase | Unter-nehmens-leitung | Projekt-gruppe | Fachab-teilung |
|---|---|---|---|---|
| 1 | Bildung der Projektgruppe: Auswahl des Projektleiters, Delegation der benötigten Spezialisten aus den Fachabteilungen in die Projektgruppe bzw. Einstellung der erforderlichen Berater. | 0 | | |
| 2 | Feinplanung des Projektauftrages: Analyse, Abgrenzung und Konkretisierung des Projektauftrages; Planung der Vorgehensweise (Methoden, Techniken); Festlegung der Prioritäten; Termin-, Personaleinsatz-, Sachmitteleinsatz- und Kostenplanung; Planung der Kontrollpunkte für die Projektlenkung; | | 0 | X |
| 3 | Genehmigung der Feinplanung des Projektauftrages | 0 | X | |
| 4 | Erarbeitung der Projekt-Grobkonzeption: Istaufnahme des Untersuchungsbereiches, Kritik des Istzustandes (Grundsatz- und Verfahrenskritik), Festlegung der Anforderungen an das einzusetzende EDV-System, Entwicklung alternativer Lösungsmöglichkeiten; Auswahl der zu realisierenden Alternative; Grobentwurf des einzusetzenden EDV-Systems; | | 0 | X |
| 5 | Genehmigung der Projekt-Grobkonezption | 0 | X | |
| 6 | Erarbeitung der Projekt-Feinkonzeption: Ein-, Ausgabedaten, Dateien, Datenfluß, Datensicherung, inhaltlicher und formaler Aufbau der Ergebnisse; Arbeitsabläufe, Zeitbedarf und Termine; Sachmitteleinsatz, Maschinensystem (CPU, Peripherie, off-line Geräte); Umstellungsplanung, Aufgabenstellung für Programmierung | | X | |
| 7 | Genehmigung der Projektfeinkonzeption | 0 | X | |
| 8 | Projekt-Realisation: Programmierung, EDVA-Installation, Programmtest, Dokumentation, Betriebsanweisung, Umstellung | | 0 | X |
| 9 | Projekt-Erfolgskontrolle | | 0 | X |

0 = verantwortliche Stelle
X = mitarbeitende Stelle

Die Wahl des Leiters der Organisationsabteilung zum Projektleiter ist wie folgt begründet:

- Die den Projektanforderungen entsprechende fachliche Qualifikation ist beim Leiter der Organisationsabteilung aufgrund seiner fundierten organisatorischen und EDV-Kenntnisse sowie seiner bisherigen Tätigkeit als gegeben anzusehen.
- Zu den weiteren Anforderungen wie Durchsetzungsvermögen, verbindliches Auftreten, Anpassungsfähigkeit, Entscheidungsfreudigkeit, Selbstvertrauen, Mut zum Risiko, Initiative und Ausdauer kann nur aufgrund der vorgegebenen Informationen festgestellt werden, daß die auf eigener Initiative beruhende Ausarbeitung unter den betrieblichen Gegebenheiten dafür spricht, daß zumindest Initiative, Durchsetzungsvermögen sowie Ausdauer vorhanden sind.

zu 3b: Die Beschreibung des geplanten Projektablaufs, der Inhalt der einzelnen Phasen sowie die hierbei beteiligten Stellen im Unternehmen lassen sich am klarsten wie auf der Seite 227 tabellarisch darstellen.

Lösung zur Fallstudie 7:

Die Ackbo AG II

zu 4a: Die Gangelemente lassen sich entsprechend der Darstellung Abb. 41 zu Gangstufen zusammenfassen. Da die Arbeitsanalyse kein starres System ist, sind andere Zusammenfassungen und dementsprechend andere Bezeichnungen der Gangstufen durchaus denkbar. Der Aussagegehalt der Arbeitsanalyse bleibt davon unbeeinflußt.

zu 4b: Die Kriterien, auf deren Grundlage die Gangstufen bzw. die Gangelemente voneinander abgegrenzt werden, sind entsprechend der Reihenfolge der Darstellung aufgezählt, wobei nur jeweils ein Kriterium aufgeführt wird, folgende:

Gangstufe:

Bearbeiterwechsel, Bearbeiterwechsel, Objektwechsel, Bearbeiterwechsel, Bearbeiterwechsel, Bearbeiterwechsel.

Gangelement:

Objektwechsel, Arbeitsmittelwechsel, Bearbeiterwechsel, Objekt wird zerlegt, Objekt wechselt, Arbeitsmittel wechselt, Bearbeiter wechselt, Arbeitsmittel wechselt, Bearbeiter wechselt, Objekt wechselt, Objekt

*Abb. 41*

Arbeitsanalyse der Teilaufgabe „Bestellung von Halbzeug und Bauteilen“

| *Arbeitsgang* (Arbeitsteil höchster Ordnung) | *Gangstufe* (Arbeitsteil mittlerer Ordnung) | *Gangelement* (Arbeitsteil niedrigster Ordnung) |
|---|---|---|
| Beschaffung von Halbzeug und Bauteilen | Erstellen der Materialanforderung (Lagerist) | Überprüfung des Bestandes bei Entnahme im Hinblick auf den erforderlichen Mindestbestand<br>Erstellen Materialanforderung bei Unterschreiten der Erfahrungswerte<br>Weiterleiten Materialanforderung |
| | Prüfung der Materialanforderung (Lagerleiter) | formale und sachliche Prüfung der Materialanforderung<br>Ablage der Kopie nach Material-Nr.<br>Sammeln der Originale<br>Weiterleiten |
| | Annahme der Materialanforderung (Einkauf) | Sortieren Materialanforderungen<br>zuständigem Einkäufer zuleiten |
| | Erstellung der Bestellung (Einkäufer) | Bedarfsermittlung<br>Bestellmenge bestimmen<br>Lieferanten bestimmen<br>Bestellung diktieren<br>Tonträger weiterleiten<br>Bestellformular beschriften<br>weiterleiten<br>Überprüfung des beschrifteten Formulars<br>Bestell-Nr. auf Materialanforderung<br>Kopie abzeichnen<br>weiterleiten |
| | Prüfung der Bestellung (Einkaufsleiter) | Prüfung der Bestellung<br>unterschreiben<br>weiterleiten |
| | Bearbeitung der Bestellung (Einkäufer) | Formularsatz trennen<br>Original weiterleiten<br>1. Kopie ablegen nach Material-Nr.<br>2. Kopie in Schriftwechselmappe<br>3. Kopie nach Termin ablegen<br>4. Kopie an Lager |
| | Bestellung versenden (Poststelle) | Kuvertieren des Originals<br>Frankieren<br>Absenden |

wechselt, Objekt wechselt, Objekt wechselt, Objekt wechselt, Arbeitsmittel wechselt, Bearbeiter wechselt, Objekt wechselt, Objekt wechselt, Arbeitsmittel wechselt, Bearbeiter wechselt, Arbeitsmittel wechselt, Arbeitsmittel wechselt, Bearbeiter wechselt, Objekt wird zerlegt, Objekt wechselt, Objekt wechselt, Objekt wechselt, Objekt wechselt, Bearbeiter wechselt, Objekt wechselt, Arbeitsmittel wechselt.

zu 4c: Die Arbeitsanalyse wird auf der Basis der Kombination der sachlichen Kriterien Objekt und Verrichtung durchgeführt.

Lösung zur Fallstudie 8:

Arbeitsanalyse der Teilaufgabe „Verkauf an und Abrechnung mit einem Kunden

zu 2a: Anhand dieses Beispiels wird in der Literatur oftmals die Arbeitsnalayse veranschaulicht. Das Beispiel geht auf E. Nordsieck

*Abb. 42*

Arbeitsanalyse der Teilaufgabe „Verkauf an und Abrechnung mit einem Kunden“

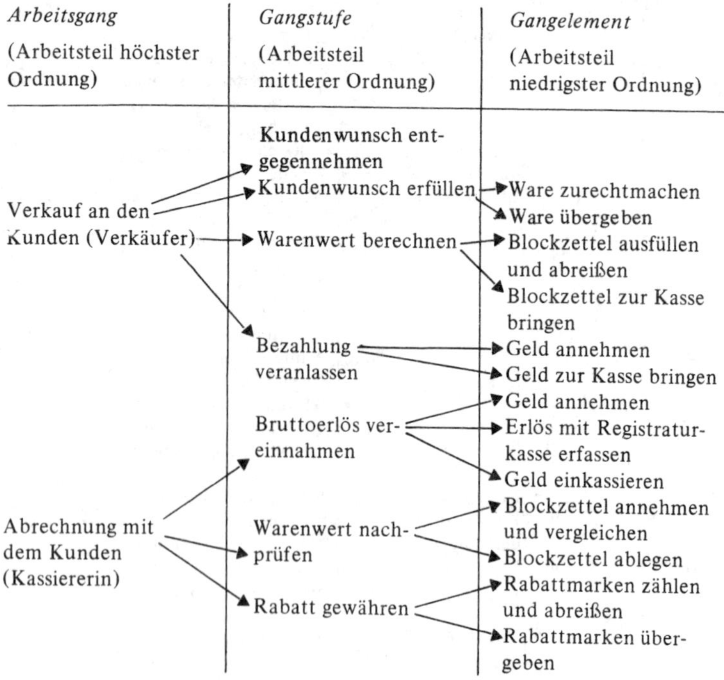

zurück (Betriebsorganisation, 1. Aufl., Stuttgart 1961) und wurde übernommen von: E. Kosiol (Organisation der Unternehmung, Wiesbaden 1962, S. 209), M. Schweitzer (Arbeitsanalyse, in: Handwörterbuch der Organisation, Stuttgart 1969, Sp 89ff) und E. Grochla (Unternehmensorganisation, Hamburg 1972, S. 126).

zu 2b: Die Arbeitsanalyse wird auf Basis der Kombination der sachlichen Kriterien Objekt und Verrichtung durchgeführt.

zu 2c: Die Kriterien, auf deren Grundlage die Gangelemente bzw. Gangstufen voneinander abgegrenzt werden, sind (in der Reihenfolge der obigen Darstellung, Abb. 42, wobei nur jeweils ein Kriterium aufgeführt wird) folgende:

Gangstufe:

Objektwechsel, Objektwechsel, Objektwechsel, Bearbeiterwechsel, Objektwechsel, Objektwechsel,

Gangelemente:

Arbeitsmittel wechselt, Objekt wechselt, Arbeitsmittel wechselt, Objekt wechselt, Arbeitsmittel wechselt, Bearbeiter wechselt, Arbeitsmittel wechselt, Objekt wechselt, Objekt wechselt, Arbeitsmittel wechselt, Objekt wechselt, Arbeitsmittel wechselt.

Lösung zur Fallstudie 9:

Kritische Untersuchung des Ablaufes „Bewilligung eines Vorschusses an einen Angestellten“

zu 2a: Der verbal dargestellte Ablauf ist in der folgenden modifizierten Arbeitsablaufkarte dargestellt. Dabei wurden folgende Abkürzungen benutzt:

LP = Leiter der Personalabteilung
SB = Sachbearbeiter in der Personalabteilung
ZS = Zentraler Schreibdienst
B = Botendienst
V = Vorgesetzter des Antragstellers
K = Kasse
BU = Buchhaltung
A = Antragsteller

# Ist-Ablaufdarstellung zur Fallstudie 9

| Betrieb: X | Abt.: Personal | Arbeitsablaufdarstellung | Ist-Stand [X] Vorgeschl. Regelung [ ] |
|---|---|---|---|
| Sachgebiet: Gehalt | | | Aufgestellt am 5. 3. 83 durch M |
| Arbeitsvorgang | | Bewilligung eines Vorschusses an einen Angestellten | |

| Tätigkeitsstufe Nr. | Bearbeitung | Weiterleitung | Prüfung | Aufenthalt | Ablage | Weg in m | Zeit in Min | Vordruck | Beschreibung der einzelnen Tätigkeitsstufen (was wird getan?) |
|---|---|---|---|---|---|---|---|---|---|
| 1 | 2 | 3 | 4 | 5 | 6 | 7 | 8 | 9 | 10 |
| 1 | ● | ▷ | □ | D | ▽ | | | | Antrag abzeichnen |
| 2 | ○ | ▶ | □ | D | ▽ | | | | an zuständigen Sachbearbeiter leiten |
| 3 | ● | ▷ | □ | D | ▽ | | | | Vollständigkeit des Antrages prüfen |
| 4 | ○ | ▶ | □ | D | ▽ | | | | bei Unvollständigkeit zurück an Antragsteller |
| 5 | ● | ▷ | □ | D | ▽ | | | | bei Vollständigkeit Personalakte ziehen |
| 6 | ● | ▷ | □ | D | ▽ | | | | Feststellen laufender bzw. getilgter Vorauszahlungen |
| 7 | ● | ▷ | □ | D | ▽ | | | | Feststellen, ob Antragsgenehmigung möglich |
| 8 | ● | ▷ | □ | D | ▽ | | | | Ziehen der Personalakte |
| 9 | ● | ▷ | □ | D | ▽ | | | | Tilgungsrate ermitteln |
| 10 | ● | ▷ | □ | D | ▽ | | | | Bewilligungsvordruck ausfüllen |
| 11 | ● | ▷ | □ | D | ▽ | | | | Mitteilung an Antragsteller erstellen |
| 12 | ● | ▷ | □ | D | ▽ | | | | Auszahlungsanweisung auf Band diktieren |
| 13 | ○ | ▶ | □ | D | ▽ | | | | Tonträger an zentralen Schreibdienst leiten |
| 14 | ● | ▷ | □ | D | ▽ | | | | Personalakte abstellen |
| 15 | ○ | ▷ | □ | D | ▼ | | | | Vorgang in Mappe „laufende Anträge" legen |
| 16 | ○ | ▶ | □ | D | ▽ | | | | Auszahlungsanweisung an Sachbearbeiter |
| 17 | ● | ▷ | □ | D | ▽ | | | | Vorgang aus Mappe „laufende Anträge" nehmen |
| 18 | ○ | ▷ | □ | D | ▼ | | | | Auszahlungsanweisung in Mappe „lauf. Antr." legen |
| 19 | ○ | ▶ | □ | D | ▽ | | | | Vorgang an Abteilungsleiter |
| 20 | ○ | ▷ | ■ | D | ▽ | | | | Vorgang prüfen |
| 21 | ● | ▷ | □ | D | ▽ | | | | abzeichnen Bewilligung und Mitteilung |
| 22 | ○ | ▶ | □ | D | ▽ | | | | Vorgang an Vorgesetzten des Antragstellers |
| 23 | ● | ▷ | □ | D | ▽ | | | | Bewilligungsvordruck abzeichnen |
| 24 | ● | ▷ | □ | D | ▽ | | | | Mitteilung abzeichnen |
| 25 | ○ | ▶ | □ | D | ▽ | | | | Vorgang an Abteilungsleiter |
| 26 | ○ | ▶ | □ | D | ▽ | | | | Gesamter Vorgang an Sachbearbeiter |
| 27 | ● | ▷ | □ | D | ▽ | | | | Mitteilung abschicken |
| 28 | ● | ▷ | □ | D | ▽ | | | | Auszahlungsanweisung abzeichnen |
| 29 | ○ | ▶ | □ | D | ▽ | | | | Auszahlungsanweisung, Antrag, Vordruck an Abteil.-leiter |
| 30 | ○ | ▷ | ■ | D | ▽ | | | | Auszahlungsanweisung abzeichnen |
| 31 | ○ | ▶ | □ | D | ▽ | | | | Unterlagen an Sachbearbeiter |
| 32 | ○ | ▷ | ■ | D | ▽ | | | | Vollständigkeit prüfen |
| 33 | ○ | ▶ | □ | D | ▽ | | | | Vorgang an Kasse |
| 34 | ● | ▷ | □ | D | ▽ | | | | Vorschuß auszahlen |
| 35 | ○ | ▶ | □ | D | ▽ | | | | Vorgang an Abteilungsleiter |
| 36 | ○ | ▶ | □ | D | ▽ | | | | Vorgang an Gehaltsbuchhandlung |
| 37 | ● | ▷ | □ | D | ▽ | | | | Tilgungsraten auf Gehaltskonto notieren |
| 38 | ○ | ▶ | □ | D | ▽ | | | | Vorgang an Sachbearbeiter |
| 39 | ● | ▷ | □ | D | ▽ | | | | Vorschuß in Personalakte eintragen |
| 40 | ● | ▷ | □ | D | ▽ | | | | Personalakte abstellen |
| 41 | ○ | ▷ | □ | D | ▼ | | | | Vorgang in Ablage |
| | ○ | ▷ | □ | D | ▽ | | | | |

Bearbeiter (wer tut was?) — 11

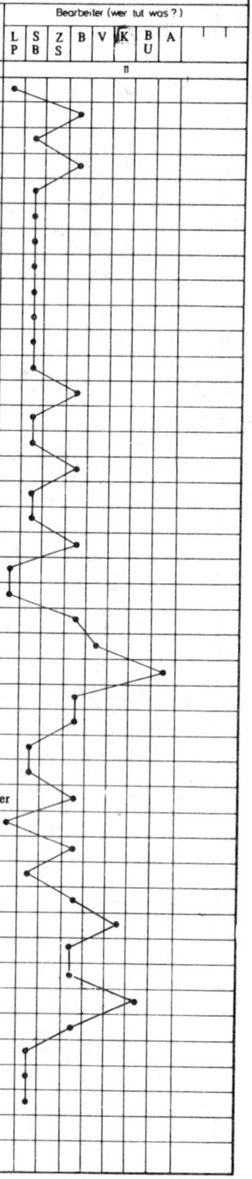

zu 2b: Der dargestellte Arbeitsablauf entspricht nicht den Anforderungen, die an einen „optimalen" Ablauf zu stellen sind, da

- nicht der kürzeste Weg für die Aufgabenerfüllung gewählt wird,
- nicht erforderliche Tätigkeiten durchgeführt werden,
- der Einsatz von arbeitsvereinfachenden Formularen unterbleibt.

Diese Mängel zeigen sich in den folgenden Schwachstellen des Ablaufes.

1. Der Antrag kann sofort beim Sachbearbeiter eingereicht werden; das Abzeichnen des Abteilungsleiters ist eine reine Formsache und stellt zudem eine vermeidbare Verlängerung der Durchlaufzeit dar; eine Information über die Anzahl der eingehenden Anträge kann dem Leiter der Personalabteilung besser durch eine entsprechende Statistik zugängig gemacht werden; damit können die Tätigkeitsstufen 1 und 2 entfallen.

2. Der Sachbearbeiter benötigt zur Bearbeitung des Antrages die Personalakte und die Personalkarte (Tätigkeitsstufen 5 und 8). Tätigkeitsstufe 8 kann entfallen, wenn die Personalakte um die entsprechenden Informationen erweitert wird.

3. Der Sachbearbeiter muß zwei Formulare ausfüllen, den Bewilligungsvordruck und die Mitteilung an den Antragsteller (Stufen 10 und 11). Zudem muß er die Daten für die Auszahlungsanweisung auf Band diktieren. Die Angaben in den Formularen Bewilligungsvordruck und Mitteilung an den Antragsteller sind weitgehend identisch (personelle Daten, Höhe des Kredites, Tilgungsraten, Laufzeit des Kredites, u. s. w.). Dies ist für die Auszahlungsanweisung ebenfalls zutreffend. Daher ist es sinnvoll, einen Mehrfachformularsatz unter Einsatz des Maskenverfahrens zu verwenden, d. h. uno acto kann der Sachbearbeiter Bewilligungsvordruck, Mitteilung und Auszahlungsanweisung erstellen; die Tätigkeitsstufen 10–13, 15, 16 und 17 werden zu einer Tätigkeitsstufe zusammengefaßt. Dadurch ergibt sich nicht nur eine Verkürzung der Arbeitszeit für den Sacharbeiter, sondern die Tätigkeiten des Botendienstes (Tätigkeitsstufen 13 und 16) sowie das Schreiben der Auszahlungsanweisung im zentralen Schreibdienst entfallen; insgesamt ergibt sich dadurch eine weitere Verkürzung der Durchlaufzeit.

4. Die Tätigkeitsstufe 22 kann durch eine Kontrollmitteilung an den Vorgesetzten des Antragstellers ersetzt werden, sofern diese Information überhaupt erforderlich ist. Damit entfällt die Tätigkeitsstufe 23.

## Soll-Ablaufstudie zur Fallstudie 9

| Betrieb X Abt. Personal<br>Sachgebiet Gehalt | Arbeitsablaufdarstellung | Ist-Stand [ ] Vorgeschl. Regelung [X]<br>Aufgestellt am 6. 3. 83 durch M |
|---|---|---|

Arbeitsvorgang: **Bewilligung eines Vorschusses an einen Angestellten**

| Tätigkeitsstufe Nr. | Bearbeitung | Weiterleitung | Prüfung | Aufenthalt | Ablage | Weg in m | Zeit in Min | Vordruck | Beschreibung der einzelnen Tätigkeitsstufen (was wird getan?) | Bearbeiter (wer tut was?) LP | SB | B | K | BU |
|---|---|---|---|---|---|---|---|---|---|---|---|---|---|---|
| 1 | 2 | 3 | 4 | 5 | 6 | 7 | 8 | 9 | 10 | 11 | | | | |
| 1 | ● | ▷ | □ | D | ▽ | | | | Vollständigkeit des Antrages prüfen | | ● | | | |
| 2 | ○ | ▶ | □ | D | ▽ | | | | bei Unvollständigkeit zurück an Antragsteller | | | ● | | |
| 3 | ● | ▷ | □ | D | ▽ | | | | bei Vollständigkeit Personalakte ziehen | | ● | | | |
| 4 | ● | ▷ | □ | D | ▽ | | | | Feststellen laufender bzw. getilgter Vorauszahlungen | | ● | | | |
| 5 | ● | ▷ | □ | D | ▽ | | | | Feststellen, ob Antragsgenehmigung möglich | | ● | | | |
| 6 | ● | ▷ | □ | D | ▽ | | | | Tilgungsrate ermitteln | | ● | | | |
| 7 | ● | ▷ | □ | D | ▽ | | | | Mehrfachformularsatz ausfüllen | | ● | | | |
| 8 | ○ | ▶ | □ | D | ▽ | | | | Vorgang an Abteilungsleiter | | | ● | | |
| 9 | ○ | ▷ | ■ | D | ▽ | | | | Vorgang prüfen | ● | | | | |
| 10 | ● | ▷ | □ | D | ▽ | | | | abzeichnen Bewilligung, Mitteilung, Auszahlungsanweisung | ● | | | | |
| 11 | ○ | ▶ | □ | D | ▽ | | | | Vorgang zurück an Sachbearbeiter | | | ● | | |
| 12 | ● | ▷ | □ | D | ▽ | | | | Formularsatz trennen | | ● | | | |
| 13 | ● | ▷ | □ | D | ▽ | | | | Mitteilung an Antragsteller absenden | | ● | | | |
| 14 | ○ | ▶ | □ | D | ▽ | | | | Vorgang an Kasse | | | ● | | |
| 15 | ● | ▷ | □ | D | ▽ | | | | Vorschuß auszahlen | | | | ● | |
| 16 | ○ | ▶ | □ | D | ▽ | | | | Vorgang an Gehaltsbuchhaltung | | | ● | | |
| 17 | ● | ▷ | □ | D | ▽ | | | | Tilgungsraten auf Gehaltkonto notieren | | | | | ● |
| 18 | ○ | ▶ | □ | D | ▽ | | | | Vorgang an Sachbearbeiter | | | ● | | |
| 19 | ● | ▷ | □ | D | ▽ | | | | Vorschuß in Personalakte eintragen | | ● | | | |
| 20 | ○ | ▷ | □ | D | ▼ | | | | Personalakte abstellen | | ● | | | |
| 21 | ○ | ▷ | □ | D | ▼ | | | | Vorgang in Ablage | | ● | | | |
| | ○ | ▷ | □ | D | ▽ | | | | | | | | | |
| | ○ | ▷ | □ | D | ▽ | | | | | | | | | |
| | ○ | ▷ | □ | D | ▽ | | | | | | | | | |
| | ○ | ▷ | □ | D | ▽ | | | | | | | | | |
| | ○ | ▷ | □ | D | ▽ | | | | | | | | | |
| | ○ | ▷ | □ | D | ▽ | | | | | | | | | |
| | ○ | ▷ | □ | D | ▽ | | | | | | | | | |
| | ○ | ▷ | □ | D | ▽ | | | | | | | | | |
| | ○ | ▷ | □ | D | ▽ | | | | | | | | | |
| | ○ | ▷ | □ | D | ▽ | | | | | | | | | |
| | ○ | ▷ | □ | D | ▽ | | | | | | | | | |
| | ○ | ▷ | □ | D | ▽ | | | | | | | | | |
| | ○ | ▷ | □ | D | ▽ | | | | | | | | | |
| | ○ | ▷ | □ | D | ▽ | | | | | | | | | |
| | ○ | ▷ | □ | D | ▽ | | | | | | | | | |
| | ○ | ▷ | □ | D | ▽ | | | | | | | | | |
| | ○ | ▷ | □ | D | ▽ | | | | | | | | | |
| | ○ | ▷ | □ | D | ▽ | | | | | | | | | |
| | ○ | ▷ | □ | D | ▽ | | | | | | | | | |
| | ○ | ▷ | □ | D | ▽ | | | | | | | | | |
| | ○ | ▷ | □ | D | ▽ | | | | | | | | | |
| | | | | | | | | | | | | | | |

Ein Abzeichnen der Mitteilung an den Antragsteller durch diesen ist als überflüssig zu betrachten. Die Mitteilung kann unmittelbar nach der Tätigkeitsstufe 21 an den Antragsteller verschickt werden. Durch dieses Vorgehen verkürzt sich der Ablauf um die Tätigkeitsstufen 22–25.

5. Wird die Auszahlungsanweisung zugleich mit den übrigen Unterlagen vom Sachbearbeiter an den Leiter der Personalabteilung weitergeleitet, erübrigen sich zusätzlich die Tätigkeitsstufen 29–31.
6. Abschließend ist zu überlegen, ob eine bargeldlose Auszahlung des Vorschusses sinnvoll ist. Damit entfielen die Tätigkeiten der Kasse.

zu 2c: Die sich aus den Ausführungen zu Punkt 2b ergebenden Verbesserungen sind der vorstehenden Ablaufdarstellung berücksichtigt worden.

Lösung zur Fallstudie 10:

Kritische Untersuchung des Ablaufes „Anfrage- und Angebotsbearbeitung"

zu 3a: Der Arbeitsablauf „Anfrage- und Angebotsbearbeitung" weist die folgenden Schwachstellen auf:

1. Die Sachbearbeitung der Anfrage – Preis, Fertigungsmöglichkeiten, Termine überprüfen – ist erst dann sinnvoll, wenn die Bonität des Anfragers festgestellt worden ist. Bei fehlender Bonität erübrigt sich jede weitere Sachbearbeitung.
2. Es fehlt die Erstellung von Arbeitsunterlagen (Projekt-Nr.-Buch, Projektmappe, Projektlaufzettel), die einerseits die Sachbearbeitung erleichtern, zum anderen eine Verfolgung und Kontrolle der Anfragebearbeitungen in den beteiligten Stellen ermöglichen.
3. Bei unzureichenden Kalkulationsunterlagen ist eine Rückgabe an den Sachbearbeiter in der Kalkulation nicht erforderlich, sondern eine direkte Weitergabe an die Technik sinnvoll, ebenfalls eine direkte Zurückgabe der Anfrage einschließlich der erstellten Konstruktionsunterlagen an die Kalkulation. Hierdurch wird die Durchlaufzeit der Anfrage verkürzt. Durch die Erstellung eines Projektlaufzettels ist der direkte Weg und eine Verfolgung der Bearbeitung gewährleistet.

zu 3b: Die Ausführungen zu Punkt 3a sind in der folgenden Arbeitslaufdarstellung berücksichtigt worden.

## Soll-Ablaufdarstellung zur Fallstudie 10

| Betrieb: X — Abt: Marketing — Sachgebiet: Vertrieb | Arbeitsablaufdarstellung | Ist-Stand [ ] Vorgeschl. Regelung [X] — Aufgestellt am 5. 3. 83 durch M. |
|---|---|---|
| Arbeitsvorgang | Anfrage- und Angebotsbearbeitung | |

| Tätigkeits-stufe Nr. (1) | Bearbeitung (2) | Weiterleitung (3) | Prüfung (4) | Aufenthalt (5) | Ablage (6) | Weg in m (7) | Zeit in Min (8) | Vordruck (9) | Beschreibung der einzelnen Tätigkeitsstufen (was wird getan?) (10) | P | LA | SB | K | T | Bearbeiter (wer tut was?) (11) |
|---|---|---|---|---|---|---|---|---|---|---|---|---|---|---|---|
| 1 | ○ | ▶ | □ | D | ▽ | | | | Anfrage an Leiter Akquisition leiten | • | | | | | |
| 2 | ○ | ▶ | □ | D | ▽ | | | | an zuständigen Sachbearbeiter geben | | • | | | | |
| 3 | ● | ▷ | □ | D | ▽ | | | | Bonität des Anfragers prüfen | | | • | | | |
| 4 | ○ | ▶ | □ | D | ▽ | | | | bei fehlender Bonität Anfrage an Leiter Akquisition | | | • | | | |
| 5 | ● | ▷ | □ | D | ▽ | | | | sonst Preis, Fertigungsmöglichkeiten, Termine prüfen | | | • | | | |
| 6 | ○ | ▶ | □ | D | ▽ | | | | bearbeitete Anfrage an Leiter Aquisition geben | | | • | | | |
| 7 | ○ | ▷ | ■ | D | ▽ | | | | Überprüfung der Sachbearbeitung, Entscheidung | | • | | | | |
| 8 | ○ | ▶ | □ | D | ▽ | | | | Rückgabe an Sachbearbeiter | | • | | | | |
| 9 | ● | ▷ | □ | D | ▽ | | | | bei negativer Entscheidung Absage an Anfrager | | | • | | | |
| 10 | ● | ▷ | □ | D | ▽ | | | | bei positiver Entscheidung, Projekt eröffnen, Projektmappe anlegen | | | • | | | |
| 11 | ● | ▷ | □ | D | ▽ | | | | Projekt Nr. lt. Projekt-Nr. Buch vergeben | | | • | | | |
| 12 | ● | ▷ | □ | D | ▽ | | | | Projektlaufzettel (3fach) erstellen | | | • | | | |
| 13 | ○ | ▷ | □ | D | ▼ | | | | Original in Projektmappe ablegen | | | • | | | |
| 14 | ○ | ▶ | □ | D | ▽ | | | | Projektlaufzettel einschl. Anfrage an Kalkulation | | | • | | | |
| 15 | ● | ▷ | □ | D | ▽ | | | | Überprüfung, ob Unterlagen ausreichend | | | | • | | |
| 16 | ○ | ▶ | □ | D | ▽ | | | | wenn nicht, an Technik zur Vervollständigung | | | | • | | |
| 17 | ● | ▷ | □ | D | ▽ | | | | Erstellung, der Konstruktionsunterlagen | | | | | • | bei ausreichenden |
| 18 | ○ | ▶ | □ | D | ▽ | | | | gesamter Vorgang an Kalkulation | | | | | • | Unterlagen folgt |
| 19 | ● | ▷ | □ | D | ▽ | | | | Kalkulieren | | | | • | | Tätigkeitsstufe |
| 20 | ○ | ▷ | □ | D | ▼ | | | | Projektlaufzettel (2.Kopie) Ablage | | | | • | | 19 auf Tätig- |
| 21 | ○ | ▶ | □ | D | ▽ | | | | Kalkulation plus Vorgang u. 1. Kopie Laufzettel an SB. Akquisition | | | | • | | keitsstufe 16 |
| 22 | ● | ▷ | □ | D | ▽ | | | | auf Projektmappe zugreifen | | | • | | | |
| 23 | ● | ▷ | □ | D | ▽ | | | | Angebotsübersicht erstellen | | | • | | | |
| 24 | ● | ▷ | □ | D | ▽ | | | | Angebotspreis festlegen | | | • | | | |
| 25 | ● | ▷ | □ | D | ▽ | | | | Angebot (2-fach) erstellen | | | • | | | |
| 26 | ○ | ▶ | □ | D | ▽ | | | | Gesamter Vorgang an Leiter Aquisition | | | • | | | |
| 27 | ○ | ▷ | ■ | D | ▽ | | | | Überprüfung Angebot | | • | | | | |
| 28 | ● | ▷ | □ | D | ▽ | | | | Angebot abzeichnen | | • | | | | |
| 29 | ○ | ▶ | □ | D | ▽ | | | | Angebot (Original) an Poststelle | | • | | | | |
| 30 | ○ | ▶ | □ | D | ▽ | | | | Vorgang zurück an Sachbearbeiter | | • | | | | |
| 31 | ○ | ▷ | □ | D | ▼ | | | | Projektmappe abstellen (Hängeregistratur) | | | • | | | |
| 32 | ● | ▷ | □ | D | ▽ | | | | nacharbeiten (Kunden auf Angebot ansprechen) | | | • | | | |
| | ○ | ▷ | □ | D | ▽ | | | | | | | | | | |
| | ○ | ▷ | □ | D | ▽ | | | | | | | | | | |
| | ○ | ▷ | □ | D | ▽ | | | | | | | | | | |
| | ○ | ▷ | □ | D | ▽ | | | | P = Poststelle | | | | | | |
| | ○ | ▷ | □ | D | ▽ | | | | LA = Leiter Akquisition | | | | | | |
| | ○ | ▷ | □ | D | ▽ | | | | SB = Sachbearbeiter Akquisition | | | | | | |
| | ○ | ▷ | □ | D | ▽ | | | | K = Kalkulation | | | | | | |
| | ○ | ▷ | □ | D | ▽ | | | | T = Technik | | | | | | |
| | ○ | ▷ | □ | D | ▽ | | | | | | | | | | |
| | ○ | ▷ | □ | D | ▽ | | | | | | | | | | |
| | | | | | | | | | | | | | | | |

## Stichwortverzeichnis